儒者第一难透底关
——未发已发问题研究

One of the Most Difficult Puzzles for Confucians
——A Study on the Puzzle of Wei Fa Yi Fa

叶达　著

中国文史出版社

图书在版编目（CIP）数据

儒者第一难透底关：未发已发问题研究 / 叶达著 . —— 北京：中国文史出版社，
2024.3

ISBN 978-7-5205-4626-3

Ⅰ . ①儒… Ⅱ . ①叶… Ⅲ . ①哲学 – 研究 – 中国Ⅳ . ① B2

中国国家版本馆 CIP 数据核字 (2024) 第 030377 号

出 品 人：彭远国
责任编辑：秦千里

出版发行：中国文史出版社
社　　　址：北京市海淀区西八里庄路 69 号院　　邮编：100142
电　　　话：010-81136606　81136602　81136603（发行部）
传　　　真：010-81136655
印　　　装：廊坊市海涛印刷有限公司
经　　　销：全国新华书店
开　　　本：16 开
印　　　张：17.75
字　　　数：242 千字
版　　　次：2025 年 1 月北京第 1 版
印　　　次：2025 年 1 月第 1 次印刷
定　　　价：68.00 元

摘　要

未发已发问题出自《中庸》首章，"喜怒哀乐之未发，谓之中；发而皆中节，谓之和"，是《中庸》最为复杂且难解的谜题之一。历代学者倾注了无数心血探寻谜底并提出了林林总总的不同见解。毫不夸张地说，未发已发问题贯通了整个中国思想史。探究这一问题，不仅可以推进《中庸》学的研究进程，更能进一步认识中国思想史的演进过程。本书由绪论和正文共八个部分构成：

绪论部分主要论述了选题意义、研究现状、创新和不足之处。研究未发已发问题具有学术价值和现实意义：其一，弥补《中庸》学的学术空白；其二，探讨了涉及未发已发却长期为学界忽略的问题；其三，探索继承中国哲学精神的历史经验。在此基础上，本文梳理了既有的学术成果，并指出学界已取得的成就与不足之处。本书的创新体现在：其一，就学术创新而言，本文是目前学界最为系统论述未发已发问题的专题性论文。其二，在研究方法上，本文采取了历时、共时的方法探究未发已发问题。本书的不足之处在于不够全面，探讨了一些较为重要的思想家，而对主流之外的学者关注不够。

第一章探讨了未发已发问题的缘起。未发已发问题源自《中庸》首章，基于《中庸》的天人关系，具有形上形下双重维度。"中"派生于"天之道"，人之道需效法"天之道"，才能"中"，"中"是一种秩序。这种秩序既是天地精神的象征，又是心灵调适的结果。借助郭店竹简，本文推测《中庸》"未发之中"的含义，应是指心之思或理性认知对道德实践的引导作用，它能引导喜怒哀乐的中节合宜，从"知之"到"安之"再到"乐之"，使人成德，所以是天下之大本。

第二章以王弼和郭象为中心探讨了魏晋玄学对未发已发问题的探索。王弼认为喜怒哀乐是"民之自然""自然之性"，性具有"仪""静"特质，可以为情之依据，性的"仪""静"特质来自虚无而静笃的道体。就形式而言，王弼主张的性为情之依据、心之动为情和理学主张性即理、理为情之依据具有相似性。郭象认为"清畅"的心体鉴物无遗，无理不当，这与心学一系主张心灵是先天的明体较为接近，如陆九渊认为本心是明觉之体，其运动就是天理之流行，与理学一系也有相同点，如杨时认为本心如镜无物不照，反对"执镜随物以度其形"。

第三章以杨时、伊川、朱子、曹端、薛瑄、胡居仁、罗钦顺为中心探讨了理学一系对未发已发问题的诠释。杨时认为未发之中是道心、性、天；伊川主张未发是性，已发是情；朱子持心性二分解，未发是性，已发是情；曹端认为未发是"理之体""太极之静而阴"，已发是"理之用""太极之动而阳"；薛瑄认为未发之中是"至虚至明之心体""寂然不动""性"，已发之和是"心体之用""感而遂通""情"；胡居仁主张未发是"心寂然在内""理具于中""性"，已发是"心之用""感而遂通""情"；罗钦顺认为未发是道心，是性，是静，寂然不动；已发是人心，是情，是动，感而遂通。总体上看，理学一系对未发已发问题的诠释以"性即理"为核心原则。

第四章以陆象山、陈献章、湛若水、王阳明、王畿、王艮为中心探讨了心学一系对未发已发问题的理解。陆象山认为未发之中、已发之和是指本心、太极、理；陈献章认为未发之中、已发之和是指圣人之心；湛若水认为未发之中、已发之和是"心之本体""虚灵方直而不偏"；王阳明主张"良知即是未发之中""未发之中即良知也"；王畿主张良知自在、恒在，"未尝有一息之停"，从经验层面而言良知无所谓未发已发，同时良知又是未发之中、已发之和，两者看似矛盾，实则反映了王畿的主客圆融的理论建构；王艮认为实体义的良知无所谓未发已发，良知自在、恒在，不因主观意志的改变而改变。与此同时，也不能以寂然不动、感而遂通进行形容，良知每时每刻、无间不息在朗照。心学一系的未发已发思想非常复杂，涉及本体论、认识论、工夫论等内容，不过良知是这一系阐释未发已发问题的核心理念。

第五章以胡宏和刘宗周为中心探讨了性学一系对未发已发问题的思考。胡宏主张未发为性、已发为心。刘宗周持心性对扬解：第一，反对未发是性，已发是情；第二，反对未发是寂然不动，已发是感而遂通；第三，反对未发是静，已发是动；第四，反对四端和七情之混淆；第五反对以前后言未发已发；第六；未发之中、已发之和工夫在慎独。性学一系主张借由主观的、具体的心体以成就客观的、超越的宇宙论意义上的性体，即"心以成性"，心性是对扬、相待的关系，调和了理学和心学。

第六章以张载、王廷相和王夫之为中心探讨了气学一系对未发已发问题的建构。张载无明文论及未发已发，但经过推测可知：未发不是性，气质之性有善有恶、天地之性"不知检其心"；未发不是心，心因性成。王廷相认为唯圣人有未发之中。王夫之持生成解，其未发已发论包含着道心之挺立、意志之起用、人性之生成、人情之表露等内容，是一个动态的、生成的过程。

余论以牟宗三为中心探讨了未发已发思想。牟先生持内在超越解，他认为《中庸》首章的"喜怒哀乐"是指自然情感，自然情感的调节合宜使之发而中节需要从感性层跳跃至超越层，得益于中体的逆觉。中体是创生道德行为的存在，是道德的实体，可名之曰仁体、仁心、本心等。中体凭借逆觉的工夫实现自我超越，跃出习气、私欲、利欲的交熏。

关键词：未发已发；《中庸》；儒家

序

何善蒙

　　这本书是叶达的博士论文，是一部集中探讨中国哲学史中未发已发问题的学术著作。未发已发问题，作为一个核心的儒家哲学命题，被明清之际思想大家王夫之称为"儒者第一难透底关"，可见其难度之大、重要性之高。历代学者相关的讨论浩如烟海，要梳理清楚该问题的历史脉络以及思想内涵，殊非易事。叶达博士敢于直面此种挑战，实在难能可贵！本书以《中庸》"喜怒哀乐之未发，谓之中；发而皆中节，谓之和"这一经典论述为起点，系统梳理了从先秦到明清之际思想家对这一问题的诠释演绎，为我们呈现了一幅中国哲学思想演进的宏大图景。但细看下来，也存在不少问题，许多哲学命题没理清楚、与当代学界的互动不够，追溯工夫不够彻底，如何传承与当代转化部分相对薄弱。但作为初出茅庐的青年学者，勇于尝试如此难度巨大的哲学问题，这本身就是一件非常值得肯定的事情！而叶达博士能够潜心于纯粹理论本身，数年如一日，对此问题作深入的辨析，实属不易。尤其是在略显浮躁的当下，青年学者能够潜心基础的哲学问题并不断深入，最终能够提出自己的想法，在前人研究的基础上，"百尺竿头，更进一步"，这是值得充分肯定的。从该书所呈现的具体讨论中，我们也可以很欣喜地看到青年学者的韧性和锋芒，这是中国哲学研究这一领域能够不断被拓展的潜力和生命力所在。

　　关于未发已发的问题，结合叶达博士书稿的阐释，我想略微地谈一下自己的感想。未发已发问题源自《中庸》一书，但其影响远远超出了儒家经典的范畴，涉及到本体论、心性论、工夫论等核心哲学范畴，是传统学派争论的焦点所在。如果能将未发已发问题厘清，无疑对推进《中庸》学的研究进程，或者进一步认识中国思想史的演进过程，具有非同凡响的现实意义。

在论述的方法上，叶达博士采用了较为常见的人物谱系法，依次探讨了玄学、理学、心学、性学和气学对未发已发问题的诠释。这种按照思想流派划分的方法，能够清晰地把握不同学派对这一问题的不同理解。缺点在于本书历史的展开层面较多，逻辑的展开层面较少，阅读下来仍感觉不够深刻与彻底。当然，他自己也不满足于仅仅停留于对观点的梳理罗列，而是深入挖掘各家学说背后的内在关联，例如他指出了王弼"性为情之依据"与理学"性即理"主张之间的相似性，揭示了看似迥异的异代学说之间可能存在的内在联系。

从全书的展开逻辑来看，叶达博士试图通过简帛《五行》来重新探讨《中庸》的未发已发问题，从而开启全书的论述：

帛书《五行》和郭店楚简《五行》都是思孟学派的著作，正如学者刘信芳所说"《大学》之慎独与《五行》之慎独并无二致。……《中庸》之'慎独'与《五行》之'慎独'可谓一脉相承"，分析简帛《五行》中的慎独，将有助于我们理解《中庸》的慎独，进而为我们理解《中庸》的"未发之中"提供依据。

从简帛《五行》的"慎独"到《中庸》的"慎独"再到未发已发问题，这条思路颇具有新意，最后的结论也值得让人思考："（未发之中）应是指心之思或理性认知对道德实践的引导作用，它能引导喜怒哀乐的中节合宜，从'知之'到'安之'再到'乐之'，使人成德，所以是天下之大本。因此《中庸》'喜怒哀乐之未发，谓之中；发而皆中节，谓之和'此句大意如下：由心之思而知喜怒哀乐各有其节，知其有节而能安之乐之，然后喜怒哀乐之发顺畅合宜。"

在理学部分，叶达博士探讨了程颐、朱子、曹端、薛瑄、胡居仁、罗钦顺等人的观点，着重指出朱子进一步发展了伊川的思想，建立了基于理气二分的心性论，"未发之中"是指"心寂然不动"和"性之体段"，或是"未发为性""已发为情"，其中蕴含的心、性二分模式是朱子理学体系的特征之一。从全书的论述效果来看，理学一系对未发已发问题的思考，其理气论、心性论、工夫论等内容逐渐走向严密化、系统化、体系化，展现得较为直观。总体上来看，理学一系以"性即理"命题为核心做出的一系列诠释，可以说是伊川和朱子奠定的。

在心学部分，心学对未发已发问题的诠释，可以说是对理学的一种回应和发展，也是呈现出系统化和体系化的脉络走向。正如叶达所说，在陆九渊学说中，他对未发已发问题的思想零星呈现在书信之中，资料不多；陈献章对未发已发问题论述同样少见；从湛若水开始，心学思想家对未发已发问题都做了深入思考。在泰州学派代表人物王艮那里，他认为良知无所谓未发已发，因为良知自在、恒在、自知、自发，属于形上的超越之体，因此"致中和"就是"善念不动，恶念不动"，去掉经验意识活动就能自然呈现"中和"，这是将良知实体化导致的结果。心学一系的"体验未发气象"实际上可以挖掘的地方还有很多，赋予当代诠释的空间也可以进一步开拓。

性学部分分析了胡宏和刘宗周的观点。胡宏提出了"未发为性，已发为心"的基本观点，刘宗周反对未发为性、已发为情一说，并提出性是生而有之之理观点，性不是独立于人之外的理，而是生而具有的人之性，体现于"善善恶恶"的先天能力之中。换个角度来说，心性对扬就是要重新统一知、信、行，胡宏、刘宗周的观点是对心学和理学一系的调和。其中被刘宗周视为"学问第一义"的慎独工夫论最值得深入挖掘，可以结合现代心理学和现象学等进行研究。

在气学部分，叶达博士重点聚焦在张载、王廷相和王夫之三人相关思想的辨析上。张载从气的角度理解未发已发问题，王廷相则认为"未发之中"只存在于圣人身上，王夫之提出"中"为"在中"的生成解，强调未发之中需要"立本"和"扩充"。随着港台新儒家对心学的追捧，心学被视为儒家思想发展最为成熟的思想形态，气学一系往往受到忽视，尤其是气学架构的宇宙论被视为思想史的倒退。从对未发已发问题的论述来看，气学的论述确实没有那么集中，但其中蕴含的传统物论思想，仍值得我们进一步深入思考和借鉴。

尽管全书存在一些不足，仍然有不少亮点，尤其是青年学者敢于尝试解决难题的精神值得肯定和鼓励。在材料把握上，在探讨《中庸》文本中的未发已发思想时，叶达博士不仅关注文本本身，还结合了子思学派的其他作品简帛《五行》；还注意到了不同时期、不同学派之间的思想联系，如王弼的"性为情之依据"与理学的"性即理"之间的相似性。在视野上，注重思想史的整体把握，不仅关注各个思想家的具体观点，还试图揭示这些观点背后的思想脉络和历史背景，而不是仅仅停留在个案研究。当然，正如作者自己所承认，本书仍有不足之处。例如，对一些主流之外的学者关注不够，如罗近溪、王栋、戴震等人的思想未能深入探讨，对未发已发问题的诠释历史发展和演变逻辑还有待进一步深入研究。总的来说，这本书尝试系统梳理未发已发问题在中国哲学史上的演变过程，揭示了中国哲学思想的内在联系和发展脉络。

研究像未发已发问题这样的抽象哲学难题，在不断功利化的今天确实是很难的，一个直接的原因是因为投入和付出不成正比，当代社会的主流研究范式是必须要有投入—产出的有效机制，而这类纯粹的哲学研究没有什么现实的成果转化率可言。但是，其意义也正在于此，哲学的思考本来就是爱智慧的体现，能帮助我们更好理解传统思想的内在互动、多元演化与发展走向，让我们看到中国哲学的深度和广度，也让我们意识到中国传统思想文化对当代社会的潜在价值和借鉴空间。或许，这就是哲学的独特魅力和价值所在。

2024 年 10 月于浙大紫金港

目 录

绪　论

第一节　选题意义

在中国思想史上，《中庸》未发已发问题是最为复杂且难解的谜题之一。历代学者倾注了无数心血寻找谜底，提出了各自迥异的学术观点。这些观点或以严密的论证方式进行表达，或以感悟形式呈现，形式虽有不同，但都代表了不同学者甚至不同学派的思想主张。探索这一问题是如何被不同学者、不同学派所诠释，可以进一步理解中国思想史的演变过程。因此未发已发问题的研究工作有非常重要的价值和意义，具体而言，体现在以下三个方面。

第一，弥补《中庸》学的学术空白。未发已发问题是《中庸》学的核心问题之一，历代学者众说纷纭，莫衷一是。明清之际学者王夫之甚至称之为"儒者第一难透底关"："'喜怒哀乐之未发谓之中'，是儒者第一难透底关。此不可以私智索，而亦不可执前人之一言，遂谓其然，而偷以为安。"[1] 可见探究"未发已发"既不能凭空结撰，又不能视一家之说为定论，应该纳入思想史进行考察。本文通过梳理历代学者对未发已发问题的思考，大致勾勒了一幅未发已发问题的思想史演进动态图。这不仅对理解未发已发问题本身具有帮助，而且对《中庸》学的思想史演变也有帮助。

---

[1]　王夫之：《读四书大全说》，《船山全集》第6册，长沙：岳麓书社，2011年，第79页。

第二，探讨了目前学界长期忽略的学术问题。未发已发问题通常被视为宋明理学的讨论对象，学者较少探讨宋明理学之外的学说。但是魏晋玄学和宋明理学之间存在许多联系，如宋明理学讲"圣人禀气清明"（朱子），魏晋玄学讲"圣人中和备质"（王弼）；程颐讲"性其情"，王弼讲"不性其情，焉能久行其正"；理学讲主敬涵养，王弼讲"静专动直"等等。未发已发问题的核心——心、性、情、中、和，在魏晋玄学和宋明理学中都属于核心范畴，因此不应将其局限在宋明理学内，而应探讨整个中国思想史。本文将《魏晋玄学对未发已发问题的探索》列为一章，考察了王弼和郭象两位思想家的思想，两位思想家虽然没有明文论述未发已发问题，但是其核心思想与理学、心学具有相似的学理路径。除此之外，目前学界对未发已发问题的研究，主要集中在文献可征的思想家，如朱子、阳明、船山等，而对陆象山、陈献章、张载、王廷相等思想家则笔墨不多，盖因论述文字较少或基本没有。学术研究诚然是建立在资料基础之上，如傅斯年所说："有一分资料说一分话，有十分资料说十分话，没有资料就不说话。"但还应挖掘文字背后的哲学思想。通过围绕未发已发问题，探索魏晋玄学和宋明理学的内在联系，有助于推进学术研究进程。

第三，探索继承中国哲学精神的历史经验。研究未发已发问题，不仅是为了推进《中庸》学的学术进程，弥补学术空白，更在于探索继承中国哲学精神的历史经验。在对这一问题的研究过程中，可以看到中国传统学说中蕴含着追求真善美、追求主客圆融等理念，这些理念对推进思维的变革，促进文明的发展，具有积极的现实意义。

第二节　研究现状、创新与不足

未发已发问题是中国传统学术的关注焦点，目前学界对这一问题的研究取得了一定成果，现按照本文的篇章结构进行文献综述。

第一，目前学界直接论述《中庸》未发已发问题的论文比较少，因为《中庸》思想艰深，不易理解。但学者对同时出现《中庸》首章中的"慎独"展开了深入的探究，并普遍地认为慎独之独是指心，如陈来《"慎独"与帛书〈五行〉思想》："《五行》说文的'慎其心'的心概念，在这里特指道德心，其慎独功夫强调专诚向内，排除感官的向外追求，这些与《孟子》书中的思想是一致的。"① 魏启鹏认为："'独'乃指心与耳、目、鼻、口、手、足数体间，唯心之性好'悦仁义'，故'心贵'，心为人体之'君'也。"② 丁四新认为："简帛书所谓'慎独'谓慎心，'独'指心君，与耳、目、鼻、口、四肢相对，心君是身体诸器官的绝对主宰者，具有至尊无上的独贵地位，这在先秦文献中如《管子》四篇、《荀子·解蔽》等，皆有明证。"③ 郭店楚简《五行》属于思孟学派已得到学界广泛的认可，而《中庸》的慎独和未发已发问题共属一章，因而从慎独入手，或可以一探未发已发问题之究竟。

第二，未发已发问题通常被视为宋明理学的核心问题，因而学界较少研究这一问题在魏晋时期是如何呈现的。从文献上说，魏晋思想家对这一问题的探讨文字寥寥无几，这是研究的最大困难之处。但宋明理学中许多命题，如动静、性命、体用之辨等在魏晋玄学中都得到过普遍的讨论，未发已发问题的核心——心、性、情、中、和等更是频繁出现在魏晋玄学中，那么前后两者在思想上存在哪些关联？这些问题都值得我们深入思考。

学者任继愈曾指出，魏晋玄学和宋明理学一脉相承，两者的内在关系不容忽视："此后学术旨趣转趋心性之探讨。心性与体用皆为宋儒所注意之中心问题。导其来源仍应远溯于魏晋之际。断无无风起浪，平地涌出之哲学系统。宋代理学发挥孔孟之学广大精微，内外兼赅，断非无源之

---

① 陈来：《"慎独"与帛书〈五行〉思想》，《中国哲学史》，2008 年第 1 期。
② 魏启鹏：《德行校释》，成都：巴蜀书社，1991 年，第 11 页。
③ 丁四新：《郭店楚墓竹简思想研究》，北京：人民出版社，2000 年，第 141—142 页。

水，无根之本，自必源远流长则能成其大（体用本末诸名相，屡见于宋儒书中而不见于先秦两汉，习焉不察，则以宋儒所独创，实则导源于魏晋玄学）。"① 当代学者李景林指出当下研究问题所在："魏晋玄学和宋明理学是中国思想学术发展的两个重要阶段，也是中国哲学研究中的两大热点领域。学界对玄学和理学的研究，成果颇丰，但有关二者之间的关系，却鲜少系统的论著。"② 朱汉民《玄学与理学的学术思想理路研究》③一书是近年来少有的论述魏晋玄学和宋明理学关系的专著。该书从"身心之学""性理之学""经典诠释方法""论语学""周易学"等多个角度，重新思考了两者关系，可以说推进了魏晋玄学和宋明理学的研究进程。

第二章以王弼和郭象为论述主体，现对二者进行简单的文献综述。目前学界研究王弼的学术成果汗牛充栋，但是鲜有学者围绕着未发已发问题进行深入探究，其原因盖在王弼没有直接论述未发已发问题，故为学者所忽略。汤用彤《魏晋玄学论稿》、余敦康《魏晋玄学史》、许抗生《魏晋玄学史》、王晓毅《王弼评传》等著作都未论及此问题，甚至许多论者将未发已发问题当作宋明理学的专利。其实玄学的许多思想，都与宋明理学有所关联，举例而言，宋明理学讲"（圣人）禀气清明"（朱子），魏晋玄学讲"（圣人）中和备质"（王弼）；程颐讲"性其情"，王弼讲"不性其情，焉能久行其正"；理学讲主敬涵养，王弼讲"静专动直"等等。学者也多认识到了两者存在联系："王弼……主张以心为本……守静、主静……对当时的思想界，乃至对佛教哲学、对宋明时期的陆王心学，均有影响。"④ 冯友兰更是指出"不滞于情"思想从王弼一直延续至宋儒："'以理化情'属庄子以至何晏、'不滞于情'属王弼以至宋儒。"⑤ 蒙培元也指出，"性

---

① 任继愈：《理学探源》，载《燕园论学集》，北京：北京大学出版社，1984年，第317页。

② 李景林：《玄学与理学：一脉相承的一面》，《中华读书报》2013年7月3日。

③ 朱汉民：《玄学与理学的学术思想理路研究》，北京：中国社会科学出版社，2012年。

④ 张立文编：《心》，北京：中国人民大学出版社，1993年，第109页。

⑤ 冯友兰：《中国哲学史（下）》，重庆：重庆出版社，2009年，第81页。

其情"即以性理引导情感，在王弼那里也已存在："程颐有'性其情'之说，认为'性'（即理）作为先验的道德理性，同时也就是善；情'（这里主要指'七情'）是动于中而形于外者，故有善与不善。如果纵其情而不知约束，就会出现'邪僻'，就会'梏其性而亡之'，因此要'性其情'。所谓'性其情'的'性'字，应作动词解，即是用性理制约人的情感，也就是将情感德性化、理性化。"① 可见王弼思想对宋明理学乃至中国思想史的研究至关重要。另外，在郭象《庄子注》中，仅有两处文字涉及《中庸》："唯中庸之德为然"②，"任理之必然者，中庸之符全矣，斯接物之至者也"③。两者与《中庸》未发已发问题都没有直接关联。目前学界对郭象的研究，主要集中在郭象对《庄子》的诠释内容和方法论，可细分为"《庄子注》公案、独化与玄冥、自然与名教、郭象思想体系的划分、郭象注《庄子》的哲学方法、《庄子注》和《庄子》思想的关系、郭象思想的学派归属及评价"④ 七个方面。笔者在第二章中将围绕着未发已发问题的核心——心、性、情、中、和，探究郭象的思想结构并与理学、心学进行对比。

第三，理学一系未发已发思想的研究现状。

（一）杨时

杨时的思想比较复杂，其晚年"溺于佛氏"，黄宗羲对杨时晚年"入佛"深感惋惜："龟山气象和平，议论醇正，说经旨极切，论人物极严，可以垂训万世，使不间流于异端，岂不诚醇儒哉！乃不料其晚年竟溺于佛

---

① 蒙培元：《情感与理性》，北京：中国社会科学出版社，2002年，第111页。

② ［晋］郭象注，［唐］成玄英疏，曹础基、黄兰发点校：《南华真经注疏·外篇　卷第六·至乐第十八》，北京：中华书局，1998年，第357页。

③ ［晋］郭象注，［唐］成玄英疏，曹础基、黄兰发点校：《南华真经注疏·内篇　卷第二·人间世第四》，北京：中华书局，1998年，第89页。

④ 罗彩：《郭象思想研究三十年及前瞻》，《深圳大学学报》2015年第1期。

氏。"全祖望亦云:"黄氏之言,真龟山之诤臣也。"① 但目前学界对杨时思想的佛学倾向似乎关注不够,如陈来《宋明理学》②,蒙培元《理学的演变——从朱熹到王夫之戴震》③,甚至有论者认为"杨时并未'入佛',他的'入佛'只是一种表象而已"④。从未发已发问题来看,杨时在本然义的心和实然义的心之间摇摆不定,而更倾向于本然义的心,未将二者真正统一起来。其后弟子继承杨时思想,同样主张静中观未发气象:"静处观心尘不染,闲中稽古意尤深,周诚程敬应粗会,奥理休从此外寻。"⑤ 实际上就是主张去掉意念之动的心是本然义的心,本然义的心"不尘不染""无所不照""明白洞达"。罗从彦的弟子李侗继承杨时主静思想,他说道:"某向时从罗先生,学问终日,相对静坐,只说文字,未尝及杂语。先生极好静,某时未有知,退入室中亦静坐而已,罗先生令静中看喜怒哀乐未发之谓中,未发时作何气象。此意不唯于进学有方,亦是养心之要。"⑥ 可以看到,杨时主静思想是道南学派的学脉所在,其与未发已发问题更是紧密结合在一起。

(二)伊川、朱子

宋初三先生是理学先驱,他们对"道统""文统""体用"等思想的论述,为理学发展奠定了基础。然而三先生未形成系统学说,二程和朱子的出现才将理学推向高峰。二程中程颢学说圆融、浑沦,程颐学说分解、精切,两者风格各不相同。朱子曾评价程颢:"明道说话浑沦,煞高,学者

---

① 黄宗羲:《宋元学案》,北京:中华书局,1986年,第951页。

② 陈来:《宋明理学》,北京:北京大学出版社,2020年。

③ 蒙培元:《理学的演变——从朱熹道王夫之戴震》,北京:方志出版社,2007年。

④ 王建龙:《试论杨时理学思想中的佛学倾向》,《阴山学刊》2002年第5期。

⑤ [清]李清馥,徐公喜、管正平、周明华点校:《闽中理学渊源考·卷四 文质罗豫章先生从彦学派·文质罗豫章先生从彦·诗·观书有感》,南京:凤凰出版社,2011年,第50页。

⑥ [清]黄宗羲原撰,[清]全祖望补修,陈金生、梁运华点校:《宋元学案·卷三十九 豫章学案·豫章门人·文靖李延平先生侗·延平答问》,北京:中华书局,1986年,第1285—1286页。

难看。"① 他更契合程颐学说，其原因在"盖朱子最不喜笼统说道理"②。程颐的学理路径，最终促成了朱子中和新旧二说的转变。牟宗三认为程颐的思想核心是心性二分，其后朱子继承了这种观点，并形成了心性情三分而一体的理学体系："朱子是承伊川之居敬、涵养、致知、格物之义理间架以及对于中和问题之探讨而确定其工夫之入路者。"③ 除了牟先生外，目前学界存在多种对程颐学说的不同理解，这使得对未发已发问题的探究各有差异。唐君毅提出"一心两面"之说，强调伊川的心性情可以相通为一，即性情统于一心④；马一浮认为伊川学说是"由心见理"，伊川所说的动见天地之心，是指人心善的活动即是理即天地之心，心性实是一⑤；冯友兰认为伊川的性是形上之道，情是形下阴阳之气⑥；劳思光也认为伊川学说心性二分，但他并未承认伊川学说的理具有活动义，同时他认为水波之喻是指性与情是心的两种状态⑦；杨祖汉的观点与牟宗三截然不同，他认为伊川和朱子的心性未必二分，心本具理，格物穷理是将本心之理显现出来⑧；杜保瑞同样持反对牟宗三的观点，他认为伊川学说中的心性情可以为一⑨；刘乐恒继承了马一浮和唐君毅的观点，反对牟宗三视伊川学说为歧出，他以"对比而融通"的方法解读伊川思想，认为其理有活动义，心

---

① 黎靖德编：《朱子语类》，北京：中华书局，1985 年，第 2358 页。

② 刘宗周：《刘子遗书》，《文渊阁四库全书》第 717 册，第 109 页。

③ 牟宗三：《心体与性体》下册，《牟宗三全集》第 7 册，台北：台湾联经出版公司，2003 年，第 54 页。

④ 参阅唐君毅：《中国哲学原论·原教篇》，台北：学生书局，2004 年，第 175 页。

⑤ 参阅马一浮著、虞万里校点：《马一浮集（第一册）》，浙江：浙江古籍出版社，1996 年，第 32 页。

⑥ 冯友兰：《中国哲学史》，台北：台湾商务印书馆，1993 年，第 884 页。

⑦ 劳思光：《新编中国哲学史（三上）》，台北：三民书局，2014 年，第 226 页。

⑧ 杨祖汉：《程伊川、朱子思想型态的当代诠释之反省》，《全球与本土之间的哲学探索：刘述先先生八秩寿庆论文集》，第 242—243 页。

⑨ 杜保瑞：《北宋儒学》，台北：台湾商务印书馆，2005 年，第 252 页。

性情三者可以为一①。在以上学者的基础上，笔者尝试对伊川未发已发思想进行重新梳理，并指出伊川学说中具备的三种心性关系，这三种心性关系下的未发已发思想各有不同。朱子的未发已发思想研究学术成果丰富，牟宗三《心体与性体》、陈来《朱子哲学研究》、张立文《朱熹思想研究》等专著都进行了详尽的讨论，兹不赘述。

（三）罗钦顺

目前学界研究罗钦顺已取得一定的成果，形成了一系列较为完备的著作，如胡发贵《罗钦顺评传》②、陈来《宋明理学》③、蒙培元《理学的演变——从朱熹到王夫之戴震》④等。但罗钦顺学说中的理气关系仍存有争议，有学者认为是气是物质，理是物质的运动规律⑤，有学者认为是理气关系是一般与特殊的关系⑥，还有学者认为是现象和本质的关系⑦。如何理解罗钦顺理气关系将决定如何理解他的未发已发思想。

第四，心学一系未发已发思想的研究现状。

（一）陆象山

作为心学的奠基人，陆象山一直是历代学者关注的焦点。在宋明理学二系说中，朱陆异同之辨更是核心内容，或辨其异，或论其同。现当代学者对陆象山倾注了巨大的热情，学术成果不断涌现。2019 年 10 月，在江西省抚州市金溪县召开了"陆九渊诞辰 880 周年暨心学传承与发展"

---

① 刘乐恒：《伊川理学新论》，长沙：岳麓书社，2014 年，第 117 页。

② 胡发贵：《罗钦顺评传》，南京：南京大学出版社，2001 年。

③ 陈来：《宋明理学》，北京：北京大学出版社，2020 年。

④ 蒙培元：《理学的演变——从朱熹到王夫之戴震》，北京：人民出版社，2007 年。

⑤ 张岱年：《中国哲学大纲》，北京：中国社会科学出版社，1982 年，第 74—75 页；任继愈主编：《中国哲学史》第 3 册，北京：人民出版社，2003 年，第 319—323 页；侯外庐主编：《宋明理学史》下卷，北京：人民出版社，1987 年，第 476—479 页。

⑥ 冯友兰：《中国哲学史新编》下卷，北京：人民出版社，1999 年，第 286—288 页。

⑦ 秦晋楠：《重思罗钦顺的"理只是气之理"——学术史与哲学史交织下的新理解》，《哲学动态》2019 年第 1 期。

国际学术会议，来自世界各国共计百余人的专家学者参加，有学者认为此次会议"将对未来的宋明理学研究产生长远影响"①，足见陆象山对中国思想史研究之重要。就目前研究状况而言，学术成果较为丰硕，正如学者沈顺福所说"心学的主要代表是陆象山与王阳明。关于二者各自的思想，学术界讨论得比较充分，成果也比较多"，但仍有值得研究的地方："从现有的资料来看，人们很少思考象山心学与阳明心学之间的关联，尤其是比较二者之间的差异。这种比较研究的缺失，不仅体现了学术上的不足与遗憾，更可能影响人们对二人思想特点的完整把握，甚至影响到对二者的哲学史评价。"②比较研究是推进学术创新的一种重要方法，除此之外，还应该关注那些被忽略的问题。"未发已发问题"就是一个被长期遗忘的问题，其原因大概是陆象山有关这方面的资料非常稀少。从总体上来看，与伊川、朱子不同，象山、阳明沿着"心即理"的路径，直接从超越的、作为道德创生之体的本心出发，将其视为未发之中。但象山并未像阳明一样，对未发之中、已发之和进行专门论述，他的观点都零星散落在他的书信之中。就思想史的进程而言，心学一系的思想家在这个问题上都自身独特的理论建构，如王阳明认为未发之中是良知，王艮则进一步演绎为未发之中是现成的良知，因此探究陆象山对未发已发问题的思考非常有必要。

（二）陈献章

陈献章的思想较为复杂，可分为两个阶段。他早年追随吴与弼，三十八岁时游太学，国子监祭酒邢让称之为"真儒复出"，他赋诗言志："吾道有宗主，千秋朱紫阳。说敬不离口，示我入德方。义利分两途，析之极毫芒。圣学信非难，要在用心藏。善端日培养，庶免物欲栽。……"③在这个

---

① 张新国：《"陆九渊诞辰 880 周年暨心学传承与发展"国际学术会议综述》，《哲学动态》2020 年第 5 期。

② 沈顺福：《论陆、王心学之异同》，《哲学研究》2017 年第 10 期。

③ 陈献章：《陈献章集》，北京：中华书局，1987 年，第 279 页。

阶段，他以朱子为宗，思想倾向理学。晚年以自然为宗，心学特色明显，《明史·儒林传》云："学术之分，则自陈献章、王守仁始。"便是以此阶段为其思想成熟期，是为明代心学之滥觞。黄宗羲认为陈献章作为明代心学领袖，与王阳明同侪："有明之学，至白沙始入精微，其吃紧工夫，全在涵养。喜怒未发而非空，万感交集而不动。至阳明而后大。两先生之学，最为相近。不知阳明后来从不说起，其故何也。"① 但是，陈献章的思想复杂之处在于他对道、心、气等概念的表述前后不一致，更多的是一种诗性的表达，这就为理解工作增加了难度。他的这种思想风格也体现在其诗歌创作之中，"偶然有合，或高妙不可思议，偶然率意，或粗野不可向迩，至今毁誉亦参半"（《四库全书总目提要》评陈献章诗）。这虽是就其诗歌成就而言，然其思想学说亦有精有粗、前后龃龉之处。从思想史角度而言，陈献章处在明代思想史的转捩点，上承朱子学，下启心学，其学说尚未彻底转型，故既有朱子学色彩，又有心学观点。目前学界对陈献章的研究主要集中在以下几个方面：第一，梳理陈献章思想，如专著《陈献章评传》②，论文《陈献章心学简论》③、《简论陈献章的"万化我出"说》④、《论陈献章心学思想的理论意蕴和特色》⑤ 等；第二，陈献章学说的思想史定位，如论文《论陈献章的思想与明中叶学风的转变》⑥、《陈献章心学的道家品味》⑦、《陈献章学脉对王阳明思想的影响》⑧ 等。总体而言，学术界对陈献章思想的研究已经取得显著的成果，但是就陈献章思想的矛盾性研究则未深入展开，陈献章晚年以自然为宗，可以说代表了他

---

① 陈献章：《陈献章集》，北京：中华书局，1987年，第867页。

② 黄明同：《陈献章评传》，南京：南京大学出版社，1998年。

③ 陈奇：《陈献章心学简论》，《贵州师范大学学报》1996年第3期。

④ 宋志明：《简论陈献章的"万化我出"说》，《中国人民大学学报》1997年第4期。

⑤ 方国根：《论陈献章心学思想的理论意蕴和特色》，《孔子研究》2000年第2期。

⑥ 龚抗云：《论陈献章的思想与明中叶学风的转变》，《湖南大学学报》1990年第5期。

⑦ 冯达文：《陈献章心学的道家品味》，《孔子研究》1995年第1期。

⑧ 汪学群：《陈献章学脉对王阳明思想的影响》，《湖南大学学报》2016年第3期。

成熟时期的思想，但是他又肯定气的实存，诸如此类，应该如何去理解，都是值得讨论的问题。此外，学界尚未梳理陈献章论未发已发问题，其原因盖在其本人未明文论及，唯有零星半句，需要推测。故本文在梳理陈献章思想基础上，尝试推测其对未发已发问题的思考。

（三）湛若水

湛若水是明代心学思想家之一，据《明史·儒林传序》记载"宗献章者曰江门之学"，湛若水以陈献章为师，属于江门之学一系。陈献章非常器重湛若水，视其为传人："达摩西来，传衣为信，江门钓台亦病夫之衣钵也，兹以付民泽，将来有无穷之托，珍重珍重！"（《白沙子》）而湛若水亦对其师表现出莫大的尊敬，认为"道义之师，成我者与生我者等"，在陈献章殁后，为之守丧三年："为之制斩衰之服，庐墓三年不入室，如丧父然。"（罗洪先：《湛若水墓表》）从学派传承而言，将湛若水归入江门一系并无问题，就其学说而言，湛若水的思想与陈献章、王阳明代表的姚江学派有较大差异。学者蔡方鹿认为湛若水是二元论者，主张心本论和气本论："湛若水既提出了'宇宙之内一心尔'的命题，又提出了'宇宙间一气而已'的命题，这是他哲学逻辑上的相互矛盾之处，说明了他既接受了心学的理论，又受到张载'气'论的影响。"[①]张立文认为湛若水和王阳明虽一者主张随处体认天理，一者主张致良知，但"名异而实同"："湛王之辩，体现两人在从程朱理体学转向心体学思维逻辑过程中，虽都安顿在心本体上，但其着眼点、入手处不同，一以随处体认天理，一以致良知，名异而实同。再者，两人对心的觉解有差分，湛氏有沿用程朱理学思维逻辑结构的核心话题天理之嫌，未能彻底度越程朱理学；王氏的致良知则是经炼狱般煎熬和在百死千难中彻悟得来的，完全离程朱之思议，而

---

① 蔡方鹿：《湛若水哲学的二元论倾向》，《广东社会科学》1987年第3期。

完成了心体学理论思维体系的建构。"①刘兴邦认为"'心无内外'思想是湛若水心学思想的逻辑起点，是整个岭南心学思想的理论核心"②。本文通过梳理湛若水未发已发问题的观点，进一步深入探究湛若水哲学思想，并在行文中逐步回应上述这些学者的观点。

第五，性学一系未发已发思想的研究现状。

（一）胡宏

胡宏是湖湘学派的代表学者之一，他的学说通常被归为性学一系，是宋明理学三系③或四系④之一。相比理学、心学和气学的研究，胡宏、刘宗周这一系的研究稍显薄弱，大概由于胡宏的学说受到过朱子的批判，为传统主流所忽略，故现当代有关胡宏的研究著作也较少。不过，自牟宗三《心体与性体》（1968 年出版）一书提出胡宏是"圆教模式"的代表人物后，学界的研究热情逐渐升高。吕金伟、樊小冬《胡宏研究综述》⑤一文较为系统地梳理了国内的研究状态，本文拟在其基础上，简单梳理一下对胡宏未发已发思想的研究现状。

目前学界对胡宏未发已发思想取得了较为一致的结论，即胡宏以未发

---

① 张立文：《湛若水的随处体认天理》，《学术研究》2013 年第 9 期。与此同时，张立文主编的《中国哲学范畴精粹丛书——心》一书认为"在心气关系上，体现了湛若水哲学逻辑上的矛盾"。（张立文主编：《中国哲学范畴精粹丛书——心》，北京：中国人民大学出版社，1993 年，第 244 页。）

② 刘兴邦：《论湛若水的心学思想》，《五邑大学学报》2006 年第 6 期。

③ 牟宗三剔除气学，新增胡宏和刘蕺山一系，他的判断依据是对"形而上的实体"的理解是"即存有即活动"还是"存有而不活动"。详见《心体与性体》，《牟宗三全集》第 5、6、7 册，台北：台湾联经出版事业公司，2003 年。

④ 向世陵以各派学说论述主旨为分判标准，他认为"性学与道学、心学、气学四系的提出，目的在弥补两大三系说或漏掉性学或否定气学的不足，以便更准确地反映和更恰当地理解宋明理学的理论体系及其历史发展。"（见向世陵：《理气性心之间——宋明理学的分系与四系》，北京：人民出版社，2008 年，第 266 页。）

⑤ 吕金伟、樊小冬：《胡宏研究综述》，《长江师范学院学报》2015 年第 5 期。

为性，已发为心。如牟宗三《心体与性体》[①]指出胡宏以未发为性，已发为心；张立文在其主编的《中国哲学范畴精粹丛书：心》一书也指出"胡宏以性为体、为未发，以心为用、为已发"[②]；陈来《宋明理学》一书同样认为："胡宏以心为已发、性为未发，是把性与心的关系理解为体用关系。他说：'圣人指明其体曰性，指明其用曰心。性不能不动，动则心矣。'就是说，性是心之体，心是性之用，即性是意识活动（心）的本质，意识活动是这一本质（性）的现象表现。'动则心矣'，这里的'动'即是'发'。性之不动即未发。性之动即是已发，即心。"[③]张琴的博士论文《胡宏"知言"哲学体系研究》认为："在'未发已发'问题上，胡宏认为未发言性，已发言心。"[④]

以上学者对胡宏未发已发思想的探讨已较为充分，但笔者认为还有必要做进一步梳理，因其涉及双层心性论架构，只有将这两层逻辑结构系统地揭示出来，才能完整地理解胡宏未发已发思想。这两层心性论结构开出两种不同的工夫路径：其一，居敬穷理；其二，求放心。居敬穷理和朱子的理本论较为接近，而求放心则与心本论接近。

（二）刘宗周

刘宗周是明末著名的思想家之一，他和宋代思想家胡宏通常被称为性学一系。现当代学者中，最早研究刘宗周且出版学术专著的当数姚名达，其著作《刘宗周年谱》[⑤]于1931年由上海商务印书馆出版发行。此后，经过牟宗三[⑥]、唐君毅[⑦]等人深入研究，时至今日国内学者已经取得了一定

---

① 牟宗三：《心体与性体》，《牟宗三全集》第6册，台北：台湾联经出版事业公司，2003年。
② 张立文主编：《中国哲学范畴精粹丛书：心》，北京：中国人民大学出版社，1993年，182页。
③ 陈来：《宋明理学》，北京：北京大学出版社，2020年，第172页。
④ 张琴：《胡宏"知言"哲学体系研究》，浙江大学2010年博士论文，第136页。
⑤ 姚名达：《刘宗周年谱》，上海：上海商务印书馆，1931年。
⑥ 牟宗三：《心体与性体》，上海：上海古籍出版社，1999年。
⑦ 唐君毅：《中国哲学原论·原教篇》，北京：中国社会科学出版社，2005。

的成果。申鹏宇《百年来刘宗周思想研究述评》[①]一文较为系统地梳理了现当代学者对刘宗周哲学思想的研究状况，本文兹不赘述，仅就未发已发问题作进一步梳理。由于未发已发问题涉及理气论、心性论与工夫论等内容，许多学者在论述刘宗周哲学思想时已或多或少涉及这一问题，如林宏星《刘宗周评传》一书指出"喜怒哀乐以四德言，非以七情言"[②]，即刘宗周认为"喜怒哀乐"是四德而非七情；衷尔钜《蕺山学派哲学思想》[③]一书也指出刘宗周所说的喜怒哀乐是指心之条理；陈来《宋明理学》[④]一书着重论述了刘宗周论四德和七情的差别，除此之外，杨国荣[⑤]、李振纲[⑥]、何俊[⑦]、黄敏浩[⑧]、胡元玲[⑨]、杜保瑞[⑩]等学者或以论文或以专著形式多有涉及，本文拟在以上学者的基础上，进一步梳理刘宗周未发已发思想。

第六，气学一系未发已发思想的研究现状。

（一）张载

张载哲学是学术界关注焦点之一。目前学界围绕张载哲学思想的研究成果非常多，林乐昌《20世纪张载哲学研究的主要趋向反思》[⑪]一文系统梳理了20世纪张载哲学的研究状况，在他的基础上，笔者简单梳理一下21世纪有关张载哲学研究状况。

按照研究类型进行划分，近20年来的研究成果可分为以下几类：第

---

① 申鹏宇：《百年来刘宗周思想研究述评》，《海南师范大学学报》2012年第9期。
② 林宏星：《刘宗周评传》，南京：南京大学出版社，1998年，第128页。
③ 衷尔钜：《蕺山学派哲学思想》，济南：山东教育出版社，1993年。
④ 陈来：《宋明理学》，北京：北京大学出版社，2020年。
⑤ 杨国荣：《理性本体的重建》，详见钟彩钧编《刘蕺山学术思想论集》，台北：中央研究院中国文哲研究所筹备处，1998年，第282页。
⑥ 李振纲：《证人之境——刘宗周哲学的宗旨》，北京：人民出版社，2000年，第1页。
⑦ 何俊、尹晓宁：《刘宗周与蕺山学派》，北京：中国人民大学出版社，2009年。
⑧ 黄敏浩：《刘宗周及其慎独哲学》，台北：学生书局，2001年。
⑨ 胡元玲：《刘宗周慎独之学阐微》，台北：学生书局，2009年。
⑩ 杜保瑞：《刘蕺山的功夫理论与形上思想》，台北：花木兰文化出版社，2009年。
⑪ 林乐昌：《20世纪张载哲学研究的主要趋向反思》，《哲学研究》2004年第12期。

一，对张载哲学的意义思考和思想史定位，如曾振宇《论张载气学的特点及其人文关怀》①、丁为祥、孙德仁《张载哲学对宋明理学的主要贡献》②等；第二，对张载哲学核心思想的阐释，李存山《"先识造化"：张载的气本论哲学》③、林乐昌《张载心学论纲》④、丁为祥《张载对"形而上"的辨析及其天道本体的确立》⑤、李煌明《"先立乎其大"：张载的虚气本始论及参两模式》⑥、杨立华《隐显与有无：再论张载哲学中的虚气问题》⑦等；第三，张载哲学与其他思想体系间的联系，刘学智《朱熹"中和新说"与关学关系探微》⑧、王新春《"横渠四句"的生命自觉意识与易学"三才"之道》⑨、林乐昌《论张载对道家思想资源的借鉴与融通——以天道论为中心》⑩、向世陵《张载、王夫之的"保合太和"说议》⑪等。

可以看到，学者们从各个角度对张载哲学进行了研究，并取得了丰硕的成果。但张载哲学体大思精，仍有值得探索的空间，未发已发问题便是其中之一。目前学界对此问题关注稍显不足，大抵因张载无明文论及《中庸》首章，故为学者所忽略。刘学智《朱熹"中和新说"与关学关系探微》一文是近年来涉及张载未发已发思想的一篇论文，指出了吕大临、程颐、张载等人对朱子"中和新说"影响，但其重心在论述朱子"中和新说"的形成过程，而对张载未发已发思想未作深入探究。

---

①　曾振宇：《论张载气学的特点及其人文关怀》，《哲学研究》2017 年第 5 期。

②　丁为祥、孙德仁：《张载哲学对宋明理学的主要贡献》，《中国哲学史》2020 年第 6 期。

③　李存山：《"先识造化"：张载的气本论哲学》，《中国哲学史》2009 年第 2 期。

④　林乐昌：《张载心学论纲》，《哲学研究》2020 年第 6 期。

⑤　丁为祥：《张载对"形而上"的辨析及其天道本体的确立》，《哲学研究》2020 年第 8 期。

⑥　李煌明：《"先立乎其大"：张载的虚气本始论及参两模式》，《哲学研究》2015 年第 1 期。

⑦　杨立华：《隐显与有无：再论张载哲学中的虚气问题》，《中国哲学史》，2020 年第 4 期。

⑧　刘学智：《朱熹"中和新说"与关学关系探微》，《哲学研究》2015 年第 12 期。

⑨　王新春：《"横渠四句"的生命自觉意识与易学"三才"之道》，《哲学研究》2014 年第 5 期。

⑩　林乐昌：《论张载对道家思想资源的借鉴与融通——以天道论为中心》，《哲学研究》2013 年第 2 期。

⑪　向世陵：《张载、王夫之的"保合太和"说议》，《中国哲学史》2020 年第 4 期。

（二）王廷相

王廷相是明代气论哲学代表思想家之一，他最为人熟知的是其唯物主义思想。1959年侯外庐撰写《王廷相的唯物主义哲学思想》①一文，对王廷相做了系统评价，认为"王廷相是中国的一位杰出的古典唯物主义者"，侯外庐的评价深刻影响了当代学界的研究。目前学界对王廷相的研究主要集中于梳理其唯物论思想，从宇宙论、认识论、历史哲学等不同角度进行论述，如周桂钿《王廷相宇宙论述评》②、葛荣晋《王廷相在中国哲学史上的地位》③、李存山《王廷相思想中的实证科学因素》④，力涛《王廷相认识论范畴体系》⑤、蒋国保《王廷相"气本"论的内在理路》、王培华《关于王廷相历史思想的几个问题》、曾振宇《王廷相气论哲学新探——兼论中国古典气论哲学的一般性质》、高令印和乐爱国的专著《王廷相评传》⑥等。从道德学说角度探究王廷相哲学思想及思想史定位则较为少见，李存山在《罗、王、吴心性思想合说》一文中指出王廷相的道德学说对否定道德先验论有积极意义，"真正的善恶标准、'仁义礼智'道德准则是在'圣人'立教以后才形成的。王廷相说：'仁义礼智，性所成之名而已矣。'（同上）这一思想虽然为'圣人'保留了特殊的地位，但对道德先验论无疑是一个有积极意义的否定"，并进一步指出研究中国哲学的新视角："如果从王廷相区分'物理'与'人理'的角度探讨中国传统哲学的转型问题，是否可以为道德与科学确立更合适的位置？而将道德本体还原为社会之理，是否更易于吸纳新的道德观念和民主观念？我想这是值得学术界

---

① 侯外庐：《王廷相的唯物主义哲学思想》，《哲学研究》1959 年第 7 期。

② 周桂钿：《王廷相宇宙论述评》，《哲学研究》1984 年第 8 期。

③ 葛荣晋：《王廷相在中国哲学史上的地位》，《中州学刊》1991 年第 5 期。

④ 李存山：《王廷相思想中的实证科学因素》，《人文杂志》1993 年 06 期。

⑤ 力涛：《王廷相认识论范畴体系》，《社会科学》1989 年第 5 期。

⑥ 高令印、乐爱国：《王廷相评传》，南京：南京大学出版社，1998 年。

深入思考的一个问题。"①

（三）王夫之

船山是明清之际的一代大儒，他学问博赡，著作等身，谭嗣同称赞他为"五百年来学者真通天人之故者，船山一人而已"②，梁启超更是认为船山的哲学思想领先于西方康德（Immanuel Kant），开启认识论转向："夫之所注重的问题是，'我们为什么能知有宇宙？''知识的来源在哪里？''知识怎样才算正确？'他以为这些问题不解决，别的话都是空的。这种讲哲学法，欧洲是康德以后才有的。夫之生在康德前一百年，却在东方倡此论了。"③ 因此，对于研究《中庸》未发已发问题，船山是绕不开的思想家。

目前学界研究船山哲学思想的成果繁多。就未发已发问题而言，许多研究专著或多或少都已涉及，如侯外庐《船山学案》④、陆复初《王船山学案》⑤，唐君毅《中国哲学原论·原道篇》《中国哲学原论·原道篇》⑥、罗光《王船山形上学思想》⑦，曾昭旭《王船山哲学》⑧，林安梧《王船山人性史哲学之研究》⑨，萧萐父、许苏民《王夫之评传》⑩，胡发贵《王夫之与中国文化》⑪，谭明冉《王夫之庄学研究》⑫，季蒙《主思的理学——王

---

① 李存山：《罗、王、吴心性思想合说》，《哲学研究》1993 年第 3 期。

② 引自梁启超语，见梁启超：《清代学术概论》，《饮冰室合集》第 8 册，北京：中华书局，2015 年，第 15 页。

③ 梁启超：《明清之交中国思想界及其代表人物》，《饮冰室合集》第 14 册，北京：中华书局，2015 年，第 32 页。

④ 侯外庐：《船山学案》，长沙：岳麓书院，1982 年。

⑤ 陆复初：《王船山学案》，武汉：湖北人民出版社，1987 年。

⑥ 唐君毅：《中国哲学原论·原道篇》《中国哲学原论·原道篇》，北京：九州出版社，2016 年。

⑦ 罗光：《王船山形上学思想》，新北：辅仁大学出版社，1993 年。

⑧ 曾昭旭：《王船山哲学》，台北：远景出版事业公司，1983 年。

⑨ 林安梧：《王船山人性史哲学之研究》，台北：东大图书公司，1987 年。

⑩ 萧萐父、许苏民：《王夫之评传》，南京：南京大学出版社，2007 年。

⑪ 胡发贵：《王夫之与中国文化》，贵州：贵州人民出版社，2000 年。

⑫ 谭明冉：《王夫之庄学研究》，济南：山东人民出版社，2017 年。

夫之的四书学思想》①，陈赟《回归真实的存在——王船山哲学的阐释》②等，但因这些专著重心在梳理船山的思想体系，未对未发已发这一问题展开专题性论述。另外，其他专著如方克《王船山辩证法思想研究》③、王泽应《船山伦理与西方近代伦理比较》④等虽亦涉及未发已发问题，但重心本不在此，兹不赘举。

就论文而言，近年来有陈来《王船山的〈中庸〉首章诠释及其思想》⑤、陈科华《未发之中：儒者第一难透底关——王夫之"透关"三辨》⑥、周兵《王夫之对"未发之中"的辨析——兼与陈科华先生商榷》⑦这三篇论文，以专题性质探讨船山未发已发思想。陈来指出船山认为"未发是性"，陈科华认为是"指一种'有情'而'方其未发'的客观情态，而这一客观情态之所以可能，就在于有'性'的存在，而'性'的功能是'中'的"，周兵反驳陈科华，并认为"'未发之中'其实就是指'性'，或'性善'"。本文则认为船山的未发已发论包含着道心之挺立、意志之起用、人性之生成、人情之表露，是一个动态生成的过程。

创新与不足

本文的创新点和不足处体现在：第一，学术观点和方法的创新；第二，论述不够全面。

第一，就学术创新而言，本文是目前学界最为系统论述未发已发问题

---

① 季蒙：《主思的理学——王夫之的四书学思想》，广州：广东高等教育出版社，2005 年。
② 陈赟：《回归真实的存在——王船山哲学的阐释》，上海：复旦大学出版社，2007 年。
③ 方克：《王船山辩证法思想研究》，长沙：湖南人民出版社，1984 年。
④ 王泽应：《船山伦理与西方近代伦理比较》，北京：国际展望出版社，1991 年。
⑤ 陈来：《王船山的〈中庸〉首章诠释及其思想》，《武汉大学学报》2002 年第 6 期。
⑥ 陈科华：《未发之中：儒者第一难透底关——王夫之"透关"三辨》，《广西社会科学》2001 年第 5 期。
⑦ 周兵：《王夫之对"未发之中"的辨析——兼与陈科华先生商榷》，《船山学刊》2013 年第 1 期。

的专题性论文。目前学界对未发已发问题的研究以个案研究为主，聚焦于朱子、阳明等影响力大的思想家，而对理学、心学、性学、气学及其后学考察不够。本文以《中庸》未发已发问题为中心，系统论述了魏玄学、理学、心学、气学和性学以及现代新儒家牟宗三对这一问题的理解。

第二，在具体研究内容上，本文提出了一些新观点。如在第一章中，本文通过分析子思学派作品的《中庸》和简帛《五行》，由慎独以探索未发已发问题，提出"未发之中"是指认知心的作用以成德、达道，其关键是偏向于理性认知的心之思。在《玄学对未发已发问题的探索》一章中，本文指出：王弼主张的性为情之依据、心之动为情和理学主张性即理、理为情之依据具有相似性。除此之外，本文还探讨了为学界忽略的杨时、曹端、薛瑄、胡居仁、湛若水、王艮等人的未发已发思想。

第三，本文的不足之处在于不够全面，探讨了一些较为重要的思想家，而对主流之外的学者关注不够，如罗近溪、王栋、戴震等人。此外，对未发已发问题诠释的历史发展和演变逻辑有待深入。总体而言，本文仍需要展开进一步的工作，方能形成一部系统研究未发已发问题的专著。

第一章　何谓未发已发：问题的诞生

　　未发已发问题出自《中庸》首章："喜怒哀乐之未发，谓之中；发而皆中节，谓之和。"历代学者对此问题议论纷纭，莫衷一是。王夫之甚至说："'喜怒哀乐之未发谓之中'，是儒者第一难透底关。此不可以私智索，而亦不可执前人之一言，遂谓其然，而偷以为安。"[①] 可见探究未发已发问题既不能凭空结撰，又不能视一家之说为定论，应该纳入思想史进行考察。除纵向的思想史考察外，还应进行横向的分析。未发已发问题涉及心、性、情、中、和等诸多问题，因此探究未发已发其实就是探究心、性、情、中、和等核心概念及其相互关系。故本章将以《中庸》为核心，围绕文本探讨未发已发问题。

第一节　由《中庸》解未发已发

　　《汉书·艺文志》记载子思《中庸》两篇，但目前我们看到的传世本《中庸》仅一篇，共三十三章。南宋学者王柏对此提出疑问："谓《中庸》古有二篇。'诚明'可为纲，不可为目。"这意味着《中庸》不是一个整体。王柏之后，王鸣盛、冯友兰、武内雄义、徐复观、郭沂等人都对此提

---

① 王夫之：《读四书大全说》，《船山全集》第 6 册，长沙：岳麓书社，2011 年，第 79 页。

出了不同意见①。可见《中庸》文本结构问题一直争论不休。在这种争论的基础上展开学术讨论，很可能会被全盘否定，因为文献归属都尚未解决，遑论其思想？鉴于此，本文采取学者梁涛的处理方式，梁涛认为历来学者对《中庸》的疑问主要集中在两个方面：其一，《中庸》是否是子思之作；其二，《中庸》是否为一个整体，他认为这种争论的原因在于："缺乏对子思思想的整体了解，人们只是就《中庸》谈《中庸》，难免有盲人摸象之感；而郭店楚简中子思佚籍的发现，使以往模糊不清的子思学派重新浮出水面，为我们重新审视、探讨这一学术公案提供了可能。"②梁涛的治学述方式对我们探讨未发已发问题不无启示，先对《中庸》文本问题悬置，分析其整体思想结构，再进一步探究要解决的问题。

一、未发已发的逻辑展开——基于天人关系

未发已发出自《中庸》首章，全文如下：

> 天命之谓性，率性之谓道，修道之谓教。道也者，不可须臾离也，可离非道也。
>
> 是故君子戒慎乎其所不睹，恐惧乎其所不闻。莫见乎隐，莫显乎微，故君子慎其独也。
>
> 喜怒哀乐之未发，谓之中；发而皆中节，谓之和。中也者，天下之大本也；和也者，天下之达道也。致中和，天地位焉，万物育焉。

试分析其大意：第一句是在说性是天之所命，是人之所与天相通者，体道必求之于性，而性必有教。第二、第三句意为道不可须臾分离，所以君子需要有须臾不离之功，戒慎不睹、恐惧不闻之本。第四句为戒慎不

---

① 梁涛：《郭店楚简与思孟学派》，北京：中国人民大学出版社，2008年，第261—266页。

② 梁涛：《郭店楚简与思孟学派》，北京：中国人民大学出版社，2008年，第261页。

睹、恐惧不闻之本体挺立，则人不知之而己亦知之甚明。第五、六句是喜怒哀乐未发之时，自有其戒慎不睹、恐惧不闻之本体，此之谓中；其发而能中节合道，此之谓和。第七、八句是中，是天下之大本；和，是天下之达道。若能达到中和，则能裁成天地，各当其位；品节万物，各得其行。

就结构而言，首章涉及双重的天人关系，先讲由天而人，再讲由人而天。由天而人是一种形而上的论述方式，在第一句中，作者指出人性是天之所赋，性必有教是谓修道。接着进一步强调道的重要，"道也者，不可须臾离也，可离非道也"，从而顺理得出君子须戒慎恐惧、慎独。由此工夫，然后有未发之中、已发之和。最后上升为天人关系的和谐，"致中和，天地位焉，万物育焉"。就天人关系而言，由人而天最引发疑问，未发何以谓之中？已发何以谓之和？致中和何以能天地位焉、万物育焉？

接下来分析《中庸》论述的"中"，先来看《中庸》引述有关孔子的"中"观念，共涉及8章：

①仲尼曰："君子中庸，小人反中庸。君子之中庸也，君子而时中；小人之中庸也，小人而无忌惮也。"（第二章）

②子曰："中庸其至矣乎！民鲜能久矣！"（第三章）

③子曰："舜其大知也与！舜好问而好察迩言，隐恶而扬善，执其两端，用其中于民，其斯以为舜乎！"（第六章）

④子曰："人皆曰予知，驱而纳诸罟擭陷阱之中，而莫之知辟也。人皆曰予知，择乎中庸，而不能期月守也。"（第七章）

⑤子曰："回之为人也，择乎中庸，得一善，则拳拳服膺而弗失之矣。"（第八章）

⑥子曰："天下国家可均也，爵禄可辞也，白刃可蹈也，中庸不可能也。"（第九章）

⑦子路问强。子曰："南方之强与？北方之强与？抑而强与？宽柔以教，不报无道，南方之强也，君子居之。衽金革，死而不厌，北方之

强也，而强者居之。故君子和而不流，强哉矫！中立而不倚，强哉矫！国有道，不变塞焉，强哉矫！国无道，至死不变，强哉矫！"（第十章）

⑧子曰："素隐行怪，后世有述焉，吾弗为之矣。君子遵道而行，半涂而废，吾弗能已矣。君子依乎中庸，遁世不见知而不悔，唯圣者能之。（第十一章）

第三章旨在说明中庸的重要，第七章、第九章、第十章旨在说明中庸之难，第八章旨在说明中庸需要持守，第十一章旨在说明君子行中庸之道，第六章说明中庸在政治生活中的运用。可以看到，《中庸》引述的孔子原文，大都是在具体情境中生成的，指向形下维度，孔子并未就形上维度展开更多的论述。如果参考其他文献，这种言说方式就更明显了：

子曰："质胜文则野，文胜质则史。文质彬彬，然后君子。"（《论语·雍也》）

子贡问："师与商也孰贤？"子曰："师也过，商也不及。"曰："然则师愈与？"子曰："过犹不及。"（《论语·先进》）

孔子曰："侍于君子有三愆：言未及之而言谓之躁，言及之而不言谓之隐，未见颜色而言谓之瞽。"（《论语·季氏》）

孔子对曰："君子过言，则民作辞；过动，则民作则。君子言不过辞，动不过则，百姓不命而敬恭，如是，则能敬其身；能敬其身，则能成其亲矣。"（《礼记·哀公问》）

孔子的"中"，更多指向的是具体经验世界，是社会交往中的一种平衡，是道德实践的、政治生活的一种秩序。孔子当然承认天的存在，但其"中"观念未展露出明显的天人关系。再来看子思的"中"观念以及其论述方式：

诚者，天之道也；诚之者，人之道也。诚者不勉而中，不思而得，从容中道，圣人也。诚之者，择善而固执之者也。（第二十章）

唯天下至圣，为能聪明睿知，足以有临也；宽裕温柔，足以有容也；发强刚毅，足以有执也；齐庄中正，足以有敬也；文理密察，足以有别也。溥博渊泉，而时出之。溥博如天，渊泉如渊。见而民莫不敬，言而民莫不信，行而民莫不说。是以声名洋溢乎中国，施及蛮貊；舟车所至，人力所通；天之所覆，地之所载，日月所照，霜露所队；凡有血气者，莫不尊亲，故曰配天。（第三十一章）

子思区分了天之道和人之道。天之道即圣人之道，"不勉而中""不思而得""从容中道"，人之道需"择善而固执之"，这和孟子所说"诚身有道：不明乎善，不诚其身矣"意义接近。与天之道密切相关的概念是"诚"。子思所说的"诚"同样具有双层结构，诚贯通天人。圣人至诚，与天合其德。圣人至诚，按照子思的说法，包含着神知，"至诚之道，可以前知。国家将兴，必有祯祥；国家将亡，必有妖孽；见乎蓍龟，动乎四体。祸福将至：善，必先知之；不善，必先知之。故至诚如神"。这种知通过蓍龟可以了解家国兴亡、善恶之辨，子思以"至诚如神"形容这种知，这里的"神"是一种修饰，而非实体存在。

子思以圣人为沟通天人关系的中介。圣人就是"中"的象征，代表着成人成物，"合外内之道也，故时措之宜"。"中"和"诚"关系密切，"诚"蕴含着"中"。如果说"诚"指向天之道、圣人之道，那么"中"就是圣人之道在合内外、措时宜的表现。圣人能尽人之性、物之性，使天地万物各得其所、各得其行，所以首章云"致中和，天地位焉，万物育焉"。

二、由"诚"而"中"——"天地的精神"与"心灵的调适"

《中庸》最重要的概念莫过于"诚"和"中"。《中庸》说"诚者，天之道""圣人配天"，又说"诚者不勉而中、不思而得"，理解诚、圣人、中三者及其关系，就能帮助我们更好地理解未发已发问题。需要注意的是，与以经验主义为核心的现代认知模式不同，《中庸》的论述方式包含了形上和形下的维度，"中"和"诚"这两个最核心的概念并非对经验现象的抽象和概括，而是派生于形上，指引形下世界。

先来看天地之道，《中庸》以"博也，厚也，高也，明也，悠也，久也"赞美天地之道，其意为天地覆载、润泽万物，有创生之大德，博指万物无不覆载，厚指其滋养万物、施以厚泽，高指其天地之大广阔无垠，明指其光明，悠指其辽阔无际、遥远，久指其亘古长久：

> 天地之道，可一言而尽也：其为物不贰，则其生物不测。天地之道：博也，厚也，高也，明也，悠也，久也。今夫天，斯昭昭之多，及其无穷也，日月星辰系焉，万物覆焉。今夫地，一撮土之多，及其广厚，载华岳而不重，振河海而不泄，万物载焉。今夫山，一卷石之多，及其广大，草木生之，禽兽居之，宝藏兴焉。

可以看到，子思一方面描述并赞美了万物之博赡，因其受到天地的滋养，故天地有生生之大德，另一方面又描绘了森然的宇宙图景，"日月星辰系焉""万物覆焉"，第三十章说得更明确"辟如四时之错行，如日月之代明"。这和《周易》思想一致，"天地之大德曰生"（《易传·系辞下》）。天地有创生之德，使得万物秩序井然。所以天地之德既包含"生"，又包含"理"，两者是一体的。接下来，天地之道还有另一个突出的特征，就是"无私"。"天，斯昭昭之多，及其无穷也，日月星辰系焉，万物覆焉"，"地，一撮土之多，及其广厚，载华岳而不重，振河海而不泄，万物载焉"，子思对天地之德的论述，已经非常接近"生之理"。"生"不足以形容天地之德，"生之理"才是天地之大德，大公而无私。

再次，天地之道"不勉而中"。《中庸》说"诚者，天之道"，"诚者不勉而中，不思而得，从容中道，圣人也"，圣人法天道，天道"不勉而中"又是何指？前文提到天地有创生之德，使万物秩序井然，那么"不勉而中"极有可能是指一种秩序，当代学者梁涛认为"中"是指"礼"，在其《思孟学派与郭店楚简》一书中，他认为"中"的根据是"礼"，如果没有"礼"，"中"不可能自立自足、不偏不倚：

> "中"皆表示正中、中间、不偏不倚。二程说"不偏之谓中"，有一定的道理，但"偏"和"不偏"需要一个标准，这个标准就是礼，如果看不到这一点，难免有失片面。[①]

笔者认同梁涛"中"需要一个标准的这一观点，但不认同他所说的"这个标准就是礼"。在孔子时代，"中"与礼息息相关，可以看到《论语》涉及的"中"大多与行为活动秩序相关联，指向具体的经验活动。但在《中庸》一书中，"中"派生于"天之道"，人之道需效法"天之道"，才能"中"，"中"是一种秩序，超越于"礼"。《中庸》的"不勉而中"极有可能是指天地之道的创生秩序，宇宙之和谐。那么"中"就具有双重维度：心灵的调适从而达到宇宙秩序的和谐。另外，《中庸》对天道的描述还重在强调"诚"的无处不在。天地之道生生不息、滋润万物、大公无私，我们看不到鬼神的形象，听不到鬼神的声音，但鬼神存在于万物形体之中，不能背弃和拒绝：

> 子曰：鬼神之为德，其盛矣乎！视之而弗见，听之而弗闻，体物而不可遗，使天下之人齐明盛服，以承祭祀，洋洋乎如在其上，如在其左右。《诗》曰："神之格思，不可度思，矧可射思。"夫微之显，诚之不可掩如此夫！

子思通过鬼神存在的譬喻揭示诚的精神无处不在，也就是说天道精神——诚是无处不在，应该像敬畏鬼神一样敬畏天地之道。理学将"诚"本体化，认为"诚"是一种驱动宇宙万物形成的终极实在：

[①] 梁涛：《郭店楚简与思孟学派》，北京：中国人民大学出版社，2008年，第271页。

　　天非诚，其行也不健；地非诚，其载也不厚；人非诚，其形也不践。总摄天地，斡旋造化，动役鬼神，阖辟乾坤，万物由之以生死，日月由之而晦明者，诚也。《经》不曰"鬼神"，而曰"鬼神之为德其盛矣乎"！鬼神之德，诚也。[①]

　　这段话出自二程弟子侯仲良，《中庸》本义为"诚"如鬼神，体物而不遗，天地之道展现出生生不息的精神就是"诚"，天地之道本身就是源泉本身，不存在凌驾于其之上的超验实体[②]。汉代郑玄以人道之诚解释"不诚无物"："物，万物也，亦事也。大人无诚，万物不生，小人无诚，则事不成。"[③]大人是指圣人，圣人无诚，则无法参赞天地，裁成万物；小人指众人，众人无诚，则无法成就事业。朱子认为："天下之物皆有实理之所为，故必得是理，然后有是物。所得之理既尽，则是物亦尽而无有矣。"理就是"诚"，朱子将"诚"视为超越的实存，是宇宙万物生成的根据和动力。第三章将对理学一系未发已发论展开详细分析和论述，兹不赘述。

　　除此之外，"诚"还有另外一个特征，就是"在"，如鬼神"视之而弗见，听之而弗闻，体物而不可遗"，子思通过对鬼神的描述，旨在论述"诚"如鬼神，由天地的生生不已，万物得以生长、滋养，又可称之为大公无私，所以"诚者非自成己而已也，所以成物也"。

　　再来看人之道。人之道应效法天道，而圣人最接近天道，故人之道以圣人为效法对象。《中庸》说"圣人配天"：

　　唯天下至诚，为能经纶天下之大经，立天下之大本，知天地之化育。夫焉有所倚？肫肫其仁！渊渊其渊！浩浩其天！苟不固聪明圣知达天德者，其孰能知？（第三十二章）

---

① [元]陈皓：《礼记集说》，南京：凤凰出版社，2010年，第561页。

② 笔者认为，《中庸》本身并没有将"诚"抽离出来，视之为超越的实存，而是在强调"诚"是天地之道展现出来的一种精神，这种精神体现在生物不测、化育万物上。

③ 郑玄注，孔颖达疏：《礼记正义》，北京：北京大学出版社，2000年，第1694页。

圣人聪明圣知达天德，经纶天下之大经，立天下之大本，知天地之化育，与天地合其德。"经纶天下之大经，立天下之大本，知天地之化育"，"经纶"的含义较为明确，本意指整理丝绪、抽绎丝缕、编丝成绳，这里大概指赋予事物秩序化，为人类社会奠定法则基础。在《中庸》三十三章的内容中，凡涉及圣人的内容，都在强调圣人"聪明圣知"，凸显其奠定的秩序：

> 仲尼祖述尧舜，宪章文武；上律天时，下袭水土。辟如天地之无不持载，无不覆帱，辟如四时之错行，如日月之代明。万物并育而不相害，道并行而不相悖，小德川流，大德敦化，此天地之所以为大也。

如孔子之知，"上律天时，下袭水土"。又认为至诚之道可以通晓兴衰存亡之机，"至诚之道，可以前知。国家将兴，必有祯祥；国家将亡，必有妖孽；见乎蓍龟，动乎四体。祸福将至：善，必先知之；不善，必先知之。故至诚如神"，圣人与天地合其德，知晓祸福善恶之机。由于"诚"无处不在，"夫微之显，诚之不可掩如此夫"，故人应像敬畏鬼神一样敬畏天地之道。

在此基础上，再来看首章"是故君子戒慎乎其所不睹，恐惧乎其所不闻。莫见乎隐，莫显乎微，故君子慎其独也"，其大意应为诚是天地之道、天地之精神，无处不在，君子应该戒慎恐惧于不睹不闻之时。"不睹不闻"与未睹未闻不同，"不睹不闻"是指"诚"的"视之而弗见，听之而弗闻"，所以君子应该戒慎恐惧，而不是指主体在没看到、没听到之时。"不睹不闻"也不是"莫睹莫闻"，"莫睹莫闻"是指没有看到。在第三十三章中："《诗》云：'相在尔室，尚不愧于屋漏。'故君子不动而敬，不言而信。""屋漏"是指房屋的西北角，祭祀鬼神之地，平时无人居住，单独在室内，也应无愧于神明。

第二节　心性情关系：未发已发的基本结构
——基于思想史的考察

一、"未发之中"：认知心或道德心？

为了更好地分析"未发之中"，应从原文出发，分析整章结构、逻辑以厘清其含义，现摘录《中庸》首章全文如下：

> 天命之谓性，率性之谓道，修道之谓教。道也者，不可须臾离也，可离非道也。是故君子戒慎乎其所不睹，恐惧乎其所不闻。莫见乎隐，莫显乎微，故君子慎其独也。喜怒哀乐之未发，谓之中；发而皆中节，谓之和。中也者，天下之大本也；和也者，天下之达道也。致中和，天地位焉，万物育焉。

此章共七句，句句相联，字字相扣。第一句是在说性是天之所命，是人之所与天相通者，体道必求之于性，而性必有教。第二、三句意为道不可须臾离，所以君子需要有须臾不离之功，戒慎不睹、恐惧不闻之本。第四句为戒慎不睹、恐惧不闻之本体挺立，则人不知之而己亦知之甚明。第五、六句是喜怒哀乐未发之时，自有其戒慎不睹、恐惧不闻之本体，此之谓中；其发而能中节合道，此之谓和。第七、八句是中，是天下之大本；和，是天下之达道。若能达到中和，则能裁成天地，各当其位；品节万物，各得其行。

从上文的分析中可以看出，如果仅从字面上理解"未发之中"，就会导致"喜怒哀乐之未发"是"天下之大本"，这显然逻辑不通，不能成立。事实上，"未发之中"紧接着"是故君子戒慎乎其所不睹，恐惧乎其所不闻。莫见乎隐，莫显乎微，故君子慎其独也"而言，"中"不是指"喜怒哀乐之未发"，而是指"喜怒哀乐之未发"背后的戒慎不睹、恐惧不闻之体，其未显露在外，退藏于密，所以"谓之中"。戒慎不睹、恐惧不闻之体能使喜怒哀乐发而中节，能裁成天地、品节万物，所以说是"天下之大本"。那么戒慎不睹、恐惧不闻之体到底是何物？

就戒慎不睹、恐惧不闻一句，如果我们梳理学术史资料，亦能找到各有特色的说法。但若从"慎独"角度切入，结合出土文献，将会有助于理解"未发之中"。帛书《五行》和郭店楚简《五行》都是思孟学派的著作[①]，正如学者刘信芳所说"《大学》之慎独与《五行》之慎独并无二致。……《中庸》之'慎独'与《五行》之'慎独'可谓一脉相承"[②]，分析简帛《五行》中的慎独，将帮助我们理解《中庸》的慎独，进而为我们理解《中庸》的"未发之中"提供依据。

> "君子慎其独"。慎其独也者，言舍夫五而慎其心之谓□。(独)然后一，一也者，夫五夫为□心也，然后得之。一也，乃德已。德犹天也，天乃德已。[③]

按照简帛《五行》的观点，慎独之独是指心[④]，则《中庸》慎独之意为慎其心。但问题的关键在于，它究竟是什么样的心？《中庸》为何能接

---

① 简、帛《五行》是思孟学派著作得到学术界的广泛认可，如学者陈来认为"帛书《五行》篇的经部为子思所作，说部为孟子所作"，梁涛认为代表子思之儒作品的郭店楚简《五行》比帛书《五行》出现更早。

② 刘信芳：《简帛五行解诂》，台北：艺文印书馆，2000年，第325—326页。

③ "之谓□"有缺字，"然后一"前脱一字，魏启鹏皆补作独（见魏启鹏《德行校释》，成都：巴蜀书社，1991年，第11页）。

④ 慎独之独是指心，在学术界已经得到广泛的认可，但问题的关键在究竟是什么样的心。如陈来《"慎独"与帛书〈五行〉思想》："《五行》说文的'慎其心'的心概念，在这里特指道德心，其慎独功夫强调专诚向内，排除感官的向外追求，这些与《孟子》书中的思想是一致的。"魏启鹏认为："'独'乃指心与耳、目、鼻、口、手、足数体间，唯心之性好'悦仁义'，故'心贵'，心为人体之'君'也。"（魏启鹏：《德行校释》，成都，巴蜀书社1991年版，第11页。）丁四新认为："简帛书所谓'慎独'谓慎心，'独'指心君，与耳、目、鼻、口、四肢相对，心君是身体诸器官的绝对主宰者，具有至尊无上的独贵地位，这在先秦文献中如《管子》四篇、《荀子·解蔽》等，皆有明证。"（丁四新：《郭店楚墓竹简思想研究》，北京，人民出版社，2000年，第141—142页。）

着说"喜怒哀乐之未发，谓之中"，进而说"中也者，天下之大本也"？

首先，慎独之独并非泛指内心，因为简、帛《五行》对心展现的道德意识、认知功能都作了详细论述，如简本5—6：

> "君子亡中心之忧（思）则亡中心之智，亡中心之智则亡中心之悦，亡中心之悦则不安，不安则不乐，不乐则亡德。"

这是在强调心之思对德行的重要性，君子没有内心的忧思就没有德行。又简本47—48：

> "目而知之，谓之进之。喻而知之，谓之进之。譬而知之，谓之进之。幾而知之，天也。'上帝临汝，毋贰尔心'，此之谓也。"

心之思包含多种理性认知方式："目而知之""喻而知之""譬而知之""幾而知之"，其分别对应着认知的四种模式：对比的认知、晓喻的认知、譬喻的认知、征兆的认知①。可见作者对心的理性认知功能非常重视和了解。

其次，简帛《五行》所描述的心并非作为道德创生之体的本心或良心，它更偏向于认知或"思"。简本30—31："见而知之，智也。知而安之，仁也。安而敬之，礼也。"若无智之知，则无仁之安，这是在强调道德实践的前提是认知。那么智之知指涉什么呢？简本24："见贤人而不知其有德也，谓之不智。"所以智之知是指见贤人而知其有德，其关键是心之"思"，简本8："智弗思不得"。又简本5—6："君子无中心之忧（思）则无中心之智，无中心之智则无中心之悦，无中心之悦则不安，不安则不乐，不乐则无德。"显然，简文的作者对"思"非常重视，甚至将其视为德行的逻辑起点。帛本《说》甚至认为人区别于动物的所在是仁义之性，这是借助"目〈侔〉而知之"而获得的，可见心的认知功能的重要性。正如

---

① 刘钊：《郭店楚简校释》，福州：福建人民出版社，2005年，第86页。

学者刘信芳所说:"简帛《五行》是从认识论的角度讨论'慎独'的。"①
这与《中庸》主旨相互呼应。《中庸》第二十章云:

> 诚者,天之道也;诚之者,人之道也。诚者不勉而中,不思而
> 得,从容中道,圣人也。诚之者,择善而固执之者也。

天之道不勉而中,不思而得,人之道需要勉,需要思,勉才能中,思
才能得。"择善而固执之者也",善需要"择"和"固执",这与思而得和
勉而中相对应。"择善"需要学习,这就是为什么《中庸》在紧接着上一
段经文后说:"博学之,审问之,慎思之,明辨之,笃行之。""博学之,
审问之,慎思之,明辨之"强调的是"思"即认知的一面,"笃行之"强
调"固执"或曰实践的一面。由此我们可以大胆推测《中庸》"未发之中"
的含义,应是指心之思或理性认知对道德实践的引导作用,它能引导喜怒
哀乐的中节合宜,从"知之"到"安之"再到"乐之",使人成德,所以
是天下之大本。因此《中庸》"喜怒哀乐之未发,谓之中;发而皆中节,
谓之和"。此句大意如下:由心之思而知喜怒哀乐各有其节,知其有节而
能安之乐之,然后喜怒哀乐之发顺畅合宜。

本文通过分析子思学派作品的《中庸》和简帛《五行》,认为"未发
之中"是指认知心的作用以成德、达道,其关键是偏向于理性认知的心之
思,正如当代学者曹峰所说"《五行》的'心'也是一颗认知心,例如'目
而知之''喻而知之''譬而知之''几而知之'等等所有由已知推未知的
工夫,都是由心完成的。"②《中庸》和郭店楚简《五行》属子思学派,那

---

① 刘信芳:《简帛〈五行〉慎独及其相关问题》,见梁涛编:《出土文献与君子慎独》,桂林:
漓江出版社,2012年,第58页。
② 曹峰:《清华简〈心是谓中〉的心论与命论》,载《中国哲学史》2019年第3期。

么在思想上应该共享思想结构①。简帛文献描绘了一幅新的心灵图景，为我们理解"未发之中"提供了新的思路。

二、"喜怒哀乐"：自然情感或道德情感？

在先秦典籍中，"喜怒欲惧忧"作为整体性的人类基本情感，首次出现于《左传·昭公二十五年》：

> 民有好、恶、喜、怒、哀、乐，生于六气。是故审则宜类，以制六志。哀有哭泣，乐有歌舞，喜有施舍，怒有战斗；喜生于好，怒生于恶。是故审行信令，祸福赏罚，以制死生。生，好物也；死，恶物也；好物，乐也；恶物，哀也。哀乐不失，乃能协于天地之性，是以长久。

《左传》认为民有六种基本情感，"好、恶、喜、怒、哀、乐"，这六种情感来源于六气，是"六志"而非六气。关于六气，《左传·昭公元年》又云：

> 六气曰阴、阳、风、雨、晦、明也。分为四时，序为五节，过则为灾，阴淫寒疾，阳淫热疾，风淫末疾，雨淫腹疾，晦淫惑疾，明淫心疾。

六气即气的六种变化形态，类似于今天所说的"天气"。"好、恶、

---

① 本文所说的共享思想结构，是指"《五行》的'心'也是一颗认知心"（曹峰），那么《中庸》很大程度上也有相似的思想观点。虽然从逻辑层面而言，我们无法直接肯定两者关系，因为即使是同一个人的作品，在不同时期也会有不同思想观点。但揭示两者思想关联的可能性，作为一种尝试性的学术探索，未必没有意义。赵法生《先秦儒家性情论视域下的〈中庸〉人性论》（载《中国哲学史》2020年第5期）一文以《性自命出》深究《中庸》人性论的原义，同样是一种值得借鉴的学术探索方式。

喜、怒、哀、乐"来自六气运转的驱动，必须借助赏罚政令制约这些情感，使"六志"得其常，才能与天地之性相协和。在《左传》中，气与人类情感的关系较为朴素，正如学者张立文所说："《左传》的'六气'之说，仍是一种直观简单的比附，然而它试图从自然之气的运动变化寻求人体各种疾病、人的思想感情和社会政治原则的产生原因和规律，解释自然、社会和人的各种现象，表明对气的认识已深入了一步。"① 但是，气与人的思想感情如何产生关系？ 具体体现在哪些方面？ 这些问题在《左传》中尚未得到解释。

在《国语》中，气开始与人类官能联系在一起，气与情感之间获得了一种人体的联结：

> 气在口为言，在目为明。言以信名，明以时动。名以成政，动以殖生。政成生殖，乐之至也。若视听不和，而有震眩，则味入不精，不精则气佚，气佚则不和。于是乎有狂悖之言，有眩惑之明，有转易之名，有过慝之度。（《周语上》）②

相比起《左传》而言，《国语》将气作为人类官能的动力来源，进一步增加了气与人类情感之间关联的可能性。但这种关联，仍是一种简单朴素的说法，气与人类情感之间的复杂关系尚未被揭示开来，文中所说的"狂悖之言""眩惑之明"还不是针对情感本身而言，这两种状态是指对人体官能应然状态的背离。

降至春秋晚期，孔子第一次将"血气"并提，将人的生理、心理与气的关系紧密联系在一起：

---

① 张立文主编：《气》，北京：中国人民大学出版社，1990年，第23页。

② 关于《左传》与《国语》作者、成书年代一直是学界争论的话题，两者是否为同一作者，成书年代是否相同，众说纷纭，莫衷一是。笔者在此处选取材料的原则按照学者张立文在《气》一书中的先《左传》后《国语》的方式。

君子有"三戒"：少之时，血气未定，戒之在色；及其壮也，血气方刚，戒之在斗；及其老也，血气既衰，戒之在得。(《论语·季氏》)

孔子所说的"血气未定""血气方刚""血气既衰"是在描述不同年龄阶段的身心状态，蕴含了"气与心性相互联系的思想"[1]，但是"血气"说还尚未将心理状态与生理状态从统一的整体中分离出来。

到了郭店楚简时代，人性理论发生了明显的变化，人类的基本情感不再是像《左传》所说的是来自一种客观的物质性存在——气，也不像孔子所说的指涉身心整体状态的血气，人类的基本情感就是气，气就是表现出来的情感本身：

喜怒哀悲之气，性也。(《性自命出》)

人有喜怒哀悲之气，这和我们通常说某人有喜气、怒气是一致的，它所指的是情感本身。作为情感的表现形式，喜怒哀悲之气经由外物感动表现出来。郭店楚简认为血气是情感活动的来源，气既是人体的内在的一部分，又是人体表现出来的一部分：

凡有血气者，皆有喜有怒，有慎有庄，其体有容，有声有色，有嗅有味，有气有志。(《语丛一》)

作为内在的一部分，气是人体生理欲望的动力：

目之好色，耳之乐声，郁陶之气也，人不难为之死。(《性自命出》)

作为外在的一部分，气通过作为人体官能从而表现出不同的精神活动，如鼻能嗅出不同味道，口能尝出不同滋味，面容能表现不同的气。这里的气，通俗而言就是人体精神面貌的表现形式。

---

[1]　张立文主编：《气》，北京：中国人民大学出版社，1990 年，第 27 页。

> 凡有血气者，皆有喜有怒，有慎有庄。其体有容，有色有声，有嗅有味，有气有志。凡物有本有□，有始有终。容色，目司也。声，耳司也。嗅，鼻司也。味，口司也。气，容司也。志，心司。(《语丛一》)

在郭店楚简之前，儒家对气与人类情感之间的关系论述得非常少，并且从未将人类情感与气画上等号，但在郭店楚简这里，我们看到了气就是人类情感的表现形式，人有喜气、怒气和哀气以及悲气，并且被认为是人性的一部分。《性自命出》所谓"喜怒哀悲之气，性也"，两者对情感种类判断虽然有所不同，但将其作为气是一致的。并且郭店楚简在论述气与情感的关系时，区分了情感动力和表现形式等不同方面，理论性要更高。

我们可以看到从《左传》到孔子、郭店楚简，气与情感之间的关系越来越紧密，心、性等概念的讨论也越来越密集。在先秦时代，存在以气言性（广义）的传统，而且这种传统是一种逐渐演变的过程。值得注意的是，在先秦哲学传统中，将人类的基本情感定义为"情"是较为晚出的，直至郭店楚简时代，"情"才开始具有现代意义上的情感义项，在此之前"情"所指"事物之本真情状与伪相对，事物之实际内容与名相对，人之品行才质与貌相对，人之内心喜爱之情感，人与人之间的感情以及待人处事的真诚无欺、忠诚正直之心。"[1]尚未上升为对人类情感而言的一般性概念，汉学家葛瑞汉（Angus Charles Graham）甚至认为"情"在先秦早期很少或几乎不以"情感"之义被使用，直至荀子，"情"才在情感的意义上，得到进一步使用和发展[2]。因此在《中庸》时代，喜怒哀乐大概是指自然情感而非道德情感。

据学者唐君毅在《中国哲学原论（原性篇）》一书中考证，在孔子之前，"性"指"自然生命之生长之可能"，自孔子之后，孟子、荀子、

---

① 郭振香：《先秦儒家情论研究》，山东大学 2005 年博士学位论文，第 10 页。

② A. C. Graham：*Studies in Chinese Philosophy and Philosophical Literature*，State University of New York Press，1990，p59。

告子、庄子和道家之流论性出现分化，孟子"即心言性"、告子"即生言性"、庄子"复心言性"和荀子"对心言性"，其中荀子以情欲言性，开启后儒人性论传统："荀子则又见到人之自然生命之情欲，为不善之源，而此生之欲即性，故言性恶；乃倡以心治性，以心主性，亦即以心主心……孟荀皆重心，大率后之道家之传，首重在生，后之儒家之传，首重在心。"① 当代学者颜炳罡将荀子以情欲言性的观点追溯至郭店楚简，他认为"《性情》所说的性是气性、材质之性；是就情以言性、就欲而言性，或者说是欲性。"② 从有关荀子和郭店楚简《性自命出》篇的论述中，我们可以看到用"性"去定义情感也是晚出的现象，目前见到最早的系统性的文献材料就是《性自命出》篇。

总而言之，《中庸》首章的"喜怒哀乐"很大程度上是指自然情感，这种情感需要心灵的调和，才能发而中节。并非像宋明理学中心学一系所认为的"喜怒哀乐"是心体之发，是一种道德情感。《中庸》的"喜怒哀乐"思想和郭店楚简应具有相似性，人性蕴含着自然情感和道德情感，喜怒哀悲代表了人性最基本的自然情感，其表现出来的爱和恶不仁最接近道德情感："爱类七，唯性爱为近仁。智类五，唯义道为近忠。恶类三，唯恶不仁为近义。"（《性自命出》）这里"唯性爱为近仁"之"爱"其实就是亲爱，《语丛三》中所谓"丧，仁之端也"，在亲丧中表现出来的情感，就是亲爱之情，是最接近"仁"的道德情感。将这种情感推而广之，"爱亲则其方爱人"（《语丛三》），"亲而笃之，爱也。爱父，其继爱人，仁也"（《五行》），就诞生了道德行为③。

---

① 唐君毅：《中国哲学原论（原性篇）》，北京：中国社会科学出版社，2005 年，第 9 页。

② 颜炳罡：《郭店楚简〈性自命出〉与荀子的情性哲学》，《中国哲学史》2009 年第 1 期。

③ 叶达：《〈唐虞之道〉禅让问题再思考》，《原道》2020 年第 1 辑。

小 结

　　未发已发问题涉及心、性、情、中、和等核心概念，是一个复合型问题。探索未发已发，实则在探究心、性、情、中、和等概念是何种含义、何种关系、以何种方式进行联结。未发已发问题与"慎独"更是紧密相关，因二者具出自《中庸》首章。由出土文献推测《中庸》慎独内涵，再由慎独推测未发已发，未必不是一种有效尝试。除此之外，还应关注《中庸》文本结构，从整体思想分析未发已发的逻辑演进。未发已发包含形上、形下双重维度，隐藏人道与天道的互动关系，指向心灵的调适与天地之精神，体现出多层次、多结构与多维度意义。通过思想史定位，更能准确理解一个问题在何种背景下提出、以何种方式呈现、具备何种有效意义。在先秦儒家传统中，思孟学派之前的学说中都未直接将"喜怒哀乐"视为一种道德情感，在郭店楚简中才明文论述自然情感与道德情感的关系，由自然情感中"爱"和"恶不仁"引生道德情感。结合《中庸》文本、简帛《五行》与思想史定位，可知未发已发问题涉及天人学说、自然情感与道德情感、认知与成德等多种内容，是中国思想史的源头。

第二章　玄学对未发已发问题的探索

　　魏晋玄学和宋明理学是中国思想史中两个关键阶段。目前学界对两者的研究成果可谓汗牛充栋，但对于两者之间的联系却鲜有论及，学者更关注的是玄学、理学本身或道教、佛教对两者的影响，玄学和理学之间的内在联系则讨论不多①。实际上，理学中许多命题，如动静、性命、体用之辨等在魏晋玄学中都得到过普遍的讨论，宋明时期又以理学方式重新探讨，那么前后两者在思想上存在哪些关联？这些问题都值得我们深入思考。

　　早在20世纪，学者任继愈就指出，魏晋玄学和宋明理学一脉相承，两者的内在关系不容忽视："此后学术旨趣转趋心性之探讨。心性与体用皆为宋儒所注意之中心问题。导其来源仍应远溯于魏晋之际。断无无风起浪，平地涌出之哲学系统。宋代理学发挥孔孟之学广大精微，内外兼赅，断非无源之水，无根之本，自必源远流长则能成其大（体用本末诸名相，屡见于宋儒书中而不见于先秦两汉，习焉不察，则以宋儒所独创，实则导源于魏晋玄学）。"② 当代学者李景林指出当下研究问题所在："魏晋玄学和宋明理学是中国思想学术发展的两个重要阶段，也是中国哲学研究中的两大热点领域。学界对玄学和理学的研究，成果颇丰，但有关二者之间的

---

① 目前学界研究魏晋玄学和宋明理学的方式，主要是断代研究，如汤用彤《魏晋玄学论稿》余敦康《魏晋玄学史》，皆以魏晋人物为核心，梳理玄学思想；宋明理学的研究亦复如是，如陈来《宋明理学》、张立文《宋明理学研究》等。

② 任继愈：《理学探源》，载《燕园论学集》，北京：北京大学出版社，1984年，第317页。

关系，却鲜少系统的论著。"①

朱汉民《玄学与理学的学术思想理路研究》②一书是近年来少有的论述魏晋玄学和宋明理学关系的专著。该书从"身心之学""性理之学""经典诠释方法""论语学""周易学"等多个角度，重新思考了两者关系，可以说推进了魏晋玄学和宋明理学的研究进程。但此书的重心在勾连玄学和理学的内在理路，未对未发已发问题做专题论述。

鉴于此，本文以未发已发问题为核心，探究魏晋玄学在何种意义上与宋明理学有所关联。

第一节　王弼的"性其情"与未发已发问题关系

目前学界研究王弼的学术成果汗牛充栋，但是鲜有学者围绕未发已发问题进行深入探究，其原因盖在王弼没有直接论述未发已发问题，故为学者所忽略。汤用彤《魏晋玄学论稿》、余敦康《魏晋玄学史》、许抗生《魏晋玄学史》、王晓毅《王弼评传》等著作都未论及此一问题，甚至许多论者将未发已发问题当作宋明理学的专利，如"'观喜怒哀乐未发气象'与'观天地生物气象'一直是宋明理学家识仁之大'观'"③，"宋明理学主要依据《中庸》首章的'中和'观，围绕'未发'、'已发'、'天命'、'心性'、'体用'等范畴，从形而上的天命、心性的层面对'中和'观展开了细致的论述"④。

其实玄学的许多思想，都与宋明理学有所关联。举例而言，宋明理学

---

① 李景林：《玄学与理学：一脉相承的一面》，《中华读书报》2013 年 7 月 3 日。

② 朱汉民：《玄学与理学的学术思想理路研究》，北京：中国社会科学出版社，2012 年。

③ 陈立胜：《刘蕺山"喜怒哀乐"与"春夏秋冬"比配说申辩》，《中国现象学与哲学评论》2015 年第 1 期。

④ 刘绪晶：《中国古代儒家"和"观念研究》，2016 年山东大学博士论文。

讲"（圣人）禀气清明"（朱子），魏晋玄学讲"（圣人）中和备质"（王弼）；程颐讲"性其情"，王弼讲"不性其情，焉能久行其正"；理学讲主敬涵养，王弼讲"静专动直"等等。学者也多认识到了两者存在联系："王弼……主张以心为本……守静、主静……对当时的思想界，乃至对佛教哲学、对宋明时期的陆王心学，均有影响。"① 冯友兰更是指出"不滞于情"思想从王弼一直延续至宋儒："'以理化情'属庄子以至何晏、'不滞于情'属王弼以至宋儒。"② 蒙培元也指出"性其情"即以性理引导情感，在王弼那里也已存在："程颐有'性其情'之说，认为'性'（即理）作为先验的道德理性，同时也就是善；'情'（这里主要指'七情'）是动于中而形于外者，故有善与不善。如果纵其情而不知约束，就会出现'邪僻'，就会'梏其性而亡之'，因此要'性其情'。所谓'性其情'的'性'字，应作动词解，即是用性理制约人的情感，也就是将情感德性化、理性化。"③ 可见王弼思想对宋明理学乃至中国思想史的研究至关重要，故这一节旨在深入挖掘王弼思想，探寻其涉及未发已发问题的思想。

在第三章和第四章中，我们论述了心学、理学的未发已发论，二者皆以心性关系为基础，理学主张心性是二，心学主张心性是一，理学通常认为未发是性，已发是情，实然心的凝聚众理（性）才有已发之和，心学通常认为本心即未发之中、已发之和，本心是性是理。对王弼而言，心性情三者关系如何？总体上看，王弼所说的性有自然义和规范义，自然义如喜怒哀乐是"民之自然""自然之性"，规范义来自性具有"仪""静"特质，可以为情之依据，"性其情"之意即在此。心也有自然义，如"威者心猛""民心未化"；情也有自然义，如喜怒哀乐之情，出于"自然之性"。道体虚无而静笃，性的"仪""静"特质来自道体。从形式上来说，王弼

---

① 张立文：《心》，北京：中国人民大学出版社，1993 年，第 109 页。

② 冯友兰：《中国哲学史（下）》，重庆：重庆出版社，2009 年，第 81 页。

③ 蒙培元：《情感与理性》，北京：中国社会科学出版社，2002 年，第 111 页。

主张的性为情之依据、心之动为情和理学主张性即理、理为情之依据具有相似性，这也是为什么王弼和伊川都主张"性其情"。

首先，王弼从自然情感角度理解喜怒哀乐。他认为喜怒哀乐是人之常情，无论圣人还是百姓，皆生而具有。他的观点与《礼记》观点一致："何为人情？喜怒哀惧爱恶欲，七者弗学而能。"（《礼记·礼运》）同时王弼又称喜怒哀乐为"自然之性"，是人与生俱有的一种本能。既然是一种"自然之性"，那么"圣人无情"观点就是错的，更不能主张革除喜怒哀乐：

> 夫明足以寻极幽微，而不能去自然之性。颜子之量，孔父之所预在。然遇之不能无乐，丧之不能无哀。又常狭斯人，以为未能以情从理者也。而今乃知自然之不可革。①

何晏"圣人无情"观点的错误在于否认圣人有情欲：

> 何晏以为圣人无喜怒哀乐，其论甚精，钟会等述之，弼与不同，以为圣人茂于人者神明也，同于人者五情也。神明茂，故能体冲和以通无；五情同，故不能无哀乐以应物。然则圣人之情，应物而无累于物者也。今以其无累，便谓不复应物，失之多矣。②

圣人"应物而无累于物"，即"不滞于情"，何晏所说的"圣人无情"，实际上是"以理化情"③。从心理学而言，"有累""无累"之别在于情感是否受到牵制，是否伴随着更多的意识活动，乃至在其他活动中受到持续的干扰而无法摆脱这种情感。可以看到，王弼所说的喜怒哀乐，显然不是指四端——道德的喜怒哀乐，与理学中朱子观点不同，朱子认为喜怒哀乐、

---

① ［魏］王弼著，楼宇烈校释：《王弼集校释·附录·一 何劭王弼传》，北京：中华书局，1980年，第640页。

② ［魏］王弼著，楼宇烈校释：《王弼集校释·附录·一 何劭王弼传》，北京：中华书局，1980年，第640页。

③ 冯友兰：《中国哲学史（下）》，重庆：重庆出版社，2009年，第81页。

四端都是一种道德情感。

其次，喜怒哀乐是心感物而动的结果：

> 夫喜、惧、哀、乐，民之自然，应感而动，则发乎声歌。[①]
>
> 情动于中而外形于言，情正实，而后言之不怍。[②]

"情动于中"是说有内心的感动才有情感的诞生，情的"正实"然后有"外形于言"的"不怍"。可以看到，王弼认为情感是由外物的感和内心的动两方面构成。从情感生成的角度看待情感，这与《礼记》观点一致：

> 乐者，音之所由生也；其本在人心之感于物也。是故其哀心感者，其心噍以杀；其乐心感者，其声啴以缓；其喜心感者，其声发以散；其怒心感者，其声粗以厉；其敬心感者，其声直以廉；其爱心感者，其声和以柔：六者非性也，感于物而后动。

哀心、乐心、喜心、怒心、敬心、爱心六者不是性，"六者非性也"，是受外物感动而产生的情。既然情是感物而动的结果，所以情有正邪善恶之分。

再次，情的"正实"，需要"性其情"。"性其情"的逻辑前提是承认喜怒哀乐是"民之自然""自然之性"，有"顺其性"然后才能"性其情"，才可"可因""可同"：

> 不违自然，乃得其性，不塞其源，不禁其性。[③]
>
> 夫耳、目、口、心皆顺其性也，不顺性命，反以伤自然，故曰

---

① ［魏］王弼著，楼宇烈校释：《王弼集校释·论语释疑·泰伯》，北京：中华书局，1980年，第625页。

② ［魏］王弼著，楼宇烈校释：《王弼集校释·论语释疑·宪问》，北京：中华书局，1980年，第631页。

③ ［魏］王弼著，楼宇烈校释：《王弼集校释·老子道德经注·上篇·二十五章》，北京：中华书局，1980年，第65页。

盲、聋、爽、狂也。[①]

　　万物以自然为性，故可因而不可为也，可同而不可执也。[②]

　　复次，"性其情"以"性"为终极根据。"性其情"不是指以"性"规范情，而是指情要近性，"情近性"，而非情成为性，因为王弼所言之"性"，是"无善无恶之性"：

　　　　孔子曰："性相近也"。若全同，相近之辞不生；若全异，相近之辞亦不得立。今云近者，有同有异，取其共足，无善无恶则同也，有浓有薄则异也，虽异未相远，故曰近也。[③]

　　他认为孔子所说的"性相近"之意是指人具有无善无恶之性，这是人之所同，人之所异在有浓有薄，即所谓"自然之质，各定其分"[④]。这样一来，"性其情"的含义就是指"性"所具有的"仪""静"特质，能引导情，譬如接近火源会变热，接近性就会引导情走向"仪""静"：

　　　　不性其情，焉能久行其正，此是情之正也。若心好流荡失真，此是情之邪也。若以情近性，故云性其情。情近性者，何妨是有欲。若逐欲迁，故云远也；若欲而不迁，故曰近。但近性者正，而即性非正；虽即性非正，而能使之正。譬如近火者热，而即火非热，而能使

---

① ［魏］王弼著，楼宇烈校释：《王弼集校释·老子道德经注·上篇·十二章》，北京：中华书局，1980年，第28页。

② ［魏］王弼著，楼宇烈校释：《王弼集校释·老子道德经注·上篇·二十九章》，北京：中华书局，1980年，第77页。

③ ［魏］王弼著，楼宇烈校释：《王弼集校释·论语释疑·阳货》，北京：中华书局，1980年，第632页。

④ ［魏］王弼著，楼宇烈校释：《王弼集校释·周易注·下经·损》，北京：中华书局，1980年，第421页。

之热者何？气也，热也，能使之正者何？仪也，静也。①

"性"为何具有"仪""静"特质？这和王弼的本体论紧密相关：

> 王弼所谓的"仪"或"法"就静态义讲，系指一切自然的规律，它看似静而无为，却是隐含着生发、支配万有与五情的一种隐性功能；就动态义讲，系指一种"以自然为仪""以自然为法""无违于自然"的人生仪则和态度。人们能使情近性以符合正的，正是这种"因""任""无违于自然仪则"的态度。②

王弼所说的自然之性就是道体本身。道体是虚无的、静笃的，万物虽然运动、变化，但只有至静的本体才是真实的，"守静，物之真正也"（《老子》第十六章注）。对人而言，自然之性是虚静，只有"守静"，才能归于虚静之本。这样一来，"性其情"的含义就是得"守静"。但是，王弼所说的"性其情"，只有圣人能做到，正如汤用彤所说："又按《易·乾卦》本言大人之德（君德），亦即圣人之德也（圣人乃君人，本王弼义），'故利而正者必性（其）情也'一语本指圣人。圣人以还，均不性其情也。"③

如何才能"情近性"？以上论述的王弼观点主要是从认识的角度而言，如喜怒哀乐是"民之自然"，是一种自然之性，且性是情的依据，情是性的表现，那么从工夫而言，怎样才能达到"性其情"呢？王弼认为虚静才能达到"情近性"，"静则复命，故曰复命也。复命则得性命之常"④"若心好流荡失真，此是情之邪也"。王弼所说的"虚静"是不是指心灵的虚

---

① ［魏］王弼著，楼宇烈校释：《王弼集校释·论语释疑·阳货》，北京：中华书局，1980年，第631—632页。

② 林丽真《王弼"性其情"说析论》，转引自曾春海《两汉魏晋哲学史》，台湾五南图书出版有限公司，2008年，第470页。

③ 汤用彤：《魏晋玄学论稿》，上海：上海古籍出版社，2005年，第59页。

④ ［魏］王弼著，楼宇烈校释：《王弼集校释·老子道德经注·上篇·十六章》，北京：中华书局，1980年，第36页。

静？王弼虽然没有明说心灵的虚静，但是提到"复见天地之心"：

> 复者，反本之谓也，天地以本为心者也。凡动息则静，静非对动者也。语息则默，默非对语者也。然则天地虽大，富有万物，雷动风行，运化万变，寂然至无，是其本矣。故动息地中，乃天地之心见也。若其以有为心，则异类未获具存矣。①

"复见天地之心"，其实就是静见天地心。王弼以静为本，以动为末；以无为心（孔颖达）。"动息地中，乃见天地之心"，则天地之心以静为本。故推测王弼亦应主心灵虚静。其与老子观念一致："致虚极，守静笃，万物并作，吾以观复。夫物芸芸，各复归其根。归根曰静，是谓复命。复命曰常，知常曰明，不知常，妄作，凶。"（《老子》第十六章）也就是说心灵的主静能够带来动的近性："静专动直，不失大和，岂非性命之情者邪？"②王弼的主静观点延伸至政治领域，即主张无为而治："为复则至于寂然大静，先王则天地而行者也。动复则静，行复则止，事复则无事也。""因物自然，不设不施""顺物之性，不别不析"（《老子》第二十七章注），"天地任自然，无为无造"（《老子》第五章注）。王弼的这种观点遭到了宋儒的批判：

> 七日而来复者，天之运行如是也。消长相因，天之理也，阳刚君子之道长，故利有攸往。一阳复于下，乃天地生物之心也。先儒皆以静为见天地之心，盖不知动之端乃天地之心也。非知道者，孰能识之。③

---

① ［魏］王弼著，楼宇烈校释：《王弼集校释·周易注·上经·复》，北京：中华书局，1980年，第337页。

② ［魏］王弼著，楼宇烈校释：《王弼集校释·周易注·上经·干》，北京：中华书局，1980年，第213页。

③ ［宋］程颐撰，王孝鱼点校：《周易程氏传·卷第二　周易上经下·复》，北京：中华书局，2011年，第135页。

　　"先儒皆以静为见天地之心"是指以王弼为代表的学者。王弼的主静应同样是由道体的动静关系，延伸至人生修养。汤用彤认为："王弼主体用一如，故动非对静，而动不可废，盖言静而无动，则著无遗有，而本体遂空洞无用。夫体而无用，失其所谓体矣。辅嗣既深知体用不二，故不能言静而废动，故圣人虽德合天地（自然），而不能不应物而动，其论性情，以动静为基本观点。"①王弼以性体的静来规范心和情的动，性体既具有超越义，又有自然义。超越的性是心和情的规范依据，这和伊川"性其情"从形式上相似。不同之处在于，伊川所说的性是指天理，是道德实践、社会规则之源，而王弼所说的性指向道体的虚无和静笃，两者的本体论和宇宙论内容都有所不同。

第二节　郭象与早期性理学的建构

　　在现存的郭象著作《庄子注》中，仅有两处文字涉及《中庸》："唯中庸之德为然"②，"任理之必然者，中庸之符全矣，斯接物之至者也"③。两者与《中庸》未发已发问题都没有直接关联，因而研究郭象的未发已发思想寥寥无几。目前学界研究郭象主要集中在玄学思想上，以郭象对《庄子》的诠释内容和方法为中心，体现在"《庄子注》公案、独化与玄冥、自然与名教、郭象思想体系的划分、郭象注《庄子》的哲学方法、《庄子注》和《庄子》思想的关系、郭象思想的学派归属及评价"④七个方面。

---

①　汤用彤：《王弼大衍义略释》，《汤用彤学术论文集》，北京：中华书局，1983 年，第 249 页。

②　［晋］郭象注，［唐］成玄英疏，曹础基、黄兰发点校：《南华真经注疏·外篇　卷第六·至乐第十八》，北京：中华书局，1998 年，第 357 页。

③　［晋］郭象注，［唐］成玄英疏，曹础基、黄兰发点校：《南华真经注疏·内篇　卷第二·人间世第四》，北京：中华书局，1998 年，第 89 页。

④　罗彩：《郭象思想研究三十年及前瞻》，《深圳大学学报》2015 年第 1 期。

朱汉民《玄学与理学的学术思想理路研究》[①]一书是近年来研究玄学和理学关系的代表作，探讨了二者的身心之学、性理之学、诠释方法等，本文在他的基础上，进一步探讨郭象的思想，并将指出：第一，郭象认为心体具有本然义，"清畅"的心体鉴物无遗，无理不当，这与心学一系主张心灵是先天的明体较为接近，如陆九渊认为本心是明觉之体，其运动就是天理之流行，另外与理学一系也有相同点，如杨时认为本心如镜无物不照，反对"执镜随物以度其形"（详见第三章和第四章）；第二，郭象的"性"是指自然之性，包含饮食之性和仁义之性，性主要作为规范义进行使用，即心灵以"性"为依据，因此郭象说"率性""适性"，在使用方式上和理学一系有共同点，但从根本上说，与只存有不活动的理学之性、即活动即存有的心学之性仍有不同；第三，就中和而言，"和"是"居中"的结果，"居中"是任理之必然，这与"清畅"之心密不可分。总体而言，郭象虽无明文论及未发已发，但其核心思想与宋明理学有紧密联系，本节从上述三个方面展开。

一、性理关系

"性即理"是理学的核心命题，在郭象《庄子注》中，人之性即为天理、自然之性，从形式上来说，"性即理"也是成立的，但是内涵与程朱理学不同。

先来看郭象对性的定义。郭象认为万物皆有其性，"通天地之统，序万物之性，达死生之变，而明内圣外王之道"[②]（《庄子序》）。万物之性是客观的，人的私知、主观意愿无法超越："物各有性，性各有极，皆如

---

① 朱汉民：《玄学与理学的学术思想理路研究》，北京：中国社会科学出版社，2012年。

② ［晋］郭象注，［唐］成玄英疏，曹础基、黄兰发点校：《南华真经注疏·序》，北京：中华书局，1998年，第1页。

年知，岂跂尚之所及哉！"①唯有适性、任性，才能有真正的逍遥，才是正当的、合理的，"物任其性，事称其能，各当其分，逍遥一也，岂容胜负于其间哉"②。

既然万物各有其性，那么性从何而来？郭象认为万物并非由造物主赋予的，而是"物各自造"，所以性也是"物各自造"的结果：

> 无既无矣，则不能生有；有之未生，又不能为生。然则生生者谁哉？块然而自生耳。自生耳，非我生也。我既不能生物，物亦不能生我，则我自然矣。……夫造物者，有耶无耶？无也？则胡能造物哉？有也？则不足以物众形。故明众形之自物而后始可与言造物耳。是以步有物之域，虽复周两，未有不独化于玄冥者也。故造物者无主，而物各自造，物各自造而无所待焉，此天地之正也。③（《齐物论》注）

> 夫有之未生，以何为生？故必自有耳。岂有之所能有乎？此所以明有之不能为有，而自有耳，非谓无能为有也，若无能为有，何谓无乎？一无有则无矣，无者遂无，则有自生明矣。④（《庚桑楚》注）

> 谁得先物者乎哉？吾以阴阳为先物，而阴阳者即所谓物耳。谁又先阴阳者乎？吾以自然为先之，而自然即物之自尔耳。吾以至道为先之矣，而至道者乃至无也。既以无矣，又奚为先？然则先物者谁乎哉？而扰有物，无己，明物之自然，非有使然也。……非唯无不得化而为有也，有亦不得化而为无矣。是以夫有之为物，虽千变万化，而

---

① ［晋］郭象注，［唐］成玄英疏，曹础基、黄兰发点校：《南华真经注疏·内篇　卷第一·逍遥游第一》，北京：中华书局，1998年，第5页。

② ［晋］郭象注，［唐］成玄英疏，曹础基、黄兰发点校：《南华真经注疏·内篇　卷第一·逍遥游第一》，北京：中华书局，1998年，第1页。

③ ［晋］郭象注，［唐］成玄英疏，曹础基、黄兰发点校：《南华真经注疏·内篇　卷第一·齐物论第二》，北京：中华书局，1998年，第26页。

④ ［晋］郭象注，［唐］成玄英疏，曹础基、黄兰发点校：《南华真经注疏·杂篇　卷第八·庚桑楚第二十三》，北京：中华书局，1998年，第455页。

不得一为无也。不得一为无，故自古无未有之时而常存也。①（《知
北游》注）

就"性"的起源而言，郭象既否认儒家的天命说，也否认汉代的阴阳
五行学说，更否认王弼的"有生于无"论。他认为万物皆是自生，在万物
未生之前不存在造物主。那么什么是人之性呢？郭象通常不区分性情，因
为性情都是指向自然，故常性情连用：

> 虽楚戮未加，而性情已困。②（《养生主》注）
> 动静趣舍，性情知能。③（《德充符》注）
> 夫仁义自是人之情性。④（《骈拇》注）
> 斯矫其性情也。⑤（《天地》注）
> 以情性为主也。⑥（《天道》注）

郭象认为自然之性具有两方面含义，第一衣食是性，第二仁义是性。
人生而必须穿衣吃饭，这便是人之性；仁义道德，也是人之性。可见郭象
所说的人性既包含了生理层面也包含了道德层面。由于郭象强调自然，
在《庄子注》中，他对性的使用亦是从顺应人性意义层面展开，如"适

---

① ［晋］郭象注，［唐］成玄英疏，曹础基、黄兰发点校：《南华真经注疏·外篇　卷第七·知
　　北游第二十二》，北京：中华书局，1998 年，第 435 页。
② ［晋］郭象注，［唐］成玄英疏，曹础基、黄兰发点校：《南华真经注疏·内篇　卷第二·养
　　生主第三》，北京：中华书局，1998 年，第 71—72 页。
③ ［晋］郭象注，［唐］成玄英疏，曹础基、黄兰发点校：《南华真经注疏·内篇　卷第二·德
　　充符第五》，北京：中华书局，1998 年，第 117 页。
④ ［晋］郭象注，［唐］成玄英疏，曹础基、黄兰发点校：《南华真经注疏·外篇　卷第四·骈
　　拇第八》，北京：中华书局，1998 年，第 185 页。
⑤ ［晋］郭象注，［唐］成玄英疏，曹础基、黄兰发点校：《南华真经注疏·外篇　卷第五·天
　　地第十二》，北京：中华书局，1998 年，第 243 页。
⑥ ［晋］郭象注，［唐］成玄英疏，曹础基、黄兰发点校：《南华真经注疏·外篇　卷第五·天
　　道第十三》，北京：中华书局，1998 年，第 279 页。

性""足性""得性""安性""任性""率性 (帅性)""因性""顺性"等。
此外，郭象对性的定义还强调"性分"。"性分"是指人所受天性的差异，
或智或愚，先天所定，不可更改，"天性所受，各有本分，不可逃，亦不
可加"①（《养生主》注），"性各有分，故知者守知以待终，而愚者抱愚
以至死，岂有能中易其性者也"②（《齐物论》注）。但郭象之意并非在
断定人生而有知有愚，而是重在说明追逐无涯之知，并非人性分内之事，
"故古人不随无崖之知，守其分内而已，故其性全"③（《天下》注 ）。

再来看理的定义。郭象《庄子注》中的理、性含义非常接近，都是指
涉自然之性，宇宙万物自然、自生的依据，遵循自然之性可以达理、尽
理，达到"冥然自会"的状态。就万物皆有性分而言，性、理是相通的：

> 物物有理，事事有宜。④（《齐物论》注 ）
> 物有自然，理有至极。循而直往，则冥然自会。⑤（《齐物论》注 ）
> 凡所有者，凡所无者，凡所为者，凡所遇者，皆非我也，理自尔
> 耳。⑥（《德充符》注 ）

万物皆有其性，万事皆有其自然之理，都不能以私知、私意去超越与
改变。

---

① ［晋］郭象注，［唐］成玄英疏，曹础基、黄兰发点校：《南华真经注疏·内篇　卷第二·养
　　生主第三》，北京：中华书局，1998 年，第 71 页。
② ［晋］郭象注，［唐］成玄英疏，曹础基、黄兰发点校：《南华真经注疏·内篇　卷第一·齐
　　物论第二》，北京：中华书局，1998 年，第 30 页。
③ ［晋］郭象注，［唐］成玄英疏，曹础基、黄兰发点校：《南华真经注疏·杂篇　卷第十·天
　　下第三十三》，北京：中华书局，1998 年，第 616 页。
④ ［晋］郭象注，［唐］成玄英疏，曹础基、黄兰发点校：《南华真经注疏·内篇　卷第一·齐
　　物论第二》，北京：中华书局，1998 年，第 44 页。
⑤ ［晋］郭象注，［唐］成玄英疏，曹础基、黄兰发点校：《南华真经注疏·内篇　卷第一·齐
　　物论第二》，北京：中华书局，1998 年，第 51 页。
⑥ ［晋］郭象注，［唐］成玄英疏，曹础基、黄兰发点校：《南华真经注疏·内篇　卷第二·德
　　充符第五》，北京：中华书局，1998 年，第 117 页。

任其天性而动，则人理亦自全矣。① （《达生》注 ）

患去而性得者，达理也。② （《达生》注 ）

以性言之，则性之本也。夫物各有足，足于本也。付群德之自循，斯与有足者至于本也，本至而理尽矣。③ （《大宗师》注 ）

但性、理之间又有差异。万物皆有其性，但不能说万事皆有其性，只能说有其理。如君臣上下之分，郭象认为是理："故知君臣上下，手足外内，乃天理自然，岂真人之所为哉！"理有天理、人理，天理指涉宇宙大化自然自生之理，人理是人类社会的规则："以自然言之，则人无小大；以人理言之，则傡于天者可谓君子矣。"顺应天理，才能与大道偕行。

综上所述，郭象所说的性是"物各自生"的结果，性非天命，与宋明理学所说的"天命之谓性"，天理在人为性即仁义礼智之性不同。但郭象也强调"夫仁义自是人之情性"，如何解释呢？郭象所说的性既是指宇宙万物的自然之性，也是指性分之性，性分之性有后天因素存在，如牛马之性，"龁草饮水，翘足而陆"是其真性，但是牛马在人类社会中，"落马首，穿牛鼻"也是其性，但郭象称之为"命"，是无法抵抗之事，"牛马不辞穿落者，天命之固当也"④。仁义礼智虽非人性自然生成，但人不能没有仁义礼智，如牛马无法抗击"穿落"一样，所以郭象说"夫仁义自是人之情性"。郭象承认仁义为人之性的同时，也强调人性有变："夫仁义者，人之性也。人性有变，古今不同也。故游寄而过去则冥，若滞而系于一方

---

① ［晋］郭象注，［唐］成玄英疏，曹础基、黄兰发点校：《南华真经注疏·外篇　卷第七·达生第十九》，北京：中华书局，1998 年，第 371 页。

② ［晋］郭象注，［唐］成玄英疏，曹础基、黄兰发点校：《南华真经注疏·外篇　卷第七·达生第十九》，北京：中华书局，1998 年，第 376 页。

③ ［晋］郭象注，［唐］成玄英疏，曹础基、黄兰发点校：《南华真经注疏·内篇　卷第三·大宗师第六》，北京：中华书局，1998 年，第 141 页。

④ ［晋］郭象注，［唐］成玄英疏，曹础基、黄兰发点校：《南华真经注疏·外篇　卷第六·秋水第十七》，北京：中华书局，1998 年，第 342 页。

则见。见则伪生，伪生而责多矣。"①所以他并没有将仁义当作天理，仁义之性是变动的，天理或自然之性才是根本。

二、心情关系

在宋明理学的未发已发论中，情是心之动或性之动是常见的一种说法，那么在郭象学说中是否隐藏着这些说法？下文先逐一分析心、性、情、动、静的定义，然后再一探究竟。

首先，郭象认为情分"常情"和"无情之情"。"常情"是人的"喜怒哀乐，虑叹变慹，姚佚启态"，这种情感是"趣舍不同"而产生的，以个体的主观判断为中心，所以是"自是而非彼"，这是从情感的发生角度而言。这种以个体为中心的情感，导致"外神劳精，倚树据梧，且吟且睡"，是一种外在的束缚。与"常情"相反，"无情之情"是指"无交物之情"，是至人才有的特质。

（喜怒哀乐，虑叹变慹，姚佚启态）此道性情异者。……万物万情，趣舍不同。……夫自是而非彼，彼我之常情也。②（《齐物论》注）

有无情之情，故无为也。③（《大宗师》注）

以是非为情，则无是无非无好无恶者，虽有形貌，直是人耳，情将安寄？……言凡子所为，外神劳精，倚树据梧，且吟且睡，此世之所谓情也。而云天选，明夫情者非情之所生，而况他哉？故虽万物万形，

---

① ［晋］郭象注，［唐］成玄英疏，曹础基、黄兰发点校：《南华真经注疏·外篇　卷第五·天运第十四》，北京：中华书局，1998 年，第 299 页。

② ［晋］郭象注，［唐］成玄英疏，曹础基、黄兰发点校：《南华真经注疏·内篇　卷第一·齐物论第二》，北京：中华书局，1998 年，第 28 页。

③ ［晋］郭象注，［唐］成玄英疏，曹础基、黄兰发点校：《南华真经注疏·内篇　卷第三·大宗师第六》，北京：中华书局，1998 年，第 145 页。

云为趣舍，皆在无情中来，又何用情于其间哉？① （《德充符》注）

（至人之用心若镜）鉴物而无情。② （《应帝王》注）

至淡者，无交物之情。③ （《刻意》注）

郭象对情的论述，最为显著的特征是从发生学出发。他认为情是"趣舍"的结果，来自"交物"的相互作用。他并没有像王弼、嵇康一样，从宇宙生成论的角度看待情感，这是因为郭象认为宇宙没有造物主，一切都是自然而然。既然没有造物主，那么追溯情感的形而上学也就没有意义，所以郭象说："是以达生之情者不务生之所无以为，达命之情者不务命之所无奈何也，全其自然而已。"④ （《养生主》注）通达生命的人不会去追求超越生命本身的存在，也不会追求命运规定之外的存在，唯有顺其自然。最高的情感来自顺从自然，顺从自然便无累于物，便是至淡、无为的情感，"有无情之情，故无为也"。

再来看心的定义。郭象认为心有知觉意识，离开知觉意识则无法谈论事物存在，"存亡更在於心之所措耳，天下竟无存亡"⑤。他有时将心的知觉活动理解成"心术"，心术是一种"机心"，有害大道，要想保全形体，必须忘却心术，"夫全形抱生，莫若忘其心术，遗其耳目。若乃声色籔于外，则心术塞于内；欲恶籔于内，则耳目丧于外；固必无得无失而后为通

---

① ［晋］郭象注，［唐］成玄英疏，曹础基、黄兰发点校：《南华真经注疏·内篇 卷第二·德充符第五》，北京：中华书局，1998年，第127—128页。

② ［晋］郭象注，［唐］成玄英疏，曹础基、黄兰发点校：《南华真经注疏·内篇 卷第三·应帝王第七》，北京：中华书局，1998年，第178页。

③ ［晋］郭象注，［唐］成玄英疏，曹础基、黄兰发点校：《南华真经注疏·外篇 卷第六·刻意第十五》，北京：中华书局，1998年，第316页。

④ ［晋］郭象注，［唐］成玄英疏，曹础基、黄兰发点校：《南华真经注疏·内篇 卷第二·养生主第三》，北京：中华书局，1998年，第70页。

⑤ ［晋］郭象注，［唐］成玄英疏，曹础基、黄兰发点校：《南华真经注疏·外篇 卷第七·田子方第二十一》，北京：中华书局，1998年，第416页。

也"①。机心与耳目之欲相互作用，导致"虽繁手以执之，绸缪以持之，弗能止也"②，如此一来利欲交错、无度。

与此同时，郭象认为心灵本身就是"清畅"，没有是非对错、喜怒哀乐，这种"清畅"看似需要心灵的持守，实则不假人为，心灵本身无喜怒哀乐，"灵台者，心也，清畅，故忧患不能入"③，"有持者，谓不动于物耳，其实非持"④。倘若刻意去持守，反而无法获得心灵的"清畅"，"若知其所持则持之，持则失也"⑤。对心灵强加控制，就会偏离自然本性，而如果不对其强加人力操控，它将自然、自为，呈现出性分之内的自然状态，达到这种状态则"忧患不能入"，郭象称之为"妙心"。"妙心"视死生变化，无物不同：

> 体夫极数之妙心，故能无物而不同，无物而不同，则死生变化，无往而非我矣。故生为我时，死为我顺；时为我聚，顺为我散。聚散虽异，而我皆我之，则生故我耳，未始有得；死亦我也，未始有丧。夫死生之变，犹以为一，既睹其一，则蜕然无系，玄同彼我，以死生为痗瘵，以形骸为逆旅，去生如脱屣，断足如遗土，吾未见足以缨茀其心也。⑥

① ［晋］郭象注，［唐］成玄英疏，曹础基、黄兰发点校：《南华真经注疏·杂篇　卷第八·庚桑楚第二十三》，北京：中华书局，1998年，第448—449页。

② ［晋］郭象注，［唐］成玄英疏，曹础基、黄兰发点校：《南华真经注疏·杂篇　卷第八·庚桑楚第二十三》，北京：中华书局，1998年，第449页。

③ ［晋］郭象注，［唐］成玄英疏，曹础基、黄兰发点校：《南华真经注疏·杂篇　卷第八·庚桑楚第二十三》，北京：中华书局，1998年，第452页。

④ ［晋］郭象注，［唐］成玄英疏，曹础基、黄兰发点校：《南华真经注疏·杂篇　卷第八·庚桑楚第二十三》，北京：中华书局，1998年，第452页。

⑤ ［晋］郭象注，［唐］成玄英疏，曹础基、黄兰发点校：《南华真经注疏·杂篇　卷第八·庚桑楚第二十三》，北京：中华书局，1998年，第452页。

⑥ ［晋］郭象注，［唐］成玄英疏，曹础基、黄兰发点校：《南华真经注疏·内篇　卷第二·德充符第五》，北京：中华书局，1998年，第113页。

　　也就是说，达到了妙心的状态，就能一生死、齐万物，外在的一切事物都不能"缨茀其心"。"缨茀其心"就是"有心"，郭象所说的"有心"是指个体的自我意愿、意向表现出欲望倾向，与"情"或"情欲"的意义接近。在《德充符·注》中，郭象指出"离旷以无情而聪明""贤圣以无情而贤圣"，这里的"无情"并非没有情感，而是没有欲心。

　　值得注意的是，郭象虽强调"无心"，但并不否定外界事物的存在。他强调心灵的"清夷平畅"，目的是以无顺有、以无心应万物：

　　　无心而无不顺。①（《齐物论》注）

　　　然人间之变故，世事异宜，唯无心而不自用者，为能随变所适而不荷其累也。②（《人间世》注）

　　　神人者，无心而顺物者也。故天下所谓大祥，神人不逆。③（《人间世》注）

　　　夫无心而任乎自化者，应为帝王也。④（《应帝王》注）

　　　彼是相对，而圣人两顺之，故无心者与物冥，而未尝有对于天下也。⑤（《齐物论》注）

　　　夫与物冥者，故群物之所不能离也。是以无心玄应，唯感之从，泛乎若不系之舟，东西之非己也。⑥（《逍遥游》注）

---

① ［晋］郭象注，［唐］成玄英疏，曹础基、黄兰发点校：《南华真经注疏·内篇　卷第一·齐物论第二》，北京：中华书局，1998年，第49页。

② ［晋］郭象注，［唐］成玄英疏，曹础基、黄兰发点校：《南华真经注疏·内篇　卷第二·人间世第四》，北京：中华书局，1998年，第75页。

③ ［晋］郭象注，［唐］成玄英疏，曹础基、黄兰发点校：《南华真经注疏·内篇　卷第二·人间世第四》，北京：中华书局，1998年，第97页。

④ ［晋］郭象注，［唐］成玄英疏，曹础基、黄兰发点校：《南华真经注疏·内篇　卷第三·应帝王第七》，北京：中华书局，1998年，第169页。

⑤ ［晋］郭象注，［唐］成玄英疏，曹础基、黄兰发点校：《南华真经注疏·内篇　卷第一·齐物论第二》，北京：中华书局，1998年，第35页。

⑥ ［晋］郭象注，［唐］成玄英疏，曹础基、黄兰发点校：《南华真经注疏·内篇　卷第一·逍遥游第一》，北京：中华书局，1998年，第11页。

心有动静，倘若心已动，该如何静心？郭象认为"将以静泰之风镇其动心也"①。像镜子一样，烛物无私，则"故无心者斯顺"②。静心才能无心，无心并非指无此心，而是说没有私心，像镜子一样，其与外界的反应没有私欲私利，"是以至人无心而应物，唯变所适"③。郭象认为有心为德并非真正的道德，真正的道德是出于自然，连自己都不知道是道德，"有心于为德，非真德也。夫真德者，忽然自得而不知所以（德）〔得〕也"④，"率心为德，犹之可耳；役心于眉睫之间，则伪已甚矣"⑤，"乃欲探射幽隐，以深为事，则心与事俱败矣"⑥。这种观点和阳明后学遥相呼应，良知现成派王艮认为良知的发动可以摆脱主观的意识，例如童子捧茶，这是将良知实体化的结果。郭象对心的论述与现成派当然不同，但在结构上可以看到有些相似性。

人心的最高层次是"无心"。"无心"是圣人才能达到的境界，从先天的角度而言，圣人"特禀自然之妙气"⑦，所以"神全心具"。圣人之心无可名状，莫知其极，"夫圣人之心，极两仪之至会，穷万物之妙数。故

---

① ［晋］郭象注，［唐］成玄英疏，曹础基、黄兰发点校：《南华真经注疏·杂篇　卷第八·则阳第二十五》，北京：中华书局，1998年，第500页。

② ［晋］郭象注，［唐］成玄英疏，曹础基、黄兰发点校：《南华真经注疏·杂篇　卷第八·则阳第二十五》，北京：中华书局，1998年，第513页。

③ ［晋］郭象注，［唐］成玄英疏，曹础基、黄兰发点校：《南华真经注疏·杂篇　卷第九·外物第二十六》，北京：中华书局，1998年，第524页。

④ ［晋］郭象注，［唐］成玄英疏，曹础基、黄兰发点校：《南华真经注疏·杂篇　卷第十·列御寇第三十二》，北京：中华书局，1998年，第598页。

⑤ ［晋］郭象注，［唐］成玄英疏，曹础基、黄兰发点校：《南华真经注疏·杂篇　卷第十·列御寇第三十二》，北京：中华书局，1998年，第598页。

⑥ ［晋］郭象注，［唐］成玄英疏，曹础基、黄兰发点校：《南华真经注疏·杂篇　卷第十·列御寇第三十二》，北京：中华书局，1998年，第598页。

⑦ ［晋］郭象注，［唐］成玄英疏，曹础基、黄兰发点校：《南华真经注疏·内篇　卷第一·逍遥游第一》，北京：中华书局，1998年，第13页。

能体化合变。无往不可，磅礴万物，无物不然"①。"极两仪之至会，穷万物之妙数"大意为圣人知周万物，这是从"知"的角度论心；"故能体化合变。无往不可，磅礴万物，无物不然"②大意为圣人之心鉴物无遗，并非用主观的意识去应外物，而是顺其自然，听其自化，即圣人"神随物动""无心顺有"，所以无物不宜，"无心于物，故不夺物宜；无物不宜，故莫知其极"③。郭象论圣人之心是在强调其为世人之典范，圣人鉴物不遗，因为圣人像枯木一样，无心于物，即没有任何的私欲念想，所以能立于中道。

再看动静关系。在郭象看来，"知以无涯伤性，心以欲恶荡真"④，心灵的躁动会丧失人的真性。唯有至人才能达到自然、真性之境："萌然不动，亦不自正，与枯木同其不华，湿灰均于寂魄，此乃至人无感之时也。"⑤至人无感之时，与大化流行融为一体，"与枯木同其不华，湿灰均于寂魄"，是自然之性的归复和彰显。从枯木、湿灰的譬喻来看，郭象强调的是心灵的平静，而非思虑的不起一念。

动会带来吉凶悔吝，尤其是超越自然之性的知会扰乱秩序："夫吉凶悔吝，生于动者也。而知之所动，诚能摇荡天地，运御群生，故君人者，胡可以不忘其知哉！"郭象所说的"忘其知"并非抛弃智识，而是要追求止其所分的知，超出自然之性的知违背本性，"不求所知而求所不知，此

---

①　[晋]郭象注，[唐]成玄英疏，曹础基、黄兰发点校：《南华真经注疏·内篇　卷第一·逍遥游第一》，北京：中华书局，1998年，第14页。

②　[晋]郭象注，[唐]成玄英疏，曹础基、黄兰发点校：《南华真经注疏·内篇　卷第一·逍遥游第一》，北京：中华书局，1998年，第14页。

③　[晋]郭象注，[唐]成玄英疏，曹础基、黄兰发点校：《南华真经注疏·内篇　卷第三·大宗师第六》，北京：中华书局，1998年，第138页。

④　[晋]郭象注，[唐]成玄英疏，曹础基、黄兰发点校：《南华真经注疏·内篇　卷第二·人间世第四》，北京：中华书局，1998年，第99页。

⑤　[晋]郭象注，[唐]成玄英疏，曹础基、黄兰发点校：《南华真经注疏·内篇　卷第三·应帝王第七》，北京：中华书局，1998年，第174页。

乃舍己效人而不止其分也”。

人心有动有静。由于人性本静，那么当顺着人性，人心的本然状态亦能彰显出来："人心之变，靡所不为。顺而放之，则静而自通；治而系之，则跂而偾骄。偾骄者，不可禁之势也。"①造成人心偾骄的状态，是因为人心有顺欲而动的趋势，"若夫逐欲而动，人行也"。

人应无心而动。"忽，勃，皆无心而应之貌。动出无心，故万物从之，斯荡荡矣。故能存形穷生，立德明道而成王德也。"②无心之心是去掉私欲妄念之心，顺应自然之性。人应无心而动源自天地无心，"天地亦无心而自动"。无心而动即是顺理而动，"应理而动，而理自无害"。人心应该寂然不动，才有感而遂通："仲尼曰：天下何思何虑。虑已尽矣，若有纤芥之虑，岂得寂然不动，应感无穷，以辅万物之自然也！"③以主观情欲、意愿去超越自然之性，就是躁动，躁动害性，"动而过分，则性气伤于内，金木讯于外也"④。

静是本，动是末，静能贯通动。静能贯通宇宙万物，"我心常静，则万物之心通矣"⑤。唯有无心，才能与天地合其德，与万物通其情，"乃与天地合其恬惔之德也"⑥。静的典型代表是渊。水随物赋形，但自身未尝改变。郭象将这种特性称为"静默"。它是人应该效仿的对象。

---

① ［晋］郭象注，［唐］成玄英疏，曹础基、黄兰发点校：《南华真经注疏·外篇　卷第四·在宥第十一》，北京：中华书局，1998 年，第 216 页。

② ［晋］郭象注，［唐］成玄英疏，曹础基、黄兰发点校：《南华真经注疏·外篇　卷第五·天地第十二》，北京：中华书局，1998 年，第 236 页。

③ ［晋］郭象注，［唐］成玄英疏，曹础基、黄兰发点校：《南华真经注疏·杂篇　卷第八·则阳第二十五》，北京：中华书局，1998 年，第 504 页。

④ ［晋］郭象注，［唐］成玄英疏，曹础基、黄兰发点校：《南华真经注疏·杂篇　卷第十·列御寇第三十二》，北京：中华书局，1998 年，第 597 页。

⑤ ［晋］郭象注，［唐］成玄英疏，曹础基、黄兰发点校：《南华真经注疏·外篇　卷第五·天道第十三》，北京：中华书局，1998 年，第 268 页。

⑥ ［晋］郭象注，［唐］成玄英疏，曹础基、黄兰发点校：《南华真经注疏·外篇　卷第六·刻意第十五》，北京：中华书局，1998 年，第 316 页。

渊者，静默之谓耳。夫水常无心，委顺外物，故虽流之与止，鲵桓之与龙跃，常渊然自若，未始失其静默也。夫至人用之则行，舍之则止，行止虽异而玄默一焉，故略举三异以明之。虽波流九变，治乱纷如，居其极者，常淡然自得，泊乎忘为也。①

从外在的规定义上而言，与天地合其德就是静，天地无心，所以能做到无心就是至人，"无人之情，则自然为天人"。从工夫论而言，欲望的平静，是抵达真性的起点，"平气则静，理足顺心则神功至，缘于不得已则所为皆当。故圣人以斯为道，岂求无为于恍惚之外哉"②。

总体上看，郭象学说中"性静情动"观点较为明晰。郭象的性静情动说与《礼记·乐记》观点一致："人生而静，天之性也。感于物而动，性之欲也。"郭象援引《礼记·乐记》以论证自身观点：

人生而静，天之性也；感物而动，性之欲也。③

不虑而知，开天也；知而后感，开人也。然则开天者，性之动也；开人者，知之用也。性动者，遇物而当足则忘余，斯德生也。知用者，从感而求，倦而不已，斯贼生也。任其天性而动，则人理亦自全矣。④

物之感人无穷，人之逐欲无节，则天理灭矣。真人知用心则背道，助天则伤生，故不为也。⑤

---

① ［晋］郭象注，［唐］成玄英疏，曹础基、黄兰发点校：《南华真经注疏·内篇　卷第三·应帝王第七》，北京：中华书局，1998 年，第 176 页。

② ［晋］郭象注，［唐］成玄英疏，曹础基、黄兰发点校：《南华真经注疏·杂篇　卷第八·庚桑楚第二十三》，北京：中华书局，1998 年，第 461—462 页。

③ ［晋］郭象注，［唐］成玄英疏，曹础基、黄兰发点校：《南华真经注疏·内篇　卷第三·大宗师第六》，北京：中华书局，1998 年，第 137 页。

④ ［晋］郭象注，［唐］成玄英疏，曹础基、黄兰发点校：《南华真经注疏·外篇　卷第七·达生第十九》，北京：中华书局，1998 年，第 371 页。

⑤ ［晋］郭象注，［唐］成玄英疏，曹础基、黄兰发点校：《南华真经注疏·内篇　卷第三·大宗师第六》，北京：中华书局，1998 年，第 137 页。

人性本静，感物而动，然后有人之情。性之动又是不虑而知的，这是一种"遇物而当足则忘余"的自然之性，不会"从感而求，倦而不已"，所以又称之为"开天也"。需要注意的是，郭象虽说"性动者，遇物而当足则忘余，斯德生也"，但"性"本身是不动的，要想达到"遇物而当足则忘余"必须借助心灵的"清夷平畅"，从而以无顺有。心灵的"清夷平畅"需要"主静"，因为唯有"恬静"能使"性不失"。郭象所说的"静"涵摄"动"，此"动"是指"知"不超出自然范畴内的动，并非指思虑不起一念，所以他说："知而非为，则无害于恬；恬而自为，则无伤于知；斯可谓交相养矣。"[①]"二者交相养，则和理之分，岂出它哉！"[②]总之，郭象"人性本真而静"观点指向自然，人应以自然之性为性，不追逐无涯之知。

三、中和关系

"中"观念是儒家的核心，郭象的"中"观念是其"自然"观念的一部分。郭象认为"居中"才能走向自然，"忘善恶而居中，任万物之自为，闷然与至当为一，故刑名远己而全理在身也"[③]，"顺中以为常也"[④]，"苟得中而冥度，则事事无不可也。夫养生非求过分，盖全理尽年而已矣"[⑤]

---

① ［晋］郭象注，［唐］成玄英疏，曹础基、黄兰发点校：《南华真经注疏·外篇　卷第六·缮性第十六》，北京：中华书局，1998年，第321页。

② ［晋］郭象注，［唐］成玄英疏，曹础基、黄兰发点校：《南华真经注疏·外篇　卷第六·缮性第十六》，北京：中华书局，1998年，第321页。

③ ［晋］郭象注，［唐］成玄英疏，曹础基、黄兰发点校：《南华真经注疏·内篇　卷第二·养生主第三》，北京：中华书局，1998年，第67页。

④ ［晋］郭象注，［唐］成玄英疏，曹础基、黄兰发点校：《南华真经注疏·内篇　卷第二·养生主第三》，北京：中华书局，1998年，第67页。

⑤ ［晋］郭象注，［唐］成玄英疏，曹础基、黄兰发点校：《南华真经注疏·内篇　卷第二·养生主第三》，北京：中华书局，1998年，第67页。

（《养生主》注），"任理之必然者，中庸之符全矣，斯接物之至者也"①（《人间世》注）。但这"理"是"自然之理"，"生理已自足于形貌之中，但任之则身存"②。喜怒哀乐若不能任理之必然，只会导致伤身，"夫好恶之情，非所以益生，只足以伤身，以其生之有分也"③。

相比起"中"，郭象对"正"观念的论述要更多，如"道德之正""天地之正""自然之正气""正理""正道""正性"等，"正"指向自然本身，万物得其自然之性则自正。万物之正的根本是其自然之性，所以物各有所正，所正根源于其自然之性，"物各任性，乃正正也"，"各自有正，不可以此正彼而损益之"。从工夫的角度而言，心灵的静才有人性的正，"顺之则全，静之则正"。

"和"是一种事物得其所性的状态，"事得以成，物得以和，谓之德也"④。"和"是指声音的和谐："若夫视听而不寄之于寂，则有暗昧而不和也。"⑤要想听到音乐之和必须"寄之于寂"。顺应自然之性，才能有"天和""人和"。"和"是宇宙的旋律，是万物得其所性，顺应自然之性的结果："天者，自然也。自然既明，则物得其道也。物得其道而和，理自适也。"⑥顺应事物自然之性就抛弃私欲，"与物共者，和也；私自许者，

① ［晋］郭象注，［唐］成玄英疏，曹础基、黄兰发点校：《南华真经注疏·内篇 卷第二·人间世第四》，北京：中华书局，1998年，第89页。

② ［晋］郭象注，［唐］成玄英疏，曹础基、黄兰发点校：《南华真经注疏·内篇 卷第二·德充符第五》，北京：中华书局，1998年，第128页。

③ ［晋］郭象注，［唐］成玄英疏，曹础基、黄兰发点校：《南华真经注疏·内篇 卷第二·德充符第五》，北京：中华书局，1998年，第128页。

④ ［晋］郭象注，［唐］成玄英疏，曹础基、黄兰发点校：《南华真经注疏·内篇 卷第二·德充符第五》，北京：中华书局，1998年，第110页。

⑤ ［晋］郭象注，［唐］成玄英疏，曹础基、黄兰发点校：《南华真经注疏·外篇 卷第五·天地第十二》，北京：中华书局，1998年，第236页。

⑥ ［晋］郭象注，［唐］成玄英疏，曹础基、黄兰发点校：《南华真经注疏·外篇 卷第五·天道第十三》，北京：中华书局，1998年，第272页。

奸也"①。万物各得其所分就是"和","日出，谓日新也，日新则尽其自然之分，自然之分尽则和也"②。

通过以上分析，可以看到：尽管郭象没有明文论述未发已发问题，但其理论核心与宋明理学对未发已发问题的探讨具有一定的相似性。在宋明理学中，理学一系主张"性即理"，性是超越的、形而上的理，是实然的经验之心的依据，心的发用必须以性体为依据，才有已发之和；心学一系主张"心即理"，心体即性体，心体是有普遍义、客观义的明觉之体，即活动即存有，其发用就是道德情感，心体就是未发之中、已发之和。在郭象看来，性包括衣食之性和仁义之性，理学一系罗钦顺同样认为人欲属于人性的一部分，欲望是来自性之动，"心只是一个心，然有体有用。本体即性，性即理，故名曰道心。发用便是情，情乃性之欲，故名之曰人心。须两下看得分明始得"③。人欲也体现着理，是一种人之生理，禀赋于气。明代理学致力于弥补理气二元论导致天理和人欲的分裂（详见第三章明代理学部分），使人欲获得合理性，郭象的理论实际上和明代理学具有相同的旨趣。此外，郭象认为心灵具有"清畅"的本然义，同时他又将心的知觉活动理解成"心术"，心术是一种"机心"，必须忘却心术，使"清畅"的本心呈现出性分之内的自然状态，便能顺应万物，其工夫路径和主静相似，"将以静泰之风镇其动心也"。郭象对"无心""无心""妙心"的论述，实则蕴含着主客圆融的思维，"机心"是有善有恶、经验的知觉运动之心，"妙心"一生死、齐万物，无物而不同，无往而非我，属于超越的心灵。如何才能获得妙心？郭象以心灵具有"清畅"的本然义使得"妙心"摆脱了超越的规范性，而成为心灵本然具有的状态。这种理论架构在心学一系

---

① ［晋］郭象注，［唐］成玄英疏，曹础基、黄兰发点校：《南华真经注疏·杂篇 卷第八·徐无鬼第二十四》，北京：中华书局，1998 年，第 471 页。

② ［晋］郭象注，［唐］成玄英疏，曹础基、黄兰发点校：《南华真经注疏·杂篇 卷第九·寓言第二十七》，北京：中华书局，1998 年，第 538 页。

③ 罗钦顺：《困知记》，北京：中华书局，1990 年，第 162 页。

中较为常见，良知的本然义可以避免良知的实体化。总之，在郭象的著作中，宋明理学的思想已经若隐若现，二者具有某些相似的结构和旨趣。

小　结

王弼和郭象都无明文论及未发已发问题，因此只能通过分析心、性、情、理等核心概念探索他们隐藏的观点。王弼主张"性其情"，王弼所说的性有自然义和规范义，自然义如喜怒哀乐是"民之自然""自然之性"，规范义来自性具有"仪""静"特质，可以为情之依据。道体虚无而静笃，性的"仪""静"特质来自道体。从形式上来说，王弼主张性为情之依据、心之动为情和理学主张性即理、理为情之依据具有相似性。郭象主张"夫仁义自是人之情性"，但也强调人性有变："夫仁义者，人之性也。人性有变，古今不同也。故游寄而过去则冥，若滞而系于一方则见。见则伪生，伪生而责多矣。"① 所以他并没有将仁义当作永恒不变的天理，仁义之性是变动的，自然之性才是根本。同时，郭象提出性之动是"遇物而当足则忘余"，这必须借助心灵的"清夷平畅"，唯有心灵的"恬静"能使"性不失"。整体上看，郭象思想与宋明理学有异，但在逻辑建构上两者具有相似性。总之，本章围绕着王弼、郭象探讨了玄学的未发已发论，在性理关系、心性关系的建构上，玄学与宋明理学具有一定的相似性。

---

① ［晋］郭象注，［唐］成玄英疏，曹础基、黄兰发点校：《南华真经注疏·外篇　卷第五·天运第十四》，北京：中华书局，1998 年，第 299 页。

第三章　理学对未发已发问题的诠解

在未发已发问题的上，理学一系大多主张未发是性，已发是情，如：朱子，未发是性，已发是情；曹端，未发是"理之体""太极之静而阴"，已发是"理之用""太极之动而阳"；薛瑄，未发之中是"至虚至明之心体""寂然不动""性"，已发之和是心体之用、"感而遂通""情"；胡居仁：未发是"心寂然在内""理具于中""性也"，已发是"心之用""感而遂通""情也"；罗钦顺，未发是道心、性、静、寂然不动；已发是人心、情、动、感而遂通。这与理学一系的基本主张分不开：性即理。但伴随着理学内部分化，如在罗钦顺那里"理只是气之理"，与朱子理气二分论截然不同，导致对未发已发问题的理解也开始出现差异。本章通过梳理理学一系的未发已发论，尝试揭示这种差异性。

第一节　杨时：未发之中是道心、性、天

杨时的思想比较复杂，其晚年"溺于佛氏"，黄宗羲对杨时晚年"入佛"深感惋惜："龟山气象和平，议论醇正，说经旨极切，论人物极严，可以垂训万世，使不间流于异端，岂不诚醇儒哉！乃不料其晚年竟溺于佛氏。"全祖望亦云："黄氏之言，真龟山之诤臣也。"[1] 黄宗羲和全祖望的

---

[1]　黄宗羲：《宋元学案》，北京：中华书局，1986 年，第 951 页。

批评并非一家之言，朱子就曾指出杨时思想之"不醇"："看道理不可不仔细，程门高弟如谢上蔡、游定夫、杨龟山下稍皆入禅学去。"①（《闽南道学源流》卷一）朱子又说："游、杨、谢三君子初学禅，后来余禅犹在。"②（《宋名臣言行录》卷八）那么，杨时的思想哪些受到佛教的影响？黄宗羲列举了杨时受佛教思想的若干材料：

> 总老言经中说十识，第八庵摩罗识，唐言白净无垢；第九阿赖邪识，唐言善恶种子。白净无垢，即孟子之言性善。
>
> 谓形色为天性，亦犹所谓"色即是空"。
>
> 《维摩经》云"直心是道场"，儒佛至此，实无二理。
>
> 《圆觉经》言作止任灭是四病，作即所谓助长，止即所谓不耘苗，任、灭即是无事。
>
> 庞居士谓"神通并妙用，运水与搬柴"，此即尧舜之道在行止疾徐间。③

但目前学界对杨时思想的佛学倾向似乎关注不够，甚至有论者认为"杨时并未'入佛'，他的'入佛'只是一种表象而已"④。从未发已发问题来看，杨时在本然义的心和实然义的心之间摇摆不定，而更倾向于本然义的心，未将二者真正统一起来。其后弟子继承杨时思想，同样主张静中观未发气象："静处观心尘不染，闲中稽古意尤深，周诚程敬应粗会，奥理休从此外寻。"⑤实际上就是主张去掉意念之动的心是本然义的心，本然义的心"不尘不染""无所不照""明白洞达"。罗从彦的弟子李侗进一步延

---

① ［明］杨应诏：《闽南道学源流》，《四库全书存目丛书》，山东：齐鲁书社，1997 年。

② ［宋］李幼武：《宋名臣言行录·外集》，台北：中国台湾商务印书馆，1986 年。

③ 黄宗羲：《宋元学案》，北京：中华书局，1986 年，第 951 页。

④ 王建龙：《试论杨时理学思想中的佛学倾向》，《阴山学刊》2002 年第 5 期。

⑤ ［清］李清馥撰，管正平、周明华点校《闽中理学渊源考·卷四　文质罗豫章先生从彦学派·文质罗豫章先生从彦·诗·观书有感》，南京：凤凰出版社，2011 年，第 50 页。

续杨时主静思想，他说道："某向时从罗先生，学问终日，相对静坐，只说文字，未尝及杂语。先生极好静，某时未有知，退入室中亦静坐而已，罗先生令静中看喜怒哀乐未发之谓中，未发时作何气象。此意不唯于进学有方，亦是养心之要。"①李侗的"静中体验未发气象"又影响了朱子"中和旧说"。可以看到，杨时主静思想是道南学派的学脉所在，其与未发已发问题更是紧密结合在一起。

总体而言，杨时对未发已发的思考可以概括为以下几点：第一，中是性、天、心，四者同体而异名；第二，未发已发是中体之发；第三，喜怒哀乐是中体之用，属于道德情感；第四，圣人之心即天，可称之为未发之中、已发之和；第五，就心性是一关系而言，未发工夫在求放心。

一、圣人之心是"未发之中、已发之和"

杨时认为中即性即天即心，四者同体而异名。所谓性，指天赋的、绝对的、客观的仁义之性；就其来源而言，受自于天，是天之所命；就其规定性而言，是人之所应遵循的天理，又称之为道，所以性、命、道同体而异名：

> "天命之谓性，率性之谓道"，性、命、道三者一体而异名，初无二致也。故在天曰命，在人曰性，率性而行曰道，特所从言之异耳。所谓天道者，率性是也，岂远乎哉！夫子之文章，乃所以言性与天道非有二也。"②

性、命、道"一体而异名"，相对容易理解，但杨时又说"初无二致

---

① ［清］黄宗羲原撰，［清］全祖望补修，陈金生、梁运华点校：《宋元学案·卷三十九豫章学案·豫章门人·文靖李延平先生侗·延平答问》，北京：中华书局，1986年，第1285—1286页。

② 杨时：《答胡德辉问》，《杨时集》卷十四，福州：福建人民出版社，1993年，第359页。

也",实际上引入了先天、后天的概念,同时征引"夫子之文章"(《论语·公冶长》),借"圣人"统合先天、后天之分。故杨时之意为:人性自其禀受而言为绝对之善,后天人性之发扬唯圣人能止于至善,所谓"夫子之文章"即合性、命、道于一。需要注意的是,合性、命、道于一之"合"是"性者也"而非"反之也"(《孟子·尽心上》)。为了更好地理解两者之异同,先来看杨时对性的定义。杨时认为人性具有普遍义,不分贤愚,人人皆同:"盖天地万物一性耳,无圣贤知愚之异。……孟子亦曰:'人皆可以为尧舜。'"①甚至天地万物只此一性,区别在于万物得气禀之异,人得气禀之正:"今或以万物之性为不足以成之,盖不知万物所以赋得偏者,自其气禀之异,非性之偏也。孔子曰:'天地之性,人为贵。'人之性特贵于万物耳,何常与物是两般性?"②杨时极力反对扬雄的"修性"说,扬雄认为人性善恶混,"学所以修性",这与杨时主张性是绝对的善相冲突。既然性具普遍义,是绝对的善,那么性是只存有而不活动还是即活动即存有?从心性是一的关系来看,杨时的观点属于后者,人性之善体现在仁义礼智四端之心。

由于心性是一,所以心体同性体同具普遍性,仁义礼智四端之心人人具足,杨时引用孟子"人之有四端,犹其有四体也"(《孟子·公孙丑上》)进一步说明心体具有与生俱生的普遍义。《中庸》首章所说的"天下之大本",是指心体,它是道德创生之源,即活动即存有,所以喜怒哀乐是心体的发用,是一种道德情感。杨时反对许丞将怒视为恶的情感,他认为怒出于中体,是善的情感:

> 许丞《易义》:"《复卦义》曰:怒,恶之使也,东方之情也;元,善之长也,东方之德也。善恶之分,吉凶始焉。"

---

① 杨时:《浦城县重建文宣王殿记》,《杨时集》卷二十四,福州:福建人民出版社,1993年,第564页。

② 杨时:《语录四·萧山所闻》,《杨时集》卷十三,福州:福建人民出版社,1993年,第349页。

杨时："《中庸》曰：'喜怒哀乐之未发谓之中，发而皆中节谓之和。'四者一本于中，则怒不可独谓恶之使也。怒而中节，是谓达道，而遂以'元'、'怒'为善恶之分，亦恐未可也。"①

许丞《易义》将怒视为"恶之使"，将怒定义为私欲之恶，杨时则认为怒可以是中体之用，是一种道德情感。就逻辑而言，杨时使用的"四者一本于中"和"怒而中节"实际上存在矛盾，因为本心之发用就是中节的道德情感，不需要再去中节，譬如乍见孺子将堕于井而生恻隐之心，这种这种恻隐之心属于一种道德情感，不需要中节，只需要起用。这种矛盾性实际上揭示了杨时未发已发思想的另一层内容，即中体的实现对圣人而言是绝对的必然，对中人及以下则需要工夫修养。换而言之，未发之中、已发之和是指圣人之心。

圣人之心的自然流露就是道德情感。在与李似祖、曹令德、余从容三人的交谈中，杨时的这一思想表述得非常清晰：

李似祖、曹令德问："何以知仁？"曰："孟子以恻隐之心为仁之端，平居但以此体究，久久自见。"因问似祖、令德："寻常如何说隐（按："隐"字前疑漏一"恻"字）？"似祖云："'如有隐忧''勤恤民隐'，皆疾痛之谓也。"曰："孺子将入于井，而人见之者必有恻隐之心，疾痛非在己也，而为之疾痛，何也？"似祖曰："出于自然不可已也。"曰："安得自然如此？若体究此理知其所从来，则仁之道不远矣"。二人退，余从容问曰："万物与我为一，其仁之体乎？"曰："然。"②

李似祖、曹令德问杨时如何识仁，杨时的回答不同于程颐"仁是爱之

---

① 杨时：《与刘器之》，《杨时集》卷十九，福州：福建人民出版社，1993年，第459页。

② 杨时：《语录二·京师所闻》，《杨时集》卷十一，福州：福建人民出版社，1993年，第257页。

理"，而是以主体的恻隐之心为仁，避免了主客二分。接下来，杨时反问李、曹，何谓恻隐？李似祖以《诗经·邶风·柏舟》"如有隐忧"，《国语·周语上》"勤恤民隐"为例，认为恻隐"皆疾痛之谓也"。杨时对李似祖的"皆疾痛之谓也"的回答似乎并不满意，因为恻隐和"疾痛之谓"有所不同，"如有隐忧"出于"亦有兄弟，不可以据""觏闵既多，受侮不少"，严格来说是指烦恼，"勤恤民隐"是指武王的不忍人之心，不忍百姓为纣王所暴虐。因此杨时继续追问李似祖，孺子堕井与自身本无关联，为何会产生"疾痛"之情？李的回答仍未得到杨时认可，李说恻隐是自然流露的，他去掉了主语，认为在乍见孺子将入于井之时，人人都会产生恻隐之心。杨时的回答直截了当，质问李"安得自然如此"，否定了人人都能自然流露的说法，进而指出"体究此理知其所从来"，那么"仁之道不远矣"。圣人之心纯然无伪，中人需要"识仁"，才能成就"仁道"。余从容所说的"万物与我为一"，实际上是指圣人之心，中人以下需要工夫去完成。

二、未发主静与未发在涵养

上文我们指出了杨时所说的未发之中、已发之和是指圣人之心，中人以下需要工夫修养。那么中人以下的工夫论又是什么？杨时主要持主静、格物致知和求放心这三种观点。在这种观点下形成的未发已发思想特点是：第一，未发主静；第二，未发在涵养。

第一，未发主静。由于天赋的人性是善的，人性之恶源自经验后天，因此去掉后天的恶，先天的善就会呈现出来，譬如水去掉杂质就是清澈的：

> 仲素问："横渠云'气质之性'，如何？"曰："人所资禀固有不同者，若论其本，则无不善。盖'一阴一阳之谓道'，阴阳无不善，而人则受之以生故也。然而善者其常也，亦有时而恶矣，犹人之生也，气得其和，则为安乐人；及其有疾也，以气不和，则反常矣。其

常者，性也。此孟子所以言性善也。横渠说气质之性，亦云人之性有刚柔、缓急、强弱、昏明而已，非谓天地之性然也。今夫水，清者其常然也，至于汩浊，则沙泥混之矣。沙泥既去，其清者自若也。是故君子于气质之性，必有以变之，其澄浊而水清之义钦？"①

张载认为气质之性有善有恶、天地之性"不知检其心"，杨时认为人性本善，甚至天地万物只是一性——善性，这就是为什么《中庸》说"能尽人之性，则能尽物之性"。杨时将天理解为阴阳之气，阴阳之气无不善，所以人性本善。人性是天赋的、绝对的本善，体现为四端之心，其来源于天命，也来源于阴阳二气。恶的起源在于"气之不和"，杨时没有具体论述心和气的关系，他将四端之心视为人性，人性来源于天或阴阳二气，对天的性质和阴阳二气的关系没有深入探讨。但是在这段文字中，杨时提出了一个非常关键的思想，他以水譬喻人性，人性本善如水本清，去掉沙泥水自然清澈，那么去掉人欲之私，本性之善就自然呈露出来，这个过程可以通过"主静"展开，"雍容自尽于燕闲静一之中，默而识之，兼忘于书言意象之表，则庶乎其至矣"②。当主体的心灵没有喜怒哀乐情感的发生，进入一种清净而无欲的状态，此时没有任何外在的干扰，如果将其发用出来，就无往而不中节。这种没有外在干扰、没有私欲的心就是道心。《中庸》首章的"发而皆中节"就是指道心之发。但是，这个没有人欲之私、没有杂念的心就是四端之心吗？明代学者胡居仁、罗钦顺、王夫之等人都反对去掉人欲之私、没有杂念的心是四端之心这种说法，他们认为倘若没有主敬，光靠主静，根本无法挺立本心。杨时的这种观点可能受佛老影响，他认为心体具有本然的明觉义，譬如镜子无物不照，心体本来就无所不照，他反对"执镜随物以度其形"："……故孔子《系辞》曰：'天下何思何虑？天

---

① 杨时：《语录三·余杭所闻》，《杨时集》卷十二，福州：福建人民出版社，1993 年，第310—311 页。

② 杨时：《寄翁好德书》其一，《杨时集》卷十七，福州：福建人民出版社，1993 年，第 426 页。

下同归而殊涂,一致而百虑。天下何思何虑?'夫心犹镜也,居其所,而物自以形来,则所鉴者广矣。若执镜随物以度其形,其照几何?"①"执镜随物以度其形"是指应物的关键是挺立本体。只有让本心呈露出来,则无所不照,无处不明。就此而言,杨时认为工夫在主静:"神融气合八荒外,此心炯炯宜先通。未须勒移却俗驾,会应一洗尘寰空。"②此心本来炯炯自明,用不着脱离凡尘,只要去掉心中的尘累就能恢复空明澄澈。此时体验未发气象就是体验炯炯自明的本心:

> 《中庸》曰:"喜怒哀乐未发谓之中,发而皆中节谓之和。"学者当于喜怒哀乐未发之际,以心体之,则中之义自见。执而勿失,无人欲之私焉,发必中节矣。发而中节,中固未尝亡也。孔子之恸,孟子之喜,因其可恸可喜而已,于孔孟何有哉。其恸也,其喜也,中固自若也。③

本心无物不照、发而中节、各当其理:孔子之恸、孟子之喜,当恸则恸,当喜则喜,无人欲之杂。本心恒在、自在,不随主观情绪的变化而变化。在形容中体的发用时,杨时使用了"执而勿失"一语,这与"若执镜随物以度其形,其照几何"存在冲突。本心炯炯自明,不分贤愚,人人皆同,去掉私欲,自然光明,"执而勿失"实际上指向"主敬"的工夫。总之,杨时的主静工夫论基于其心性关系,心体是本然的明觉,去掉人欲之私,明觉之体就能朗照出来。这与心学一系中王畿学说非常接近,王畿认为只要去除私意妄念,良知就能呈露、朗照,譬如浮云一去,明体即见,这对每一个而言都是普遍的、客观的:"良知在人,本无污坏。虽昏蔽之极,苟能一念自反,即得本心。"不过,杨时的主静工夫论尚未如阳明后

---

① 杨时:《语录一·荆州所闻》,《杨时集》卷十,福州:福建人民出版社,1993年,第222页。
② 杨时:《南康值雨》,《杨时集》卷三十九,福州:福建人民出版社,1993年,第859页。
③ 杨时:《答学者书》其一,《杨时集》卷二十一,福州:福建人民出版社,1993年,第501页。

学将良知实体化，这是需要注意的地方。在杨时的未发已发思想中，中人以下需要通过主静的工夫将澄明的中体呈露出来，其呈露就是已发之和。

第二，未发在涵养。这种致思路径与朱子非常接近，朱子主张格物致知是心正意诚之本，实然之心的凝聚众理才有已发的中节。同样，杨时也主张意诚心正必在于穷尽物理，理有不尽则心有不明，心有不明则不能心正意诚，因此格物穷理是根本的工夫。此时杨时所说的体验未发，实则是涵养实然之心：

> "致知格物"，盖言致知，当极尽物理也。理有不尽，则天下之物皆足以乱吾之知，思祈于意诚心正，远矣。《书》云："惟精惟一，允执厥中。"执中之道，精一是也。夫中者，不偏之谓也。一物不该焉，则偏矣。《中庸》曰"喜怒哀乐之未发谓之中"，但于喜怒哀乐未发之时，以心验之，时中之义自见。

穷理先于诚意，没有认知的明就没有意志的诚。穷理为第一性，主敬、执中才具有意义。杨时用"惟精惟一，允执厥中"说明执中之道，执中的前提是认知何者为中，如果不能明理，则中无从谈起，"一物不该焉，则偏矣"。因此，格物穷理先于正心诚意，格物的目的是使心明，心明则不偏，才有发而中节。这种思想与朱子的"中和新说"较为接近，在"中和新说"中朱子持心性二分论，"心具众理"然后"无不中节，无所乖戾"，欲"心具众理"，则心需凝聚收敛，静的涵养贯通动的察识。

通过以上分析，在杨时思想中存在两种体验未发的观点。第一种是静中体验未发，体认炯炯自明的本心，本心就是未发之中、已发之和，此时心性是一；第二种是未发在涵养，涵养是指凝聚收敛实然之心，使其便于明理，没有事理之明，就没有心之正、意之诚。心明则不偏，才有发而中节。此时心性是二，与朱子思想非常接近。

第二节　伊川：未发是性　已发是情

宋初三先生是理学先驱，他们对"道统""文统""体用"等思想的论述，为理学发展奠定了基础。然而三先生未形成系统学说，二程和朱子的出现才将理学推向高峰。二程中程颢学说圆融、浑沦，程颐学说分解、精切，两者风格各不相同。朱子曾评价程颢："明道说话浑沦，煞高，学者难看。"[1] 他更契合程颐学说，其原因在"盖朱子最不喜笼统说道理"[2]。程颐的学理路径，最终促成了朱子中和新旧二说的转变。牟宗三认为程颐的思想核心是心性二分，其后朱子继承了这种观点，并形成了心性情三分而一体的理学体系："朱子是承伊川之居敬、涵养、致知、格物之义理间架以及对于中和问题之探讨而确定其工夫之入路者。"[3] 除了牟先生外，目前学界存在着多种对程颐学说的不同理解，这使得对未发已发问题的探究各有差异。唐君毅提出"一心两面"之说，强调伊川的心性情可以相通为一，即性情统于一心[4]；马一浮认为伊川学说是"由心见理"，伊川所说的动见天地之心，是指人心善的活动即是理即天地之心，心性实是一[5]；冯友兰认为伊川的性是形上之道，情是形下阴阳之气[6]；劳思光也认为伊川学说心性二分，但他并未承认伊川学说的理具有活动义，同时他认为水波之喻是指性与情是心的两种状态[7]；杨祖汉的观点与牟宗三截然不同，他认为伊川和朱子的心性未必二分，心本具理，格物穷理是将本心之理显现

---

① 黎靖德编：《朱子语类》，北京：中华书局，1985 年，第 2358 页。

② 刘宗周：《刘子遗书》，《文渊阁四库全书》第 717 册，第 109 页。

③ 牟宗三：《心体与性体》下册，《牟宗三全集》第 7 册，台北：台湾联经出版公司，2003 年，第 54 页。

④ 唐君毅：《中国哲学原论·原教篇》，台北：学生书局，2004 年，第 175 页。

⑤ 马一浮著，虞万里校点：《马一浮集（第一册）》，浙江：浙江古籍出版社，1996 年。第 32 页。

⑥ 冯友兰：《中国哲学史》，台北：台湾商务印书馆，1993 年，第 884 页。

⑦ 劳思光：《新编中国哲学史（三上）》，台北：三民书局，2014 年，第 226 页。

出来①；杜保瑞同样持反对牟宗三的观点，他认为伊川学说中的心性情可以为一②；刘乐恒继承了马一浮和唐君毅的观点，反对牟宗三视伊川学说为歧出，他以"对比而融通"的方法解读伊川思想，认为其理有活动义，心性情三者可以为一③。在以上学者的基础上，笔者尝试对伊川未发已发思想进行重新梳理，并指出伊川学说中具备的三种心性关系，这三种心性关系下的未发已发思想各有不同。

一、未发是先天之性，已发是形后之心

在《颜子所好何学论》中，伊川使用"性其情"一语，"性其情"在魏晋时期中较为常见，实则伊川的心性关系与魏晋时期的思想家非常接近。《颜子所好何学论》是伊川二十岁参加科举考试时而作，这篇文章得到胡瑗的赏识，胡瑗遂与伊川以学职："先生始冠，游太学，胡安定以是试诸生，得此论，大惊异之，即请相见，遂以先生为学职。"④在这篇文章中，伊川主要持"未发为性""中动为情""性其情"这三种观点：

> 学之道如何？曰：天地储精，得五行之秀者为人。其本也真而静，其未发也五性具焉，曰仁义礼智信。形既生矣，外物触其形而动其中矣。其中动而七情出焉，曰喜怒哀乐爱恶欲。情既炽而益荡，其性凿矣。是故觉者约其情，使合于中，正其心，养其性，故曰性其情。愚

---

① 杨祖汉：《程伊川、朱子思想型态的当代诠释之反省》，《全球与本土之间的哲学探索：刘述先先生八秩寿庆论文集》，台北：学生书局，第242—243页。

② 杜保瑞：《北宋儒学》，台北：台湾商务印书馆，2005年，第252页。

③ 刘乐恒：《伊川理学新论》，长沙：岳麓书社，2014年，第117页。

④ ［宋］程颢、［宋］程颐著，王孝鱼点校：《二程集·文集卷第八　伊川先生文四　杂著·颜子所好何学论》，北京：中华书局，2004年第2版，第577页。

者则不知制之，纵其情而至于邪僻，梏其性而亡之，故曰情其性。①

天地之间有精存焉，人得五行之秀。人之本真而静，未发则仁义礼智信五性皆具，这是有形之前的状态；有形之后，外物触其形而动其中然后有喜怒哀乐爱恶欲七情，七情翻覆则败坏本性。觉者约束七情，使合于中，正其心，养其性，所以叫"性其情"；愚者不知制约七情，放纵而流于邪僻，禁锢而败坏人之性，所以叫"情其性"。所谓"其未发也五性具焉"，是指人类意识活动之前就已经存在先天的五常之性，这是从宇宙论论人性的起源，并非指人可以通过意识活动接近"未发"的"真而静"状态；有形之后，七情的翻覆会败坏先天的五常之性。问题的关键是"动其中"究竟是"动其性"还是"动其心"？如果"动其中"是"动其性"，那么真而静的本性能够产生自然情感，这是"性动为情"；如果"动其中"是"动其心"，那就是有形之后，人心的感动产生情，这是"心动为情"。从逻辑上来看，五常之性的动而七情出焉似乎缺少中间环节，从逻辑上较难理解；如果是"心动为情"，则从逻辑上更加顺畅。

但是在伊川思想的成熟期，他明确提出"喜怒出于性"，这似乎更接近"性动为情"：

> 问："喜怒出于性否？"曰："固是。才有生识，便有性，有性便有情。无性安得情？"又问："喜怒出于外，如何？"曰："非出于外，感于外而发于中也。"问："性之有喜怒，犹水之有波否？"曰："然。湛然平静如镜者，水之性也。及遇沙石，或地势不平，便有湍激；或风行其上，便为波涛汹涌。此岂水之性也哉？人性中只有四端，又岂有许多不善底事？然无水安得波浪，无性安得情也？"②

---

① ［宋］程颢、［宋］程颐著，王孝鱼点校：《二程集·文集卷第八 伊川先生文四 杂著·颜子所何好学论》，北京：中华书局，2004年第2版，第577页。

② ［宋］程颢、［宋］程颐著，王孝鱼点校：《二程集·遗书卷第十八 伊川先生语四·刘元承手编》，北京：中华书局，2004年第2版，第204页。

有生识便有性，所以有性便有情。喜怒是由外物之感和中之动共同作用产生的。按照伊川的观点，喜怒是情，仁义礼智信是性，性与喜怒的关系如同水之性与波浪，表面上看性之动为情似乎是成立的，因为水之动为波。但实则水、水之性、水之动为波三者关系为：水之动为波，但水之性之动为波则不成立；同理，人之性之动为情也不成立，所以伊川说"才有生识，便有性"，应该是指心之动为情。这与上文我们分析的《颜子所好何学论》思想相一致。

从上文的分析中，可以看到：五常之性是先天的存在，且先于形、心而存在，形而后人表现出生识的能力，然后有七情。没有五常之性就没有人，没有人就没有生识，就没有七情，所以说"喜怒出于性"。五常之性具有普遍义，不分上智、下愚，人人相同，"性即是理，理则自尧、舜至于涂人，一也"①。但在这种关系下，心和性是分离的，性先于心而存在，而在形而后，人获得了生识，才有七情的诞生。在这种关系下，形而后的心应该去成就先天的性。如此一来，伊川所说的未发是性，已发是情，就是从心性分离的角度而言，当他说未发是性，是寂然不动时，实际上是"未发"不是指主体的意识活动之未发，而是指形之前的五常之性的存在，所以他说是理："性即理也，所谓理，性是也。天下之理，原其所自，未有不善。喜怒哀乐未发，何尝不善？发而中节，则无往而不善。凡言善恶，皆先善而后恶；言吉凶，皆先吉而后凶；言是非，皆先是而后非。"②"喜怒哀乐未发"和"发而中节"之发的主语完全不同，"喜怒哀乐之未发"实际上是指"其本也真而静，其未发也五性具焉，曰仁义礼智信"，而"发而中节"是指"使合于中，正其心，养其性"，前者指涉先天的性，后者指涉形而后的心。

---

① ［宋］程颢、［宋］程颐著，王孝鱼点校：《二程集·遗书卷第十八　伊川先生语四·刘元承手编》，北京：中华书局，2004 年第 2 版，第 204 页。

② ［宋］程颢、［宋］程颐著，王孝鱼点校：《二程集·遗书卷第二十二上　伊川先生语八上·伊川杂录》，北京：中华书局，2004 年第 2 版，第 292 页。

二、未发已发是"心即性"之发

心性是一通常是心学的核心思想，在心学的奠基者陆九渊那里，心即性即理，具有超越义、普遍义和客观义以及明觉义，因而本心就是未发之中、已发之和。在伊川的思想中也存在着类似的思想："心即性也。在天为命，在人为性，论其所主为心，其实只是一个道。"① 对伊川而言，心性是一的根据又是什么？他曾以谷种比喻仁：

> 问："仁与心何异？"曰："心是所主处，仁是就事言。"曰："若是，则仁是心之用否？"曰："固是。若说仁者心之用，则不可。心譬如身，四端如四支。四支固是身所用，只可谓身之四支。如四端固具于心，然亦未可便谓之心之用。"或曰："譬如五谷之种，必待阳气而生。"曰："非是。阳气发处，却是情也。心譬如谷种，生之性便是仁也。"②

伊川指出"仁是心之用""仁者心之用"两者存在差异，"仁是心之用"意为仁是性，性是心之体，心的承体起用然后有仁之用；"仁者心之用"意味着仁是主观的心灵展现出的一种道德行为，不具有普遍性。"谷种"说鲜明地揭示了两者差别：谷种之性是生，人之性是仁；生是谷种本身具有的特性，并非外在的；仁是人之性，人之性自然就能展现出仁。这就比较容易理解为什么伊川将心理解为"生道"，而非"生"："心，生道也，有是心，斯具是形以生。恻隐之心，人之生道也，虽桀、跖不能无是以生，但戕贼之以灭天耳。始则不知爱物，俄而至于忍，安之以至于杀，

---

① ［宋］程颢、［宋］程颐著，王孝鱼点校：《二程集·遗书卷第十八　伊川先生语四·刘元承手编》，北京：中华书局，2004年第2版，第204页。

② ［宋］程颢、［宋］程颐著，王孝鱼点校：《二程集·遗书卷第十八　伊川先生语四·刘元承手编》，北京：中华书局，2004年第2版，第183—184页。

充之以至于好杀，岂人理也哉？"①"心，生道也"意味着心是理的呈现，所以恻隐之心就是性。形之所以能成在于理，理是创生的根源。从这个角度而言，人心就是天地之心："人之心即天地之心，一物之理即万物之理，一日之运即一岁之运。"②"动见天地之心"则意味着心的活动就是理的呈现。这就不难理解，为何清代学者顾諟将阳明心学"心即理"追溯于伊川"心即道"，即认为两者一脉相承③。伊川的这种思想，表现在未发已发问题上，与心学较为接近。从伊川的整体思想而言，"心即性"观点并不能代表其全貌，其基本思想仍以朱子继承的心性是二学说为代表。

三、圣人之心是"未发之中、已发之和"

第三种心性关系较为特殊，先来看伊川说心体无限量：

> 问："人之形体有限量，心有限量否？"曰："论心之形，则安得无限量？"又问："心之妙用有限量否？"曰："自是人有限量。以有限之形，有限之气，苟不通之以道，安得无限量？孟子曰：'尽其心，知其性。'心即性也。在天为命，在人为性，论其所主为心，其实只是一个道。苟能通之以道，又岂有限量？天下更无性外之物。若云有限量，除是性外有物始得。"④

---

① ［宋］程颢、［宋］程颐著，王孝鱼点校：《二程集·遗书卷第二十一下　伊川先生语七下·附师说后》，北京：中华书局，2004 年第 2 版，第 274 页。

② ［宋］程颢、［宋］程颐著，王孝鱼点校：《二程集·遗书卷第二上　二先生语二上·元丰己未吕与叔东见二先生语》，北京：中华书局，2004 年第 2 版，第 13 页。

③ ［清］黄宗羲原撰，［清］全祖望补修，陈金生、梁运华点校：《宋元学案·卷十五　伊川学案上·胡周门人·正公程伊川先生颐·语录》，北京：中华书局，1986 年第 616 页。

④ ［宋］程颢、［宋］程颐著，王孝鱼点校：《二程集·遗书卷第十八　伊川先生语四·刘元承手编》，北京：中华书局，2004 年第 2 版，第 204 页。

在这段话中，伊川明确提出"心即性也"观点，并认为在天为命，在人为性，心之妙用就是性的体现，心的妙用是指心灵通之以道得无限量之用。心的妙用包含知觉义，伊川曾以知觉运动赞叹人性之伟大，千里之远、千岁之久，转瞬即逝，思维能使之重现，历历在目："千里之远，数千岁之日，其所动静起居，随若亡矣，然时而思之，则千里之远在于目前，数千岁之久无异数日之近，人之性则亦大矣。"① 知觉运动是生识，伊川借以感叹人性的伟大，但是知觉可以为善也可以为恶，如淫思妄念之发动甚于迅雷。伊川显然意识到了这个问题，所以他认为心的无限量前提是"通之以道"，如果不以其道，那么心体就没有无限量可言，这也就意味着心的"无限量"并非一种客观义，而是有待主观完成。在这种观点下，"心即性也"又如何成立？笔者认为此时的"心即性也"是指圣人，因此这种心性是一的关系是一种特殊形态，较接近境界论。圣人之心是浑然天理，可以说"心即性"："圣人视亿兆之心犹一心者，通于理而已。文明则能烛理，故能明大同之义；刚健则能克己，故能尽大同之道；然后能中正合乎乾行也。"② 这种心性模式下，未发之中、已发之和是圣人独有。

以上我们分析了伊川学说中三种心性关系，第一种是最为明晰的心性关系，性是先天的、客观的必然之理，心是形而后的、经验的实然之心，先天的性或理是形而后之心的依据、准则；第二种接近心学的心性关系，心即性即理，本心的呈露就是性体的流行；第三种是最为复杂、隐晦的心性关系，属于特殊性的心性关系，圣人之心浑然天理，可称之为"心即性"，接近境界论，不具备普遍性，所以是特殊形态。厘清这三种心性关系，将为我们进一步分析《与吕大临论中书》《与苏季明论已发未发》做好铺垫。

---

① ［宋］程颢、［宋］程颐著，王孝鱼点校：《二程集·遗书卷第二十五　伊川先生语十一·畅潜道录》，北京：中华书局，2004 年第 2 版，第 318 页。

② ［宋］程颢、［宋］程颐著，王孝鱼点校：《二程集·周易程氏传卷第一　周易上经上·同人》，北京：中华书局，2004 年第 2 版，第 764 页。

在《与吕大临论中书》中，伊川的观点可以概括为以下几点：第一，赤子之心"发而未远于中"，但不能说就是"中"；第二，心分体用，未发是体，已发是用，心之体是寂然不动，心之用是感而遂通；第三，"中"是状性之体段，而不是性本身，如天圆而地方，不能以圆方指代天地，但从根本上来说，性亦无体段，"若谓性有体段亦不可，姑假此以明彼"。

第一，伊川认为"中即道"，反对"道出于中"。"中也者，天下之大本也"，中是大本；"和也者，天下之达道也"，和是达道，达道是循性的结果，是承体起用之用。吕大临持"中即性即心"观点，所以他认为中就是和，大本就是达道。伊川所说的性是不动的，是先天的存在，需要人心去起用，自性而行："自性而行，皆善也。……舍此而行，是悖其性也，是悖其道也。而世人皆言性也，道也，与五者异，其亦弗学欤！其亦未体其性也欤！其亦不知道之所存欤！"①

第二，反驳"中即性"。吕大临持心即性即理，性理有活动义，非先天的存在，而属于内在的生成性。伊川认为"中"是状性之体段，而不是性本身，如天圆而地方，不能以圆方指代天地，但从根本上来说，性亦无体段，"若谓性有体段亦不可，姑假此以明彼"。

第三，赤子之心"发而未远于中"，但不能说就是"中"。吕大临对中为赤子之心的论述较多，他以赤子之心的纯一无伪形容本心的浑然天理，此心之发无往而不中，"此心所发，纯是义理，与天下之所同然，安得不和"？伊川则认为赤子之心不知善恶，不能称之为"天下之大本"。

第四，心分体用，未发是体，已发是用，心之体是寂然不动，心之用是感而遂通。伊川也承认将心视为知觉运动是不合适的，"凡言心者，指已发而言，此固未当"。他进而指出，心之体是理，寂然不动，心之用是感而遂通，如此一来未发已发、大本达道与心的体用关系就明晰起来了。

---

① ［宋］程颢、［宋］程颐著，王孝鱼点校：《二程集·遗书卷第二十五 伊川先生语十一·畅潜道录》，北京：中华书局，2004年第2版，第318页。

在《与吕大临论中书》一文中，伊川的心性二分思想较为明晰。性不具备活动义，而是作为规范的先天之理存在，正如陈来在《宋明理学》一书中指出："程颐认为性即理，实际上是以社会的道德原则为人类永恒不变的本性。在他看来，先验的道德理性决定着道德法则，而且是宇宙的根本规律。"① 心性二分的工夫论则是"涵养须用敬，进学在致知"，以涵养收摄形而后经验之心，以进学格物明理，以"集义"使明理之心付诸道德实践。

除了《与吕大临论中书》外，《与苏季明论已发未发》一文也呈现了伊川对未发已发问题的思考。伊川认为未发只能涵养，不能求中。他反对求中，因为求中于未发有堕入佛老寂灭之学的危险。同时也反对主静，甚至改王弼"静见天地之心"为"动见天地之心"，"才说静，便入于释氏之说也。不用静字，只用敬字。才说着静字，便是忘也。孟子曰：'必有事焉而勿正，心勿忘，勿助长也。'必有事焉，便是心勿忘；勿正，便是勿助长"②。主静并不能让人认识到先天的理存在，唯有收摄此心，使其凝聚众理，才能发而中节，这才是真正的工夫。

在《与吕大临论中书》和《与苏季明论已发未发》中，伊川对未发已发问题的思考非常明晰，他并没有将心性是一的观点掺杂进去，也并未视未发之中、已发之和为圣人独有。就这两篇文献而言，伊川对未发已发观点的思考以心性二分为基础，因此笔者较为赞同牟宗三的观点，但从伊川整体思想而言，不能否认他持有心性是一的观点，这也是为什么清代学者顾諟将阳明"心即理"的思想追溯至伊川。

---

① 陈来：《宋明理学》，北京：北京大学出版社，2020 年，第 118 页。

② ［宋］程颢、［宋］程颐著，王孝鱼点校：《二程集·遗书卷第十八　伊川先生语四·刘元承手编》，北京：中华书局，2004 年第 2 版，第 189 页。

第三节　朱子的心性二分解——以中和新旧二说为中心

朱子对《中庸》首章"未发之中"问题的思考，贯穿了终生，就思想内容而言，有新旧二说之分。新旧之分，以朱子四十三岁《中和旧说序》一文的创作为标志。早在朱子四十岁之时，其与蔡季通论辩中和问题，便已反思旧说，"乾道己丑之春，为友人蔡季通言之，问辨之际，余忽自疑"①，这就是著名的己丑之悟。新说内容见于《已发未发说》《与湖南诸公论中和》《答张钦夫》等篇目中，今摘录其中关键段落，以论述新说定论之梗概：

> 按《文集》《遗书》诸说，似皆以思虑未萌、事物未至之时，为喜怒哀乐之未发。当此之时，却是此心寂然不动之体，而天命之性体具焉。以其无过不及，不偏不倚，故谓之中。及其感而遂通天下之故，则喜怒哀乐之情发焉，而心之用可见。以其无不中节，无所乖戾，故谓之和。此则人心之正，而性情之德然也。
>
> 然未发之前，不可寻觅，已发之后，不容安排。但平日庄敬涵养之功至，而无人欲之私以轧之，则其未发也，镜明水止，而其发也，无不中节矣。此是日用本领工夫。至于随事省察，即物推明，亦必以是为本。而"于已发之际观之"，则其具于未发之前者，固可默识。故程子之答苏季明，反复论辩，极于详密，而卒之不过以敬为言。又曰："敬而无失，即所以中。"又曰："入道莫如敬，未有致知而不在敬者。"又曰："涵养须用敬，进学则在致知。"盖为此也。②（《与湖南诸公论中和》）

在这封书信中，朱子反思旧说，提出了新的观点：第一，中是指未发

---

① 王懋竑：《朱子年谱》，北京：中华书局，1998 年，第 41 页。

② 王懋竑：《朱子年谱》，北京：中华书局，1998 年，第 42 页。

之时，心寂然不动，性之体段具焉，以其无过不及，不偏不倚，所以称之为中；第二，当感而遂通时，喜怒哀乐出焉，此时可见心之用，以其无不中节，无所乖戾，所以称之为和；第三，就工夫而言，以平时"庄敬涵养"为主，"庄敬涵养"是为了心静理明，譬如镜明水止，然后发时无不中节；第四，致知之本在敬，"盖欲应事先需穷理，而欲穷理，又须养得心地本原虚静明彻"。

在此基础上，朱子认为旧说的问题在于，使人急于求成，失其大本：

> 来谕所谓"学者须先察识端倪之发，然后可加存养之功。"则熹于此不能无疑。盖发处固当察识，但人自有未发时，此处便合存养。岂可必待发而后察，察而后存耶？且从初不曾存养，便欲随事察识，窃恐浩浩茫茫，无下手处。而毫厘之差，千里之谬，将有不可胜言者。[1]（《答张钦夫》）

朱子如此看重"涵养"工夫，是因为他认识到"察识端倪为最初下手处"的问题，即察识"天命流行，生生不已之机""寂然之本体""天理本真""大本""良心"[2]（《与张钦夫》）容易导致"急迫浮露，无复雍容深厚之风"（《与湖南诸公论中和》）。换而言之，察识到天命流行之体，亦未必能发而皆中节，因为认知不等于成德，所以朱子新说强调以涵养为本，涵养此心之正，才能发而中节。

对比新、旧学说内容，可知两者差异之大。在旧说中，朱子以"未发为性，已发为心"，而实际上"未发之中"是性、本心、理合一且是一的天命流行之体；已发是良心之发见，良心之发即是天理之发，所以能为"天下之大本"。在新说中，"未发之中"是"思虑未萌，事物未至之时"，"心寂然不动，无过不及，不偏不倚"，指"性之体段"："于此便可见性之体

---

[1] 王懋竑：《朱子年谱》，北京：中华书局，1998年，第44页。

[2] 王懋竑：《朱子年谱》，北京：中华书局，1998年，第27页。

段，故可谓之中，而不可谓之性也。"(《答林择之书》）心是实然之心，需要收敛凝聚，才能"心具众理""心统性情"，然后发而中节。就工夫论而言，旧说是先察识后涵养，新说则是先涵养后察识。旧说认为"致察而操存"此天命流行之体，则"可以贯乎大本达道之全体而复其初矣"（《与张钦夫》），倘若"不察于良心发见处，即渺渺茫茫，恐无下手也"（《答何叔京》），其凭借的是致知的工夫；新说则是以涵养为本，"且从初不曾存养，便欲随事察识，襄恐浩浩茫茫，无下手处"（《答张钦夫》），静时涵养为本，动时格物穷理、察识致知为用。朱子反省旧说，认为问题在于"闭却平日涵养一段工夫，使人胸中扰扰，无深潜纯一之味"（《与湖南诸公论中和》），即忽略了涵养的工夫，导致人心和天理的隔阂。新说定论注重正心诚意，心的凝聚收敛才能"具众理"，然后"无不中节，无所乖戾"。

在这种转变中，心、性被分解为异质的两层关系，获得了更清晰的界定，其根源在于理气二分。所谓理气二分，是指形上之理与形下之气分属为两种异质关系。形上之理又可称为超越之理、天地之性、形体之理等等："人受天地之中以生，其未感也纯粹至善，万理具焉，所谓性也。"[1]人之形源于气，人之性源于理，理、气和合而化生万物，有理才有人之性，有气才有人之形。朱子认为所赋之理人人相同，所禀之气则有清、薄之分，所以人生而有善恶之别，"有自幼而善，有自幼而恶，是气禀有然也。"[2]所谓"气禀之杂"就是指人生而所禀赋之气不清不纯，既而影响其形体之视听言行，圣人所赋之理与人无异，所禀之气清明纯粹，故能尽性而践形。至于形上之理与形下之气二者关系，朱子认为理先于气，理超越于气而自存有："性者理而已矣，不可以聚散言；其聚而生，散而死者，气而已矣。所谓精神魂魄有知有觉者，皆气所为也。故聚则有，散则无，

---

① 《朱子大全》，四库全书第 721 册，第 127 页。
② 《近思录》，上海：上海古籍出版社，2000 年，第 31 页。

若理则初不为聚散而有无也。"① 由于理在气先，所以性与心的关系属于两种不同的存在方式，理或性卓然自立，与气或心相分离。值得注意的是，朱子关于理、气二者关系的思想一直处于复杂的发展之中，但理始终处于第一性地位，学者陈来在《朱子哲学研究》一书中，从本源和构成两个维度对朱子的理、气思想进行了系统梳理②，对此问题本文不再过多展开，亦超出本文论域。

再看旧说。在旧说中，由于天理才能称得上"天下之大本"，故朱子将其指向为客观的天命流行之体本身，其自身则是"寂感一如"③的综合体，包含了心性、理气等诸多概念，是一个浑然一体的概念，如牟宗三所说"骨肉皮毛一口吞"④。在新说中，朱子从心的寂然不动和性的浑然两层关系来解释"未发之中"，与旧说的本心或良心截然不同；论性，新旧二说皆指理，但当心、性被分为异质的两层，性则相对心而言成为独立的、超越的存在，并最终形成了理气或性心二分的思想："性者理而已矣，不可以聚散言；其聚而生，散而死者，气而已矣。所谓精神魂魄有知有觉者，皆气所为也。故聚则有，散则无，若理则初不为聚散而有无也。"⑤ 从工夫论而言，既然理是第一性的，就要求穷理在践形之先，否则如瞎子行路，必然误入歧途：

> 程子曰："诚敬固不可以不勉，然天下之理不先知之，亦未有能勉以行之者也。故大学之序，先致知而后诚意，其等有不可躐者。苟无

---

① 《朱子大全》，四库全书第721册，第435页。

② 陈来：《朱子哲学研究》，上海：华东师范大学出版社，2000年，第99页。

③ 牟宗三：《心体与性体》，《牟宗三全集》第7册，台北：联经出版事业公司，2003年，第101页。

④ 牟宗三：《心体与性体》，《牟宗三全集》第7册，台北：联经出版事业公司，2003年，第101页。

⑤ 朱熹：《文集》第3册，《朱子全书》第22册，上海古籍出版社、安徽教育出版社，2002年，第2081页。

圣人之聪明睿智，而徒欲勉焉以践其行事之迹，则亦安能如彼之动容周旋无不中礼也哉？惟其烛理之明，乃能不待勉强而自乐循礼尔。"①

穷理在先，力行在后，才能保证践形的正当性，这个过程符合《大学》八条目之序，由知至而后意诚，意诚而后心正，然后身修、家齐、国治、天下平。与此同时，朱子也强调力行的重要："致知、力行，用功不可偏。……但只要分先后轻重。论先后，当以致知为先；论轻重，当以力行为重。"②但朱子无法弥缝两者的冲突，在于其以"理先于气"立论，正如陈来先生所言"认为一般规律可以先于整个世界存在……正是理学程朱派所犯的错误"。③

此外，朱子就动静关系对"未发之中"问题进行了补充，他认为"未发之中"应"以静为本"。所谓"以静为本"，是指"于思虑未起，事物未交"时"性之体段具焉"，此时持敬涵养以正心诚意，心静理明，然后喜怒哀乐之发，中节合道。静时所涵养的心，能兼该动时，发而中节。

值得注意的是，朱子在对未发已发的论述中，还有另一种用法，即"未发之中"是性：

性情一物，其所以分，只为未发已发之不同耳。若不以未发已发分之，则何者为性，何者为情耶？④

情之未发者性也，是乃所谓中也，天下之大本也。性之已发者情也，其皆中节则所谓和也，天下之达道也。皆天理之自然也。妙性情之德者心也。⑤

---

① 《四书或问》，四库全书第197册，第231页。
② 《朱子语类》，四库全书第700册，第138页。
③ 陈来：《朱子哲学研究》，上海：华东师范大学出版社，2000年，第94页。
④ 朱熹：《文集》第3册，《朱子全书》第22册，上海古籍出版社、安徽教育出版社，2002年，第1830页。
⑤ 朱熹：《文集》第4册，《朱子全书》第23册，上海古籍出版社、安徽教育出版社，2002年，第3274页。

情是性的表现，性是情的根据，学者陈来指出"朱熹对未发已发的使用更多用以指性与情之间的体用关系"[①]，但不管朱子新说在何种意义上阐释"未发之中"，其心性二分模式已基本确立。

总之，在新旧学说对比中，可以看到朱子对未发已发问题的阐释发生了明显变化。旧说认为"未发之中"是"天命流行，生生不已之机""寂然之本体""天理本真""大本""良心"，未对心性关系作出清晰界定；新说认为"未发之中"是指"心寂然不动"和"性之体段"，或是"未发为性""已发为情"，其心、性二分模式得到了确立，并最终成为朱子理学体系的特征之一。

第四节　曹端："太极动静说"视域下的未发已发论

曹端认为未发已发之"发"是性之发，性纯善无恶，故为"天下之大本也"。如何让性或曰理发露出来？曹端认为这需要预养、扩充本心，这个过程就是克服人心、归复道心的过程："本心一也，已发在于扩充，未发在于预养，心得其养而扩充焉，即致中和之谓也，则天地位而万物育者，不言可知。"[②]需要注意的是，克服人心并不意味着道心就能直接呈露出来，还需要"精一"的贞定工夫，曹端在解释《蒙》卦时，说道："'山下出泉'，蒙大象文。山静泉清，有以全其未发之善，故其行可果。"[③]"山静泉清，有以全其未发之善"，曹端并未直言"山静泉清"即为"未发之善"，而是说"有以全其未发之善"，也就是说可以达到充盈未发之善的状态。与此同时，曹端还将心等于太极，"有生而为人……故其心为最灵，而

---

① 陈来：《宋明理学》，北京：北京大学出版社，2020年，第198页。

② 曹端：《曹端集》，北京：中华书局，2003年，第213页。

③ 曹端：《曹端集》，北京：中华书局，2003年，第113页。

有以不失其性之全，所以天地之性人为贵也。……盖人心即太极也"①，但并不意味着曹端属于心学派系。曹端论未发已发更重要的特征围绕太极展开。曹端认为未发是"实理之体""太极之静而阴"，"本然而未发者，实理之体，即太极之静而阴也"②，已发是"实理之用""太极之动而阳"，"善应而不测者，实理之用，即太极之动而阳也"③。下文先分析太极动静问题，再分析其未发已发思想。

一、太极能动静

先来看曹端关于太极的观念。他认为太极就是理，太极自身会动会静，"太极，理之别名耳。天道之立，实理所为。理学之源，实天所出"。曹端对太极的认识建立在批判朱子学说基础之上。朱子认为太极无动静，动静是形下层面的，太极是形上之太极。在《答杨子直》中，朱子说道："盖一谓太极含动静则可（朱熹自注：以本体而言也），谓太极有动静则可（朱熹自注：以流行而言也），若谓太极便是动静则是形上形下不分。"朱子的表述很清楚，太极是超越形下的存在，没有动静之分。但是，周子《太极图说》和朱子《太极解义》都持太极自身有动静一说，与《朱子语类》中朱子否认太极有动静之说相矛盾。曹端不认同《朱子语类》"太极无动静"观点：

> 先贤之解太极图说，固将以发明周子之微辞，用释后生之疑惑，然而有人各一说者焉，有一人之说而自相龃龉者焉，且周子谓"太极动而生阳，静而生阴"，则阴阳之理由乎太极之动静。而朱子之解极明备矣，其曰"有太极，则一动一静而两仪分；有阴阳，则一变一合

---

① 曹端：《曹端集》，北京：中华书局，2003 年，第 8 页。
② 曹端：《曹端集》，北京：中华书局，2003 年，第 38 页。
③ 曹端：《曹端集》，北京：中华书局，2003 年，第 38 页。

而五行具"，尤不异焉。又观语录，却谓"太极不自会动静，乘阴阳之动静而动静"耳，遂谓"理之乘气，犹人之乘马，马之一出一入，而人亦与之一出一入"，以喻气之一动一静，而理亦与之一动一静。若然，则人为死人，而不足为万物之灵，理为死理，而不足为万物之原，理何足尚而人何足贵哉？今有活人骑马，则其出入、行止、疾徐，一由乎人驭之何如尔。活理亦然。不之察者，信此则疑彼矣，信彼则疑此矣，经年累岁，无所折衷，故为《辨戾》，以告夫同志君子。[①]

这段文字出自《太极辨戾》，曹端认为周敦颐所说的"太极动而生阳，静而生阴"一语，实则已指出太极有动静、由太极之动静而生阴阳之理。曹端认同朱子的解释"有太极，则一动一静而两仪分；有阴阳，则一变一合而五行具"，即太极有动有静，其一动一静而阴阳分判，阴阳一变一合而五行相成。但是在《语录》中，朱子提出新的看法：太极自身不会动静，随着阴阳二气的动静而动静，理譬如人，气譬如马，人之乘马，人随着马的动静而动静。曹端批评了朱子太极无动静之说，他认为朱子的问题在于：就理气关系而言，理是根本，是气之变化开阖的所以然，理驾驭着气，如同人驾驭着马，所以朱子以人随马动譬喻理气关系是不恰当的。恰当的比喻应是活人乘马，马之出入、行止、疾徐皆源于人的驾驭，所以太极有动静之分。曹端反对将理视为形上的超越之理，他将理气关系比喻为"活人乘马"，实则指出一方面理是气的主宰者，另一方面理通过气的运动得以呈现。这种理气关系决定了性心关系并非一种异质的形上、形下关系。

---

① 曹端：《曹端集》，北京：中华书局，2003年，第23—24页。

二、未发是太极之静　已发是太极之动

在太极能动静的基础之上，再来看未发已发问题。曹端认为"发"是理之用，理是太极，所以未发是太极之静，已发是太极之动。那么如何理解未发是"太极之静而阴"，已发是"太极之动而阳"呢？曹端认为太极有动有静，太极是"象数未形而其理已具之称"：

> 太极者，象数未形而其理已具之称，形器已具而其理无朕之目。……生之者皆太极焉。无谓无形象，无声气，无方所。极谓至极，理之别名也。太者，大无以加之谓。……惟理则无形象之可见，无声气之可闻，无方所之可指，而实充塞天地之间贯彻古今。……太极，理也。阴阳，气也。有理则有气，气之所在，理之所在也。……太极是就阴阳之动静，而指为是动静之本体也。[①]

曹端认为"有理则有气"，太极是阴阳变化的本体，极为至极，是理之别名。太极是象数未形而万理聚焉之称，形器皆已完具，其理则冲漠无朕。太极就是无极，"无"表示无形象、无声气、无方所，"极"表示形上之理，"太"表示无以复加。理没有形象可见，没有声音可闻，没有方所可指，但充满宇宙、贯通古今。太极是阴阳动静之本体，阴阳的动静随着本体的活动而展现出来，所以说"太极之静而阴""太极之动而阳"，这观点从根本上与其理气论密不可分：

> 极为至极，理之别名也。太者，大无以加之称。……惟理，则无形象之可见，无声气之可闻，无方所之可指，而实充塞天地，贯彻古今，大孰加焉……太极者，本然之妙，而有动静焉。动静者，所乘之机也，而无止息焉。……太极之动，不生于动而生于静，是静为动之

---

① 曹端：《曹端集》，北京：中华书局，2003年，第1—3页。

根。太极之静，不生于静而生于动，是动为静之根。静，则太极之体立
而阴以分；动，则太极之用行而阳以分。于是天地定位而两仪立矣。①

曹端对于理气关系的认识是：第一，理气不离，理在气中。没有离开理
的气，也没有离开气的理，"气以理而生，理以气而实，无彼此之间也"，
"太极，理也。阴阳，气也。有理则有气，气之所在，理之所在也，理岂
离乎气哉"；第二，理气不杂。虽然理气不离，但理气之间不是相互掺杂
的关系，作为本体的理主宰气的运动，气得到理的主宰从而变化开阖。因
此"太极之静而阴"是指"太极之体立而阴以分"，即作为本体的理之确
立，指引气之运动，"太极以静而立其体，以动而行其用，则天下万事之
体用由之，序《易》者有曰'体用一原'，一原即太极也"。所以"太极之
静而阴""太极之动而阳"应该如是解：太极自身具有能动静的特质，它自
发的动、自发的静，动静相互涵摄。太极之动是来自自身之静的特质，静
而产生阴；太极之动来自自身之动的特质，动而产生阳，动静互为其根。
太极有动的特质遂产生阳气，有静的特质遂产生阴气。

综上所述，未发是"实理之体""太极之静而阴"，已发是"实理之
用""太极之动而阳"，应如是解：就未发已发为"实理之体""实理之用"
而言，实际上曹端是将理气关系分离出来，形上之理是体，形下之气是
用。此时喜怒哀乐是一种道德情感，未发已发之发是理气二分下的理气合
一（而非是一）的发用。"太极之静而阴""太极之动而阳"将未发已发问
题引入存有论领域，与实然之心的未发与已发截然不同，这必须联系曹端
"人心即太极"一说进行理解。由于太极即理，人心源自太极分判阴阳二
气，人心就是理的体现，所以说太极之动静互为其根，人心之活动即体现
太极之动静。

需要注意的是，曹端理学思想核心是理气不离，但是他所强调的理气

---

① 曹端：《曹端集》，北京：中华书局，2003年，第5—6页。

不离，是在理气二分的基础上建立的。他仍是将理、太极视作本体，作为大化流行的本源、超验的实存，所以遭到黄宗羲的批评："先生之辨虽为明晰，然详以理驭气，仍为二之。气必待驭于理，则气为死物，抑知理气之名，由人而造，自其浮沉升降者而言，则谓之气，自其浮沉升降不失其则者而言，则谓之理。盖一物而两名，非两物而一体也。"①黄宗羲认为理是宇宙变化之总名，是人通过经验概括而出的，并非独立的、超验的实体。牟宗三在《心体与性体》一书中，也指出曹端误解朱子思想："曹端（号月川）见出濂溪之意实是'太极动而生阳'，'静而生阴'，'阴阳之生由乎动静'，此是也，但以为朱子之注语亦是'明备'而'不异'乎此，则非是。彼不解朱子注语之背景。彼以为注语与《语录》相矛盾相决，此则为注语表面辞语所迷惑，而不知朱子思理实一贯也。……故注语之言'太极有动静'须另眼相看，其表面辞语虽'不异'，而其意指实有异也。此则为曹端所看不出来矣。至于彼以为濂溪所言之太极是'活理'，是也，但以为朱子注语所说太极亦是活理，至《语录》中成为'死理'则非是。朱子注语与《语录》既一贯，则朱子实认'太极不自会动静，乘阴阳之动静而为动静耳'。理固无所谓死活，但朱子所意谓之理是只存有而不活动者则无疑。彼知'死理'为非是，但不知朱子之意实如此也。彼以为理应当是'活理'，此不错，但不知理如何能成为活理，亦不知镰溪所言之太极何以是活理也。只看'太极动而生阳'一语便认为是'活理'，宜其看不出朱子注语之有所殊指也。此而看不出，则其对于理之死活之关键未有所知亦明矣。"②

　　总之，曹端对未发已发问题的阐释，带有明显的理学色彩。他认为未发是性，唯有性才能称得上"天下之大本"，性是理，理即太极，太极有动静之分，太极之动是来自自身之静的特质，静而产生阴；太极之动来自

---

① 黄宗羲：《孺学案》，北京：中华书局年，1985，第1064页。

② 牟宗三：《心体与性体》（上），上海：上海古籍出版社，1999年，第332—333页。

自身之动的特质，动而产生阳，所以说未发是太极之静而阴，已发是太极之动而阳。

第五节　薛瑄：未发之中是"至虚至明之心体""寂然不动""性"，已发之和是"心体之用""感而遂通""情"

一、"至虚至明"之心体与未发已发关系

薛瑄论未发已发最大特点便是凸显"至虚至明之心体"。首先，他认为未发已发之发是心体之发，此心体至虚至明，不偏不倚，当其寂然不动，便是喜怒哀乐未发之中，天下之大本；当其感而遂通，即喜怒哀乐发而中节之和，天下之达道："故心体至虚至明，寂然不动，即喜怒哀乐未发之中，天下之大本也。心之应物，各得其当者，感而遂通，即喜怒哀乐发而中节之和，天下之达道也。"① 其次，"至虚至明之心体"是本体，此本体决定万理存在，"万物本诸天，万理本诸心"②，"万起万灭而本体湛然有常者，其心之谓欤"③。此本体恒存，不因人的知觉思虑停止而停止，"天不以隆冬大寒而息其生物之机缄，人不以熟寝大寐而息其虚灵之知觉"④，也不受外界事物的干扰，它自在、恒在，"雷电风雨，参错交动于下，而太虚之本体自若万事万变，纷纭胶扰于外，而吾心之本体自如"⑤。再次，薛瑄所说的"至虚至明之心体"有知觉义、主宰义。"至虚至明之心体"

---

① 薛瑄：《薛瑄全集·读书续录卷三》，太原：山西人民出版社，1990年，第1367—1368页。
② 薛瑄：《薛瑄全集·读书录卷五》，太原：山西人民出版社，1990年，第1146页。
③ 薛瑄：《薛瑄全集·读书录卷六》，太原：山西人民出版社，1990年，第1179页。
④ 薛瑄：《薛瑄全集·读书录卷七》，太原：山西人民出版社，1990年，第1210页。
⑤ 薛瑄：《薛瑄全集·读书录卷九》，太原：山西人民出版社，1990年，第1241页。

能知觉思虑，有感通之能，是"理气之妙"，"心比性则微有迹，比气则自然又灵""心是气之精爽""心者，气之灵而理之枢也"①。心的知觉义尚不能含括"至虚至明之心体"之所有，因为心的知觉运动会随着休息而停止，而本体义的心体是无休无息的。另外，"至虚至明之心体"有主宰义。主宰义体现在对耳目之官的统摄上，"视其色在目，而知其色之理在心；听其声在耳，而知其声之理在心；食其味在口，而知其味之理在心闻其香在鼻，而知其香之理在心。此心所以为一身之主宰也"，"耳、目、口、鼻各专一事，而心则无不通"②。心体之所以超越耳目之官在于其超越感官的感性层面，而具有感通的能力。这三层含义构成了"至虚至明之心体"的内涵。

那么，"至虚至明之心体"来源于何处？薛瑄认为"至虚至明之心体"是太极，它本身就是太极而非源于太极，"雷电风雨，参错交动于下，而太虚之本体自若；万事万变，纷纭胶扰于外，而吾心之本体自如"③，又"《通书》曰：'诚者，圣人之本。'诚，太极也，即《中庸》喜怒哀乐未发之中也"④。对薛瑄而言，太极并非高深难测的存在，太极即性、理、道，同体而异名："诚、命、性、理、太极、道，名虽殊实一理也。"⑤因此，"至虚至明之心体"展现出的创生、主宰义与太极相通，可以说就是太极的自我展现。所以也可以说未发是性，已发是情，"大德敦化者，中也，性也，一也；小德川流者，和也，情也，贯也"⑥。值得注意的是，在薛瑄看来性是无为的，必须借助心的涵摄才能呈现。

前文提到"至虚至明之心体"有寂然不动之时，又有感而遂通之时，

---

①　薛瑄：《薛瑄全集·读书录卷六》，太原：山西人民出版社，1990 年，第 1170 页。

②　薛瑄：《薛瑄全集·读书录卷七》，太原：山西人民出版社，1990 年，第 1212 页。

③　薛瑄：《薛瑄全集·读书录卷九》，太原：山西人民出版社，1990 年，第 1241 页。

④　薛瑄：《薛瑄全集·续读书录》，太原：山西人民出版社，1990 年，第 323 页。

⑤　薛瑄：《薛瑄全集·读书续录卷二》，太原：山西人民出版社，1990 年，第 1354 页。

⑥　薛瑄：《薛瑄全集·读书录》，太原：山西人民出版社，1990 年，第 176 页。

即"至虚至明之心体"能动能静。这与薛瑄持"太极有动有静"紧密相关。我们知道，朱子否认太极有动静，因为太极属形上层面，无所谓动静，动静乃就形下层面而言。薛瑄认为太极能动能静，这与其理气不离，理在气中观点有关。我们知道，理学家通常认为宇宙万物的形成需要法则作为依据，这法则在薛瑄看来就是太极，同时也需要物质载体，也就是阴阳之气。太极和气或者说理和气的关系，在薛瑄看来是不分先后的，即理气不离、理在气中。由于理在气中，那么太极的动静就随着阴阳二气的运动展现出来。薛瑄对理气关系的理解，在《读书录》一书中表达得最为明确：

> 天地之间，物各有理。理者，其中脉络条理合当是如此者是也。大而天之所以健而不息，地之所以顺而有常，皆理之合当如此也若天有息而地不宁，即非天地合当之理矣。以万物观之。如花木之生，春夏秋冬之各有其时，青黄赤白之各有其色，万古常然不易，此花木合当之理也若春夏者发于秋冬，秋冬者发于春夏，青黄者变为赤白，赤白者变为青黄，即非花木合当之理矣。以至昆虫鸟兽，莫不各有合当之理。以人言之，自一心之所存，以至一身之所具，皆有降衷秉彝之性而不可易者，乃合当如是之理也不如是，则非人之理矣。以至君之仁，臣之敬，父之慈，子之孝，夫妇之别，皆合当如是之理也凡此一有不尽，则非人伦合当之理矣。此理之所以"无物不有，无时不然"，"语大，天下莫能载，语小，天下莫能破也。"①

在这段文字中，薛瑄认为宇宙万物各有所当之理，这是理学一贯持有的观念。物有物理，如"花木之生，春夏秋冬之各有其时"，"昆虫鸟兽，莫不各有合当之理"；人之理为性，"君之仁，臣之敬，父之慈，子之孝，夫妇之别"。宇宙万物之理皆由太极所出，太极有创生义："万物尽，

---

① 薛瑄：《薛瑄全集·读书录卷一》，太原：山西人民出版社，1990年，第1021页。

天地老，超然独存，再造天地万物者，其太极乎！"①值得注意的是，薛瑄在太极和理的使用上，有时是同一的，有时是分别的，当其强调宇宙万物各有所当之理时，太极和理通用，所以说物物皆有太极；当涉及宇宙万物的创生之源时，太极统摄众理，太极有创生义、统摄义。

在理气不离的基础上，更容易理解薛瑄未发已发问题的心灵问题。太极有动静，所以"至虚至明之心体"也有动静。动静是就阴阳二气的运动而言，其来源于作为本体的"至虚至明之心体"的运动，当"至虚至明之心体"统摄众理，寂然不动，将众理展现出来时，伴随着阴阳二气的运动，则有动静之别，"心所具之理为太极，心之动静为阴阳"②，"贞元动静，人心动静，一也"③。

二、工夫在"居敬"

就工夫论而言，"至虚至明之心体"的呈露需要"居敬"，即需要将实然之心打磨，从而呈现至虚至明、本然的心体。朱子主张静时涵养，动时省察，静的涵养才能让实然的心凝聚众理。薛瑄凸显的是"至虚至明之心体"，此心体是本体义，是由太极直贯的心体，需要"主敬"才能挺立，这是其区别于程朱理学所在，如陈荣捷指出："程颐、程颢以及朱子无不以敬为教"，"但在程朱，敬为德行修养诸德目之一德目，而在薛瑄则属唯一之目"④。薛瑄说："盖人能恭敬，则心肃容庄，视明听聪，乃可以穷众理之妙；不敬，则志气昏逸，四体放肆，虽粗浅之事尚茫然而不能察，况精微之理乎以是知'居敬'、'穷理'二者不可偏废，而'居敬'又'穷理'之本也。""居敬"是为了挺立创生义、本体义的心体，薛瑄直言唯有"居

---

① 薛瑄：《薛瑄全集·读书录卷四》，太原：山西人民出版社，1990 年，第 1125 页。

② 薛瑄：《薛瑄全集·读书录卷八》，太原：山西人民出版社，1990 年，第 1227 页。

③ 薛瑄：《薛瑄全集·读书录卷五》，太原：山西人民出版社，1990 年，第 1425 页。

④ 陈荣捷：《朱学论集·早期明代之程朱学派》，上海：华东师范大学出版社，2007 年，第 221 页。

敬"才能体会太极之妙，"从事于'主敬'者，斯得太极之妙"①。薛瑄认为心如镜，敬则尘去而镜明，他将"至虚至明之心体"理解为心体的本然义，"心如镜，敬如磨镜。镜才磨，则尘垢去而光彩发心才敬，则人欲消而天理明"②。有时又将其比作"水""宝珠"："人欲尽而天理见，如水至清而宝珠露；人欲深而天理昏，如水至浊而宝珠暗。"③无论是镜子抑或水的比喻，都旨在说明"主敬"工夫去除欲望，心的本体义就能朗照出来。

薛瑄的主敬说一方面避免了流于佛老之说，因为禅宗也强调心的本然义，心体本然具有清净空无的特性，"本来无一物，何处惹尘埃"，"菩提自性，本来清净，但用此心，直了成佛"（《坛经》）；另一方面，"居敬"避免了"不起一念""空虚寂寞"之说。不敬的后果便是心驰骛在外，蒙受尘埃，"人不主敬，则此心一息之间，驰骛出入，莫知所止也"④。值得注意的是，薛瑄也注重"静坐"：

> 静坐默存，未发之中，万化皆从此出。⑤
>
> 静坐中觉有杂念者，不诚之本也。惟圣人之心，自然真一虚静，无一毫之杂念。⑥
>
> 静坐洗心，殊觉快惬。⑦

薛瑄虽然也主张"静坐"，但更注重"默存""洗心"的工夫。他认识到象山推崇"静坐"的危险："象山谓人读书为'义外工夫'，必欲人静坐先得此心。若如其说，未有不流于禅者。"⑧

---

① 薛瑄：《薛瑄全集·读书录卷四》，太原：山西人民出版社，1990年，第125页。
② 薛瑄：《薛瑄全集·读书录卷五》，太原：山西人民出版社，1990年，第1155页
③ 薛瑄：《薛瑄全集·读书录卷五》，太原：山西人民出版社，1990年，第1150页。
④ 薛瑄：《薛瑄全集·读书录卷三》，太原：山西人民出版社，1990年，第1085页。
⑤ 薛瑄：《薛瑄全集·读书续录卷四》，太原：山西人民出版社，1990年，第1393页。
⑥ 薛瑄：《薛瑄全集·读书续录卷一》，太原：山西人民出版社，1990年，第1293页。
⑦ 薛瑄：《薛瑄全集·读书续录卷二》，太原：山西人民出版社，1990年，第1338页。
⑧ 薛瑄：《薛瑄全集·读书录卷五》，太原：山西人民出版社，1990年，第1144页。

总之，薛瑄论未发已发是以"至虚至明之心体"为中心。未发之时，即此"至虚至明之心体"寂然不动，然无间不息，"理无遮迹"；当此心体呈露、发见、感而遂通，即是已发之和。"至虚至明之心体"的呈露必须克服人欲之私、气质之拘，这需要"主敬"工夫。

第六节　胡居仁："主敬说"视阈下的未发已发论

胡居仁和陈献章同学于吴与弼，但陈宪章思想近心学，胡居仁近理学，两位学者思想主张不同，生前有过激烈交锋。传统的学术评价认为胡居仁承袭程朱理学，如《明史·儒林传序》曰："原夫明初诸儒，皆朱子门人之支流余裔，师承有自，矩矱秩然。曹端、胡居仁笃践履，谨绳墨，守儒先之正传，无敢改错。"[1] 但胡居仁思想有其区别于程朱理学的独特之处，"其学以主忠信为先，以求于心为要，操守勿失，莫大乎敬，因以敬名其斋"[2]（《明史·本传》），理气不离、主敬[3]之说是胡居仁思想最为显著的特质。就未发已发问题而言，胡居仁亦是围绕这些核心观念展开论述的。

① ［清］张廷玉等：《明史·卷二百八十二　列传第一百七十　儒林一》，北京：中华书局，1974 年，第 7222 页。

② ［清］张廷玉等撰：《明史·卷二百八十二　列传第一百七十　儒林一·胡居仁》，北京：中华书局，1974 年，第 7232 页。

③ 黄宗羲评价胡居仁"一生得力于敬"。程光鄂《居业录序》认为胡居仁学说以持敬为本："敬斋先生，……其醇然大儒之言，而其要柢则一以敬为主，尝自励曰诚敬既立，本心自存，先生居敬之功可谓至矣。……先生以敬为居业之本，则坐而言，起而行，全体大用一以贯之。"

一、未发是"心之体"、已发是"性之用"

首先，胡居仁认为未发是"心寂然在内""理全具于中""性也"，已发是"心之用""感而遂通""情也"。

胡居仁认为，"中也者，天下之大本也"，"中"是指性或理的在中，性或理与生俱生，是宇宙万物和人类社会运行的法则，所以是天下之大本；"喜怒哀乐之未发，谓之中"，"未发"是指心的"寂然在内"，未有事物交接之时，心虽然"寂然在内"，但理已浑然在中。所以"中"不是指"性"，而是指性的"在中"。胡居仁又说：

> 夫天命之性，与生俱生，不可须臾离，故静而未有事接之时，则此心未动，此理未发，然此时此心寂然在内，此理全具于中，故戒谨恐惧以存养之，若真无心与理，又戒惧做甚？又存养个甚？必有物在内，故须主敬须存养。①

这也就意味着理的浑然在中需要"戒谨恐惧以存养"，但这里出现了一个明显的逻辑矛盾："戒谨恐惧以存养"意味着每时每刻、无间不息地戒谨恐惧，那么此时心就不是"寂然不动"。胡居仁也认识到前后矛盾，他从理是绝对的、客观的、实存的角度，对这个问题进行了解答：

> 程子说"冲漠无朕万象森然已具"，是说未发之时，只是冲漠无朕而已，而天下万物之理已默具于其中。公甫说"一片虚灵万象存"，是要把他底精神来包涵万象，与程子实不同也。以程子之说，只去庄敬涵养上做工夫，而心之本体已立，不用察觉、安排，而道之全体已浑然在中，故圣贤气象深沉笃实、光辉自在。如公甫之说，是常把这天地万象积放胸中，只弄得这些精神，岂暇再去思量事物之理，故张

---

① 胡居仁：《居业录》，文渊阁四库全书第714册，第4页。

皇烜赫自己不胜其大，故下视圣贤，小视天地，其曰"生不知好，死不知恶，是他本来面目，非心实不然"，故作此大话头来吓人也。[①]

胡居仁认为，陈献章所谓"一片虚灵万象存"，在他看来是一种刻意的、带有强烈主观色彩的做法，心灵操存着万象、万理，其危险在于过于强调心灵之能，将导致"下视圣贤，小视天地"，甚至将走向心灵的绝对主义，"生不知好，死不知恶，是他本来面目，非心实不然"。而程子所说的"冲漠无朕万象森然已具"，虽然心灵未应接事物，但万理已毕备在中[②]，这是自明的、绝对的，所以"不用察觉、安排"，只需"庄敬涵养上做工夫"，让理发露、呈现出来。承认理的实存，则不用再刻意强调心灵的操存，就不会有"下视圣贤，小视天地"之弊，就会显得从容自若，"故圣贤气象深沉笃实、光辉自在"。胡居仁借助程子的说法，将性或理视为不依赖意识活动的独立实存，所以心之"寂然不动"与"戒谨恐惧"以存养并不矛盾。

如果仅就上述材料来看，胡居仁与程朱理学并无二致，正如《明史·儒林传序》所言"胡居仁笃践履……无敢改错"。然胡居仁学说独特之处，在于其心、性、理、气等核心观念与程朱理学已有所不同。这首先体现在胡居仁所持理气关系观点。胡居仁认为未发是性，性即理，性或理是客观的，但不是独立的，而是与形气结合在一起的实存。此即胡居仁所持的理气不离不杂之说。理本论主张理是绝对的、客观的实存，胡居仁进一步从宇宙论引申，并指出：宇宙万物包括人的形成是理运动的结果，理指引者气，理是动力，也是原因。

---

① 胡居仁：《居业录》，文渊阁四库全书第714册，第70—71页。

② 叶采之注可谓得其肯綮："冲漠无形而万理毕具，即所谓'无极而太极也'。未应者寂然不动之时也，已应者感而遂通之时也。已应之理悉具于未应之时，故未应非先，已应非后，盖即体而用在其中，不可以先后分也。"（详见叶采：《近思录集解》，北京：中华书局，2017年，第33页。）

愚谓人生日用之间，起居动息，以至设施措置，不能不与物接，故不能无事。然所以为事之理，固已具于性分之内也。若厌其烦扰，欲绝而去之，则陷于老佛之空寂。若不察其理之当然，以机变为足以应事，则流于仪、秦、商鞅智谋之末，为小人之归矣。然事物之闲，虽曰无非天理所在，苟失于省察，则不觉陷于人欲之私。虽或悔悟，亦无及矣。①

这样一来，人自身就是理的产物，人心体现着理气之妙。胡居仁对普遍意义上的人和具体的人都进行了详细的论述。就具体的人而言，"理在性分之内"，"性分"是指个体受自于天，由此人人身上都体现着天理。如此一来，理就不是悬空的，朱子的"理"为人诟病在于"悬空化"，王船山曾对此批评道："盖孟子即于形而下处见形而上之理，则形色皆灵，全乎天道之诚，而不善者在形色之外。程子以形而下之器为载道之具，若杯之盛水，杯有方圆而水有异象。乃以实求之，则孟子之言，较合于前圣之旨。盖使气禀若杯，性若水，则判然两物而不相知。唯器则一成不改，而性终托于虚而未有质也，《易》又何以云'成之者性'哉？"②胡居仁理气不离说的贡献在于弥补了理气分离下的"悬空化"问题。

人是理气之妙，主要体现在心具众理。心具众理又表现为主宰义、认知义，这都由天理派生的。心的主宰义表现在心能统领身体："心虽主乎一身，体之虚灵足以管乎天下之理。理虽散在万事，用之微妙实不外乎一人之心，知此则内外体用，一而二，二而一也。"③心虽主乎一身，但心灵能涵摄、凝聚万理，心灵的这种功能本质上是天理之体在起作用。此外心灵作为理气之妙还体现在认知功能，认知义表现在"思"，理在万事万物

① 胡文敬：《胡文敬集》卷一《续白鹿洞学规》，上海：上海古籍出版社影印文渊阁《四库全书》，1987年，第135页。
② 王夫之：《读四书大全说》，《船山全书》第6册，长沙：岳麓书社，2011年，第961页。
③ 胡居仁：《居业录》，文渊阁四库全书第714册，第5页。

之中，心之思无所不到，"盖心具是理，理无不在，千万古共此理，千万里共此理，所以思无所不到。……《易》曰：神无方，易无体，心之灵如此"。总之，心①之所能"主乎一身""管天下之理"，因是天理之化身，换而言之心是性或理之用，性或理是心之体。

二、主敬涵养

从现实角度而言，心灵会被欲望遮蔽，导致人心道心之分，所以心灵不仅要认识理，还要操存理。不认知理则流于机心谲诈，"若不察其理之当然，以机变为足以应事，则流于仪、秦、商鞅智谋之末，为小人之归矣"②；仅认知而不操存，理只是一种闻见之知，容易流于人欲之私，"然事物之闲，虽曰无非天理所在，苟失于省察，则不觉陷于人欲之私。虽或悔悟，亦无及矣"③。就此而言，胡居仁已经认识到了人心易流于末而不知其本，夹杂着人欲之私的心灵发用有善有恶，此时心性关系就不是上文所说的"一而二、二而一"关系了。因此唯有通过主敬工夫，才能使性或

① 在胡居仁看来，心体的创生义并非仅仅局限于道德实践，而是创生一种条理的、秩序的理性能力，如诗歌的"创造"。胡居仁认为诗歌之所以能叶韵、能歌咏，不是源于某个人的私智聪明，而是出于能参赞天地、化成万物的人心之创造，此人心是受自天的实存，其本身是理气之妙，当其感应外物，自然表现出一种合"理"的形式，这就是诗歌的起源："诗有所自乎，本于天根于性，发于情也。盖天生万物，惟人最灵，故有以全乎天之理，而万事万物莫不该焉。当其未发，而天地万物之理森然具于其中，而无朕兆之可见者，性也，心之体也。事物之来，惕然而感乎内，沛然而形于外者，情也，心之用也。由其理无不备，故感无不通。既感无不通，则形于外者必有言以宣之，情不自已则长言之，又不自已则咏歌之，既形于咏歌，必有自然之音韵，诗必叶韵所以便咏歌也。"（《流芳诗集后序》）在这段文字中，胡居仁对诗歌起源进行了阐释，同时也论述了《中庸》未发已发问题。他认为未发是"天地万物之理森然具于其中"，否则就无已发的"自然之音韵"。

② 胡文敬:《胡文敬集》卷一《续白鹿洞学规》，上海：上海古籍出版社影印文渊阁《四库全书》，1987年，第145页。

③ 胡文敬:《胡文敬集》卷一《续白鹿洞学规》，上海：上海古籍出版社影印文渊阁《四库全书》，1987年，第135页。

理"浑然在中",使心之发用"则有恻隐羞恶恭敬是非之情,浑然在中,随感而应,各有攸主,而不可乱也"。

胡居仁的"主敬说"正是在这一背景下提出的。主敬就是心灵对天理的操存。主敬是勾连客观天理和主观认识的桥梁。没有主观的敬,作为绝对的、客观的实存之理无法得以呈现;而理的呈现又必须借助心灵的格物穷理才有可能:"工夫本原,只在主敬存心上。致知力行,皆靠住这里做去。道理本原,只在天命之谓性上。万事万物之理,皆在此处流出。"[1] 就未发已发而言,胡居仁认为不存养则"天下之大本"——性体不立,这里的"存养"实则指"敬以知之""敬以守之":

> 盖能主敬涵养,则天理本原在内,聪明自生,义理日明,所穷之理得于己而不失。故朱子以为,未知者敬以知之,已知者敬以守之,此涵养之敬,所以成始成终也。[2]

> 即所以立本,穷理即所以达道,存养后方能穷理,穷理后又须存养。不先存养则心体昏放,大本不立,何能穷理?穷理后若不存养,则理无归着,随得而随失矣,何能为我有? [3]

"敬以知之",即肯认性体的绝对实存,心灵本是性体之用,所以说"天理本原在内"。格物穷理之后,则需"敬以守之",此理本为心体之所自明,所以说"聪明自生,义理日明"。

胡居仁的"主敬说"弥补了程朱理学"理气二分"导致的"无质""悬空"危机。胡居仁并没有以"形下""形上"区分心性关系,他认为人心是理气之妙,人心本来就是天理的彰显:"心与理本一,心虽虚,理则实。心中无他物,只有此理全具在内。所以为是心者,理也;所以具是理者,心

---

① 胡居仁:《居业录》,文渊阁四库全书第714册,第11页。
② 胡居仁:《居业录》,文渊阁四库全书第714册,第75—76页。
③ 胡居仁:《居业录》,文渊阁四库全书第714册,第20页。

也。"① 这与程朱理学将心视为形下的实然的之心已完全不同。与此同时，胡居仁又将"良知"概念引入心性关系之中。他认为作为"理气之妙"之心是"天德良知"。"天德良知"就是"心性是一"之心，此时"心浑是一团理"："闻见之知虽小，天德良知虽大，然闻见之知，亦从良知上来，非有良知安能闻见而知？但闻见之知，则有真伪，宜精察而明辨也。得其真则合内外之道矣。""天德良知"就是天理派生的本然的、创生的心灵，闻见之知即心的认识义，后者是从本然义、创生义的心灵派生出来的，所以胡居仁说"非有良知安能闻见而知"，本然义、创生义的心灵是根本，认知义的心并非其全体。

从上文的分析可以看到，胡居仁的"主敬说"寄托着弥补"理气二分"之意。一方面，胡居仁承认理是绝对的客观实存，"天下之理虽万殊，而实一本，皆具于心，故感而遂通。若原不曾具得此理，如何通得"；另一方面，他又提出"心存则理自在，心放则理亦失"（《居业录》卷二），心灵的操存决定了理之"在"与"失"。至于"心浑是一团理，理不明心便欠缺，便有蔽"（《居业录》卷四）的观点则更为明显表露"心浑是一团理"即为"心性是一"之意，但"理不明心便欠缺，便有蔽"又必须借助心灵的察识、涵养与操存，否则"便有蔽"。胡居仁学说与程朱理学已明显有区别，对程朱理学而言，性或理是"天下之大本"，不需要"立"或"不立"，它自存有。胡居仁认为"不先存养则心体昏放，大本不立，何能穷理"，按照程朱理学观点，理是客观的、绝对的实存，大本的立与不立和心体昏不昏放没有关系，大本是自始至终之实存，不随心的动静而改变。胡居仁认为性分之内的理需要借助心体展现出来，所以"喜怒哀乐之未发，谓之中"是指性或理的"在中"，这需要"主敬"工夫来完成："盈天地之间，皆物也。以其至切而近者言之，则心之为物，实主于身，其体则有仁义礼智之性，其用则有恻隐羞恶恭敬是非之情，浑然在中，随感而

---

① 胡居仁：《居业录》，文渊阁四库全书第714册，第4页。

应，各有攸主，而不可乱也。"

第七节　罗钦顺：未发是"道心""性""静"，
　　　　已发是"人心""情""动"

目前学界研究罗钦顺已取得一定的成果，形成了一系列较为完备的学术著作，如胡发贵《罗钦顺评传》[1]、陈来《宋明理学》[2]、蒙培元《理学的演变——从朱熹到王夫之戴震》[3]等。但罗钦顺学说中的理气关系仍存有争议，有学者认为是气是物质，理是物质的运动规律[4]，有学者认为是理气关系是一般与特殊的关系[5]，还有学者认为是现象和本质的关系[6]。如何理解罗钦顺理气关系将决定如何理解他的未发已发思想。本节在梳理罗钦顺未发已发思想的同时，将指出罗钦顺将认识论融入"理气关系"的本体论，在客观的理和主观的认知之间建立了一座桥梁，使二者紧密结合在一起。

一、人、物皆具未发之中

罗钦顺认为人、物皆具未发之中，"未发之中，非惟人人有之，乃至物

---

① 胡发贵：《罗钦顺评传》，南京：南京大学出版社，2001 年。

② 陈来：《宋明理学》，北京：北京大学出版社，2020 年。

③ 蒙培元：《理学的演变——从朱熹到王夫之戴震》，北京：人民出版社，2007 年。

④ 张岱年：《中国哲学大纲》，北京：中国社会科学出版社，1982 年，第 74—75 页；任继愈主编：《中国哲学史》第 3 册，北京：人民出版社，2003 年，第 319—323 页；侯外庐主编：《宋明理学史》下卷，北京：人民出版社，1987 年，第 476—479 页。

⑤ 冯友兰：《中国哲学史新编》下卷，北京：人民出版社，1999 年，第 286—288 页。

⑥ 秦晋楠：《重思罗钦顺的"理只是气之理"——学术史与哲学史交织下的新理解》，《哲学动态》2019 年第 1 期。

物有之"①。这与其"理一分殊"思想有关：人、物受气之初，皆为"理一"状态，是为"未发"；"分殊"之后，"各私其身"，善恶遂分，然后有中节不中节，是为"已发"。先看"理一分殊"下理气关系。在罗钦顺看来，理和气并非如朱子所说是二物关系，而是"理只是气之理"，这意味理气不二、不离。气的运动、聚散、升降，没有外在的主宰，完全是其自身的运动变化，其变化有一定之理："《正蒙》有云：'阴阳之气，循环迭至，聚散相荡，升降相求，纲缊相揉。盖相兼相制，欲一之而不能。'此其所以屈伸无方，运行不息，莫或使之。不曰性命之理，谓之何哉！此段议论最精，与所谓太虚、气化者有间矣。"②罗钦顺引述张载《正蒙》阐述气的运动"莫或使之"，证明物质本身是运动的根源。此一定之理即气之动静、往来、阖辟、升降所呈现，非朱子所说绝对的形上实体、气运动变化之所以然之理。气的运动规律就是"来而往""往而来"，罗钦顺有时将其称之为"感应"，旨在说明气自身具有"来往"的属性，不存在气之上超越的主宰者。

此一定之理又称为"常"理、天理："然日月之食、彗孛之变，未有不旋复其常者，兹不谓之天理而何。"罗钦顺反对"认气为理"，实际上就是反对朱子的理本论，他认为"初非别有一物，依于气而立，附于气以行也"，理是气之变化之总名，不存在主宰、牵引气的理。理的实在性建立在气本论基础之上，所以理是客观的、有常的，圣人都不能损益丝毫，"然窃惟天地之化，消息盈虚而已，其妙虽不可测，而理则有常。圣人裁成之云，亦惟因其时顺其理，为之节度，以遂生人之利，非能有所损益也"③。基于此，罗钦顺提出了气在则理在，气亡则理亡，这一革命性观点：

　　《正蒙》云："聚亦吾体，散亦吾体。知死之不亡者，可与言性

---

① 罗钦顺：《困知记》，北京：中华书局，1990 年，第 13 页。
② 罗钦顺：《困知记》，北京：中华书局，1990 年，第 31 页。
③ 罗钦顺：《困知记》，北京：中华书局，1990 年，第 26 页。

矣。"又云："游气纷扰，合而成质者，生人物之万殊。其阴阳两端，循环不已者，立天地之大义。"夫人物则有生有死，天地则万古如一。气聚而生，形而为有，有此物即有此理。气散而死，终归于无，无此物即无此理，安得所谓"死而不亡者"邪？①

万物由气生成，气有聚散，物有生死，所以理也随之存亡。总之，在罗钦顺看来，理的存在基于气。他反对张载"死之不亡"观点，张载所说的"死之不亡"的天地之性，实则是将超越的形上之理赋予了气，所以不论上智、下愚，天地之性人人皆同，哪怕有人终生执迷不悟，其天地之性仍存于其心。张载建立的天地之性，有悬空、无质的危险，这一问题的根源正在于安置于气之上高悬的超越之理。所以罗钦顺批评张载思想中隐藏着脱离气的形上之理。

罗钦顺主张"有此物即有此理""无此物即无此理"，进一步凸显理的存在需要人的认知。他说：

> 理只是气之理，当于气之转折处观之。往而来，来而往，便是转折处也。夫往而不能不来，来而不能不往，有莫知其所以然而然，若有一物主宰乎其间而使之然者，此理之所以名也。"易有太极"，此之谓也。若于转折处看得分明，自然头头皆合。程子尝言："天地间只有一个感应而已，更有甚事？"夫往者感，则来者应；来者感，则往者应。一感一应，循环无已，理无往而不存焉，在天在人一也。……夫感应者，气也。如是而感则如是而应，有不容以毫发差者，理也。……愚故尝曰："理须就气上认取，然认气为理便不是。"此言殆不可易哉！②（《困知记·续卷上》）

---

① 罗钦顺：《困知记》，北京：中华书局，1990 年，第 30 页。
② 罗钦顺：《困知记》，北京：中华书局，1990 年，第 68 页。

"理须就气上认取"，历来学者更关注的是理气关系，而忽略了"认取"。所谓"认取"，实际上是在客观的理和主观的认知之间建立了一座桥梁。"须就气上认取"，没有主体的"认取"，理不能得以呈现。所以他才会说"理"是气变化的总名，"总名"也就意味着是人对气的运动变化的概括、归纳。这样一来，罗钦顺的"理气关系"就以认识论的方式紧密结合在一起。

再来看人、物皆具未发之中。罗钦顺认为未发是指人、物受气之初，无不禀赋于"理一"，其为人、物所共有，所以人、物皆具未发之中："未发之中，非惟人人有之，乃至物物有之。盖中为天下之大本，人与物不容有二。"[1] 他反对"常人更无未发之中"的观点，这种观点持有者如王廷相，他认为未发之中乃圣人独有（详见第六章第二节）。罗钦顺认为在受气之初，人物禀赋一气，此即"理一"，形质既具之后，此即"分殊"。受气之初，人性与物性同一，形质既具之后，人性与物性才有分别：

> 盖人物之生，受气之初，其理惟一，成形之后，其分则殊。其分之殊，莫非自然之理，其理之一，常在分殊之中。此所以为性命之妙也。语其一，故人皆可以为尧舜；语其殊，故上智与下愚不移。圣人复起，其必有取于吾言矣。[2]

罗钦顺指出人、物皆具未发之中，而非人、物皆具已发之和。未发之中是性、是理，人、物皆禀气而生，是气的运动结果，所以就整体而言，人、物之理是一。自气的运动变化之后，或为人或为物，人性和物性随着形质的产生便有了分别，且人之性、物之理需"就气上认取"，这也就意味着人性的呈露、物理的呈现不是由超越的主宰者主导，是气自身的变化运动。总之，未发是"理一"，"已发"是分殊。未发之中的"中"，是一

---

[1] 罗钦顺：《困知记》，北京：中华书局，1990年，第13页。

[2] 罗钦顺：《困知记》，北京：中华书局，1990年，第7页。

种本然义上的"中",指"理一"时心以性为体,心是其妙用。

二、未发是"性""静"、已发是"心""动"

罗钦顺认为未发是"性""静",已发是"心""动",这是从本体和作用的动静关系中衍生出来的。首先,罗钦顺认为"性"是"人之生理",在他看来,气有动静变化,展现出一定之理,人性就是气作用的结果,是"人之生理"。人所具有的理就是人性,与生俱生,可以称之为本体,它是道德实践的本体,而这个本体通过心灵的作用展现出来时,就是一种"动"。从这意义上,罗钦顺将性称为静,将心以性为体的动称为动:

> 盖天性之真乃其本体,明觉自然乃其妙用,天性正于受生之初,明觉发于既生之后,有体必有用,而用不可以为体也。此非仆之臆说,其在《乐记》,则所谓人生而静,天之性。即天性之真也;感物而动,性之欲,即明觉之自然也。在《易》大传,则所谓天下之至精即天性之真也,天下之至神即明觉之自然也。①

罗钦顺援引《乐记》"人生而静,天之性也,感物而动,性之欲"进一步证明性静一说,他解释道,人性之所以为静,因为人性是人之生理,是气作用的结果,是一定之理,理为不动,"'人心有觉,道体无为',熟味此两言,亦可以见心性之别矣",道体就是性,无为是静,有觉是动,所以说人性是静,人心是动。因此人所禀赋的未发之中,就是指人性之静,已发之和是性体之用,是心是动。

其次,罗钦顺认为已发之和是"心与理一"的状态,这是指心以理为体之用。罗钦顺认为性是"人之生理",这也就意味着它是人禀气而生之时所具有的理,与生俱生:"夫心者人之神明,性者人之生理,理之所在谓

---

① 罗钦顺:《困知记》,北京:中华书局,1990年,第118页。

之心，心之所有谓之性，不可混而为一也。"①罗钦顺所说的"性者人之生理"和朱子的"性即理"不一样，朱子是将性视为理，是先天的、超越的实存，而罗钦顺所说的"性者人之生理"，性是来源于气之运动变化所形成的理。既然人性就是人的生理，那么这个生理会展现出什么？是善是恶？还是说没有价值判断的行为？抑或其他？罗钦顺对此的解释是：理即道德理性。他说："人物之生，本同一气，恻隐之心，无所不通。故'亲亲而仁民，仁民而爱物'，皆理之当然，自有不容已者，非人为之使然也。"②人的生理就决定了人的道德心，这个道德心是不假人力的，本来是无所不通的，"非人为之使然也"。那么为什么还有善恶贤愚之别？罗钦顺借助了"理一分殊"观念。他的"理一分殊"既用来解释人性和物性区别，又用来解释人性或贤或愚之异：

> 盖人物之生，受气之初，其理惟一，成形之后，其分则殊。其分之殊，莫非自然之理，其理之一，常在分殊之中。此所以为性命之妙也。语其一，故人皆可以为尧舜；语其殊，故上智与下愚不移。圣人复起，其必有取于吾言矣。③

人物都是禀气而生，人物之理即气的运动变化之理。人物都是作为整体的气的运动产生的，所以就整体而言，人物的理是一。但是气的运动变化产生之后，或者为人或者为物，人性和物性随着形质的产生便有了分别。至此，罗钦顺用解释了人性、物性的形成以及人性不一的原因。

最后，心之所以能为性之用，因为心本身就是理的呈现，心的"神通义"是性体的呈现。罗钦顺认为人性是人之生理，但人性如何呈现这种"生理"？他将心灵呈现人之"生理"的功能称为心之神。心之神的来源

---

① 罗钦顺：《困知记》，北京：中华书局，1990年，第1页。

② 罗钦顺：《困知记》，北京：中华书局，1990年，第14页。

③ 罗钦顺：《困知记》，北京：中华书局，1990年，第7页。

是理，这就意味具有神通义的心灵是气之运动变化形成，心灵本身就体现着理，心灵的神通是理的呈现、作用，所以他说：

> 人心之神，无所不通，谓之圣亦可也。惟其无所不通，故能推见事物之数，究知事物之理，物理既得，夫复何疑？若于行迹之粗，必欲一一致察，则虽圣人亦有未易能矣。玩其辞，详其义，可见能通之妙，乃此心之神；而所通之理，是乃所谓道也……道为实体，神为妙用，虽非判然二物，而实不容相混。①

心灵的神通是理的妙用。从宇宙论而言，心灵就是"理之所在"，它是心灵"推见事物之数，究知事物之理"的本体，而且它只能一。罗钦顺有时又认为"理之所在为心"是一种感通义的心，既然感通理，又感物而动，产生善恶之分，"夫目之视，耳之听，口之言，身之动，物虽未交而其理已具，是皆天命之自然，无假于安排造作，莫非真也"。

那么欲望又是从何而来？罗钦顺认为欲望是来自性之动："心只是一个心，然有体有用。本体即性，性即理，故名曰道心。发用便是情，情乃性之欲，故名之曰人心。须两下看得分明始得。"② 在此基础上，罗钦顺一反宋儒"存天理，去人欲"之说，他认为人欲也体现着理，这是一种人之生理，禀赋于气：

> 先儒多以"去人欲""遏人欲"为言，盖所以防其流者，不得不严，但语意似乎偏重。夫欲与喜怒哀乐，皆性之所有者，喜怒哀乐又可去乎？象山又言"天亦有善有恶，如日月蚀、恶星之类。"是固然矣，然日月之食、彗孛之变，未有不旋复其常者，兹不谓之天理而何？故人道所贵，在乎"不远而复"，奈何"滔滔者天下皆是也"；是

---

① 罗钦顺：《困知记》，北京：中华书局，1990 年，第 107 页。
② 罗钦顺：《困知记》，北京：中华书局，1990 年，第 162 页。

则循其本而言之，天人曷尝不一？究其末也，亦安得而不二哉？[①]

"日月之食、彗孛之变"，这是气运动变化的一部分，所以人性也有类似于"日月之食、彗孛之变"的动。这种动不是恶的，所以人性之动也不是恶。但气运动变化的有常在于"日月之食、彗孛之变"是一种"非常"，"常"是日月更替。从宇宙论角度，罗钦顺肯定了欲望的正当性。

三、存养与致知

罗钦顺认为人、物皆具未发之中，那么人人皆可以成就未发之中、已发之和，其工夫在存养与致知：

> 未发之中，非惟人人有之，乃至物物有之。盖中为天下之大本，人与物不容有二。顾大本之立，非圣人不能。在学者，则不可不勉。若夫百姓，则日用而不知。孟子所谓"异于禽兽者几希"，正指此尔。先儒或以为"常人更无未发之中"，此言恐误。若有无不一，安得为"物物各具一太极"乎？此义理至精微处，断不容二三其说也。[②]

罗钦顺反对"常人更无未发之中"的观点，他认为人人皆具未发之中，甚至有时"百姓日用而不知"，如乍见孺子将入于井而生恻隐之心，不假人为，不需预知，自然呈露。但是，除了圣人是浑然天理流行外，学者必须勉学，方有中和气象。

进而罗钦顺指出，存养没有致知，则无方向，将堕入佛老之学；没有存养，则致知不完整，他强调存养甚于致知，"大抵存养是君主，省察乃辅佐也"：

---

① 罗钦顺：《困知记》，北京：中华书局，1990年，第28页。

② 罗钦顺：《困知记》，北京：中华书局，1990年，第13页。

存养是学者终身事，但知既至与知未至时，意味迥然不同。知未至时，存养非十分用意不可，安排把捉，静定为难，往往久而易厌。知既至，存养即不须大假著力，从容涵泳之中，生意油然，自有不可遏者，其味深且长矣。然为学之初，非有平日存养之功，心官不旷，则知亦无由而至。朱子所谓"诚明两进"者，以此。省察是将动时更加之意，即《大学》所谓安而虑者。然安而能虑，乃知止后事，故所得者深，若寻常致察，其所得者，终未可同日而语。大抵存养是君主，省察乃辅佐也。①

罗钦顺指出，存养分为"知既至""知未至"两种情况。"知未至"时，以"静定"为主，使心凝聚收敛，这是"未发之中"的前提条件。"知既知"时，此理已在，不需"大假著力"，其发用流行自有不可遏者。省察在存养的基础上进行，没有存养，省察空洞无依。《大学》所谓的"安而后能虑，虑而后能得"是在"知止"的前提下延伸出来的，没有"知止"则"安而虑"无从谈起。存养和省察对应诚意和穷理，穷理再多而意不诚仅成身外之理，徒诚意而不知穷理则无方向，陷于盲目。

唯有将存养和省察统一起来，方能使心以性为体，呈露天理、道体的，是为仁义，这就是已发之和：

易曰：立人之道曰仁与义。其名易知，其理未易明也。自道体言之，浑然无间之谓仁，截然有止之谓义。自体道者言之，心与理一之谓仁，事与理一之谓义。心与理一，则该贯动静，斯浑然矣。事与理一，则动中有静，斯截然矣。截然者，不出乎浑然之中。事之合理，即心与理一之形也。心与理初未尝不一也，有以间之则二矣。然则何修何为，而能复其本体之一邪？曰敬。②

---

① 黄宗羲：《明儒学案》，北京：中华书局，2008 年第 2 版，第 1113 页。

② 罗钦顺：《困知记》，北京：中华书局，1990 年，第 85 页。

心承体起用，此时就是"心与理一"，浑然一体，"该贯动静"，动静浑然一体，达到一种性体浑然流行的状态。当心灵以性为体在事上作用，那么此时"事与理一"，是动中有静。在这段文字的末尾，罗钦顺以"敬"字作为总结，指出人心本为性体之用，"心与理初未尝不一"，但"有以间之"则分判为二，倘若心能与理为一，则其发用浑然天理流行，无人欲之私，为已发之和。

要之，罗钦顺的未发已发思想涉及理气论、心性论、动静观等诸多哲学内容。罗钦顺认为未发之中不仅人人具有，乃至物物皆有，源自人物受气之初，共同禀赋于"理一"。已发针对"分殊"而言，"分殊"之后，"各私其身"，善恶遂分，然后才有中节不中节。从工夫论而言，要想达到未发之中、已发之和需要存养，存养无致知则流于空洞，致知而无存养则流于盲目。

小　结

这一章探讨了杨时、伊川、朱子、曹端、薛瑄、胡居仁、罗钦顺共七人的未发已发思想。在这七位学者中，朱子的未发已发思想即中和旧说、新说学界探讨得最多，有较为成熟的定论，其余则尚未引起学界的足够重视。通过对这一系的分析，可以看到未发已发问题背后的理气论、心性论、工夫论等内容逐渐走向严密化、系统化、体系化。在杨时思想中，未发之中即性即天即心，心性关系尚未获得更为清晰的界定，直至伊川和朱子的出现，才彻底形成了理学一系的基本观点——未发为性、已发为情，其背后是理气二分论。降至明初，曹端开始修补理气二分导致的心性割裂，并指出未发是"理之体""太极之静而阴"，已发是"理之用""太极之动而阳"，实则是通过太极修复理气二分危机。其后罗钦顺直接提出"有此物即

有此理""无此物即无此理"①，将认识论引入理气关系，使未发已发问题
的诠释向更深刻、更复杂的学说延伸。总之，理学一系对未发已发问题的
探讨是以"性即理"为核心，呈现出复杂的严密的内在逻辑和历史演变。

---

① 罗钦顺：《困知记》，北京：中华书局，1990年，第30页。

第四章　心学对未发已发问题的认知

　　心学是宋明理学中最为核心的学说之一，目前学界流行的宋明理学分系说法，一系、二系、三系和四系说都对心学一系给予了充分的重视，劳思光和陈来甚至认为心学是中国思想史发展的最终阶段（详见第五章）。作为中国思想史的主线之一，心学因其精湛的理论学说，影响了传统社会的进程。现代新儒家对心学极为重视，梁漱溟、熊十力和牟宗三等学者都是"接着陆王心学讲"[①]，足见心学影响之大。心学对未发已发问题的探究，截然不同于理学，因两者理论基点不同，一者主张"心即理"，一者主张"性即理"。总体上来说，心学的理论建构极具圆融色彩，表现在认识论、心性论和理气论等。在这一章中，笔者选取了陆象山、陈献章、湛若水、王阳明、王畿和王艮六位心学思想家进行论述，可以看到：随着心学理论的日趋严密和精深，对未发已发问题的诠释也变得越来越复杂。在陆象山的学说中，未发已发是指本心之发，意义指向明确，到了陈献章、湛若水时代，则分别成了"未发之中是圣人之心""未发之中、已发之和是心之本体、虚灵方直而不偏"，至阳明后学，他们以更复杂、更精妙的理论重新进行了阐发。

[①]　张立文：《船山学研究的新视野新方法》，《衡阳师范学院学报》2005年第1期。

第一节　陆象山："未发之中、已发之和" 是本心、太极、理

作为心学的奠基人，陆象山一直是历代学者关注的焦点。在宋明理学二系说中，朱陆异同之辨更是核心内容，或辨其异，或论其同。现当代学者对陆象山倾注了巨大的热情，学术成果不断涌现。2019 年 10 月，在江西省抚州市金溪县召开了"陆九渊诞辰 880 周年暨心学传承与发展"国际学术会议，来自世界各国共计百余人的专家学者参加，有学者认为此次会议"将对未来的宋明理学研究产生长远影响"[①]，足见陆象山对中国思想史研究之重要。

就目前研究状况而言，学术成果较为丰硕，正如学者沈顺福所说"心学的主要代表是陆象山与王阳明。关于二者各自的思想，学术界讨论得比较充分，成果也比较多"，但仍有值得研究的地方："从现有的资料来看，人们很少思考象山心学与阳明心学之间的关联，尤其是比较二者之间的差异。这种比较研究的缺失，不仅体现了学术上的不足与遗憾，更可能影响人们对二人思想特点的完整把握，甚至影响到对二者的哲学史评价。"[②] 比较研究是推进学术创新的一种重要方法，除此之外，还应该关注那些被忽略的问题。"未发已发问题"就是一个被长期遗忘的问题，其原因大概是陆象山有关这方面的资料非常稀少。

从总体来看，与伊川、朱子不同，象山、阳明沿着"心即理"的路径，直接从超越的、作为道德创生之体的本心出发，将其视为未发之中。但象山并未像阳明一样，对未发之中、已发之和进行专门论述，他的观点都零星散落在他的书信之中。就思想史的进程而言，心学一系的思想家在

---

① 张新国：《"陆九渊诞辰 880 周年暨心学传承与发展"国际学术会议综述》，《哲学动态》2020 年第 5 期。

② 沈顺福：《论陆、王心学之异同》，《哲学研究》2017 年第 10 期。

这个问题上都自身独特的理论建构，如王阳明认为未发之中是良知，王艮则进一步演绎为未发之中是现成的良知，因此探究陆象山对未发已发问题的思考非常有必要。

一、性体的未发与已发

未发之中是理、本心、性、良心。本心即良心即性即理。所谓本心，是从道德意识所呈露的道德实体而言，本心有四端——恻隐、辞让、是非、羞恶，其发用则有道德实践，这与孟子所说的本心相一致，是作为一种超越的、道德创生之本体的存在，而非实然的、生理学或心理学意义上的知觉运动之心；所谓理，即此超越的道德心发露、呈见，"满心而发，充塞宇宙，无非斯理"①；在此意义上，象山所说"宇宙便是吾心，吾心便是宇宙"，并非指宇宙唯心所现之意，而是强调本心之充沛而莫之能御，然后有实理之显现，本心是天是性，四方上下之内，往古来今之中，无不同此心同此理："宇宙内事，是己分内事。己分内事，是宇宙内事。"②象山所说之理，即是孟子所说充塞宇宙之理，此理人人皆同，就其呈现为道德意识而言，又可称之为本心。所谓性，"性乃天之所命"③，此心此理授之于天，在人谓之性。在与朱子的通信中，陆象山论述了未发已发问题，这也是《陆九渊集》中唯一一次论及未发已发：

> 极亦此理也，中亦此理也，五居九畴之中而曰皇极，岂非以其中而命之乎？民受天地之中以生，而诗言"立我烝民，莫匪尔极"，岂

---

① ［宋］陆九渊著，钟哲点校：《陆九渊集·卷三十四 语录·门人严松松年所录》，北京：中华书局，1980年，第423页。

② ［宋］陆九渊著，钟哲点校：《陆九渊集·卷二十二 杂著·杂说》，北京：中华书局，1980年，第273页。

③ ［宋］陆九渊著，钟哲点校：《陆九渊集·卷十二 书·与赵咏道·四》，北京：中华书局，1980年，第161页。

非以其中命之乎？《中庸》曰："中也者，天下之大本也，和也者，天下之达道也，致中和，天地位焉，万物育焉。"此理至矣，外此岂更复有太极哉？①

陆象山认为"喜怒哀乐之未发，谓之中"是指太极、理，他引述《诗•周颂•思文》"立我烝民，莫匪尔极"诗句，来说明太极、理就是民所受的"天地之中"。与其争锋相对的朱子则认为，"极是名此理之至极，中是状此理之不偏"，虽都指涉此理，但"名义各有攸当，虽圣贤言之，亦未尝敢有所差互也"。太极、理是天下之大本，从逻辑上是容易理解的，但是为何喜怒哀乐之未发是中？陆象山没有进一步地解释。从阳明后学的学说看，王艮将未发之中视为良知的自我呈现，童仆捧茶，一呼即应，良知寂然不动感而遂通的内在状态，与喜怒哀乐之未发极为相似，这与陆象山思想并非没有关联。

未发之中具有普遍性。未发之中即本心即性，此心此性上智下愚，无人没有："良心正性，人所均有，不失其心，不乖其性，谁非正人。"②这种普遍性是否具有物质基础？陆九渊并没有明文论述这个问题，但他并不否认性体具有客观的物质基础："人生天地之间，禀阴阳之和，抱五行之秀，其为贵孰得而加焉。"③但总体来说，陆九渊并没有将本心的来源追溯于气，他认为是禀赋于天，这是一种神圣的来源："义理之在人心，实天之所与，而不可泯灭焉者也。"④本心的普遍义切不能从经验义上理解，这种

---

① ［宋］陆九渊著，钟哲点校：《陆九渊集·卷二　书·与朱元晦·二》，北京：中华书局，1980年，第28页。

② ［宋］陆九渊著，钟哲点校：《陆九渊集·卷十三　书·与郭邦瑞》，北京：中华书局，1980年，第172页。

③ ［宋］陆九渊著，钟哲点校：《陆九渊集·卷三十　程文·天地之性人为贵论》，北京：中华书局，1980年，第347页。

④ ［宋］陆九渊著，钟哲点校：《陆九渊集·卷三十二　拾遗·思则得之》，北京：中华书局，1980年，第376页。

普遍义是超越的、形而上的，即在经验层面中纵使本心不能呈露、发见，也无损于普遍义。所以未发之中具有超越的普遍义，但在经验层面中，未发之中的呈露并非人人相同，这就是为什么人人既有本心，但未必人人都能有未发之中、已发之和："然道之广大悉备，悠久不息，而人之得于道者，有多寡久暂之殊，而长短之代胜，得失之互居，此小大广狭浅深高卑优劣之所从分，而流辈等级之所由辨也。"① 人有上智下愚之分，闻道有先后之别，学有多寡久暂之殊，在经验层面未发之中的呈现各有不同。

　　未发之中是超越的恒在。恒在是极易引起争议的一个概念，它脱离经验的约束，但又不能离开经验。陆九渊说："义理所在，人心同然，纵有蒙蔽移夺，岂能终泯，患人之不能反求深思耳。"② 本心有时或被蒙蔽，但终究不能泯灭，一旦反身自求，就能呈露。恒在意味着恒存于宇宙之中，不因个体意志的改变而改变，这是一种永恒的客观性："四方上下曰宇，往古来今曰宙。宇宙便是吾心，吾心即是宇宙。千万世之前，有圣人出焉，同此心同此理也。千万世之后，有圣人出焉，同此心同此理也。东南西北海有圣人出焉，同此心同此理也。近世尚同之说甚非。理之所在，安得不同？"③ 无论是千万世之前之后抑或东南西北海异域之地，人人同此心同此理。未发之中与本心具有相同的结构，所以也属于超越的恒在。

　　未发已发是本心之发，本心之发有超越义和经验义两种。所谓的超越的本心之发，是指本心的运动是绝对的超越层面的本心之发，较为合适的用法应该是"运动"，为的是避免与经验层面的未发已发相混淆。本心的普遍义和恒在义都指向本心的客观实在性，但是本心作为道德实践的来源，

---

① ［宋］陆九渊著，钟哲点校：《陆九渊集·卷二十二　杂著·杂说》，北京：中华书局，1980年，第271—272页。

② ［宋］陆九渊著，钟哲点校：《陆九渊集·卷二十　序赠·邓文苑求言往中都》，北京：中华书局，1980年，第255页。

③ ［宋］陆九渊著，钟哲点校：《陆九渊集·卷二十二　杂著·杂说》，北京：中华书局，1980年，第273页。

它的运行又是如何的？对陆九渊而言，超越层面的本心能知能觉，其运动就是天理之流行：

> 君臣上下之大分，善恶义利之大较，固天下不易之理，非有隐奥而难知者也。然而世衰道丧，利欲之途一开，而莫之或止，角奔竞逐，相师成风，如大防之一溃，滥漫衍溢，有不可复收之势。当是时，所谓大分大较，非隐奥而难知者，往往颠倒错乱，废坠湮没，而莫之或顾，此后世之公患也。人性之灵，岂得不知其非？然志销气腐，无豪杰特立之操，波流之所荡激，终沦胥而不能以自振，尚何望其能轩轾于人哉？然则安于所习而绝意于古者，诚亦人之所深患也。①

本心授自于天，人人相同，能知能觉，其所知所觉即"君臣上下之大分""善恶义利之大较"，所以陆九渊非常肯定地说"人性之灵，岂得不知其非"。本心能知能觉可以称之为超越的知觉义，包含了能明、所明和能觉、所觉。

以上我们探讨了超越层面的未发已发，实际上都指向超越的心体。超越的心体又称为性体，具有普遍义、先天义、客观义和明觉义。普遍义、先天义和客观义都相对来说容易理解，明觉义的结构较为复杂，容易引起争议。本心自知自觉意味着人的意识和本心的知觉可以剥离，如此一来，良知的呈露在经验层面可以不为人的意识所获知，这是泰州学派极力推崇的观点，也是最引起争议的地方："某方侍坐，先生遽起，某亦起。先生曰：'还用安排否？'"②王艮曾用童子捧茶来说明良知的现成，在他看来，良知甚至不用人力的安排，能自然呈露。

---

① ［宋］陆九渊著，钟哲点校：《陆九渊集·卷三十二 拾遗·续书何始于汉》，北京：中华书局，1980年，第383页。

② ［宋］陆九渊著，钟哲点校：《陆九渊集·卷三十五 语录·门人詹阜民子南所录》，北京：中华书局，1980年，第470页。

二、主敬、立本与扩充

接下来看经验层面的未发已发。在经验层面，超越的心体或性体的呈露需要工夫的持守：

> 天降衷于人，人受中以生，是道固在人矣。孟子曰："从其大体"，从此者也。又曰："养其大体"，养此者也。又曰："养而无害"，无害乎此者也。又曰："先立乎其大者"，立乎此者也。居之谓之广居，立之谓之正位，行之谓之大道。非居广居，立正位，行大道，则何以为大丈夫？①

民受天地之中以生，此"中"即为理为心体为性体，此体需要养、需要立，倘若不养、不立，则不能中立而不移，和而不流。因此在经验义上使用心体，此时心体就不是本心，而是有善有恶的实然之心。陆象山所说的人心有愚智之分就是在这个意义上成立的。人心的顽愚导致本心被遮蔽，此时经验层面的心体就和超越层面的心体非一，否则满街都是圣人，也不需要求放心的工夫。就经验义的心体而言，此时便不能以未发之中、已发之和进行代指，因为其发用有善有恶。在这个层面上，陆象山对人心人性的丑陋往往持批判态度。在《大学春秋讲义》中，陆象山有感于春秋时代礼崩乐坏，人心之泯灭，倍人伦而禽兽行："归父之往，则以取绎之故。齐惠公卒未踰年，而国佐寔来，徇私弃礼，见利而不顾义，安然行之，不畏于天，不愧于人。人心之泯灭一至于此。吁！可畏哉！"②陆象山并没有以道德理想主义否定现实的人性，他也认识到有些人心甘情愿为小人，

---

① ［宋］陆九渊著，钟哲点校：《陆九渊集·卷十三 书·与冯传之》，北京：中华书局，1980年，第180页。

② ［宋］陆九渊著，钟哲点校：《陆九渊集·卷二十三 讲义·大学春秋讲义·又》，北京：中华书局，1980年，第283页。

"世固有甘心为小人者，此无可言矣"①。国佐徇私弃礼、见利忘义，对这类"不畏于天，不愧于人"的小人，陆象山亦无可奈何。除了甘愿为小人外，还存在本心被遮蔽的现象。陆象山认为先秦时期有些思想家虽以仁义自任，实则背离大道，可谓蒙蔽而不自觉，陷溺而不自知："人心不能无蒙蔽，蒙蔽之未彻，则日以陷溺。诸子百家往往以圣贤自期，仁义道德自命，然其所以卒畔于皇极而不能自拔者，盖蒙蔽而不自觉，陷溺而不自知耳。"② 这两种情况可以很好地解释心体的经验义。经验层面的心体并非纯善而无恶，它有善有恶、知善知恶、好善恶恶。陆象山说"甘心为小人"，实际是指心体知善知恶却不能好善恶恶故有恶，国佐就是最好的例子。国佐是春秋时期齐国上卿，国归父之子，齐顷公十年（前589）鞌之战，齐国失败后，国佐奉命出使求和，晋国以齐国之母为人质和改齐国境内农田为东亩为谈判条件，以方便晋国进攻夺取利益，经过国佐的力争才得以和解，作为贵族后代其才智自然不容否定。但陆象山慨叹国佐良心泯灭，甘心为小人。另一种情况是指心体知善知恶也能好善恶恶，但所知之善所好之善并不是应知之善应好之善，陆象山称之为本心被遮蔽"不能自拔"。这两种情况都说明陆象山是在经验层面使用心体这一概念。在心体的经验义基础上，陆象山使用的超验义往往是一种规范、应然的用法。何谓规范、应然的用法？即陆象山所说的理、本心或性体，都指向客观的道德律令：

> 朱济道说："前尚勇决，无迟疑，做得事。后因见先生了，临事即疑恐不是，做事不得。今日中只管悔过惩艾，皆无好处。"先生曰："请尊兄即今自立，正坐拱手，收拾精神，自作主宰。万物皆备于

---

① ［宋］陆九渊著，钟哲点校：《陆九渊集·卷九 书·与林叔虎》，北京：中华书局，1980年，第127页。

② ［宋］陆九渊著，钟哲点校：《陆九渊集·卷一 书·与胡季随·二》，北京：中华书局，1980年，第8页。

我，有何欠阙。当恻隐时自然恻隐，当羞恶时自然羞恶，当宽裕温柔时自然宽裕温柔，当发强刚毅时自然发强刚毅。"[①]

朱济道的困惑在于心体总是无法自然挺立，他说"前尚勇决，无迟疑，做得事"，仅能保持这样的状态一阵子，过一阵子就"临事即疑恐不是"，陆象山的劝勉是"收拾精神，自作主宰"，应当恻隐时自然恻隐，应当羞恶时自然羞恶，应当宽裕温柔时自然宽裕温柔，应当发强刚毅时自然发强刚毅。朱济道的困惑实际上揭示了实然的心归复超验的明体面临的问题，即经验层面和超越层面如何统一？这个问题若不能解决，"心即理"就指向了一种外在的规范，即变成了一种客观的道德律令，这显然不符合心学的宗旨。为了弥封经验层面和超越层面，陆象山提出了心体的本然义。本然义是指心体本然为善，其发用无不中节，这层意义最容易引发歧义。陆象山认为只要心体没有束缚、陷溺，自然能发而中节，譬如四季运行一样，循序渐进，自适其宜：

> 吾心苟无所陷溺，无所蒙蔽，则舒惨之变，当如四序之推迁，自适其宜。记之所谓"亡于礼者之礼也，其动也中"，盖近之矣。夫子所谓"克己复礼为仁"，诚能无毫发己私之累，则自复于礼矣。礼者理也，此理岂不在我？使此志不替，则日明月著，如川日增，如木日茂矣。必求外铄，则是自湮其源，自伐其根也。侍旁千万致意，适旅应酬之冗，不及拜书。[②]

这就是朱子集中攻击陆象山学说的地方。在这段文字中，陆象山先是将心体设立为纯善无恶的明觉之体，只要无"毫发己私之累"，就能使此

---

① ［宋］陆九渊著，钟哲点校：《陆九渊集·卷三十五　语录·包扬显道所录》，北京：中华书局，1980年，第455—456页。

② ［宋］陆九渊著，钟哲点校：《陆九渊集·卷十二　书·与赵然道·四》，北京：中华书局，1980年，第159页。

本心朗照，所以他用了"日明月著"来譬喻，去掉遮蔽就能让明觉之体朗照出来。从这个意义上来说，陆象山的工夫论实际上较为接近"主静"："安详沉静，心神自应日灵，轻浮驰骛则自难省觉。心灵则事事有长进，不自省觉，即所为动皆乖缪，适足以贻羞取消而已。"① 这种观点影响了阳明后学王畿，他主张欲复本体之明，需要"不起意""常空""空洞无物"。但从总体来看，陆象山反对"主静"，这在《陆九渊集》中大量反对"主静"的例证可以看到：

> 无事时不可忘，小心翼翼，昭事上帝。②
>
> 未及作子约书，写至此，思子约书中有"宜于静未宜于动"之说，此甚不可。动静岂有二心，既未宜于动，则所谓宜于静者，亦未宜也。先作应之书不及此。③
>
> 将以保吾心之良，必有以去吾心之害。何者？吾心之良吾所固有也。吾所固有而不能以自保者，以其有以害之也。有以害之，而不知所以去其害，则良心何自而存哉？故欲良心之存者，莫若去吾心之害。吾心之害既去，则心有不期存而自存者矣。夫所以害吾心者何也？欲也。欲之多，则心之存者必寡，欲之寡，则心之存者必多。故君子不患夫心之不存，而患夫欲之不寡，欲去则心自存矣。然则所以保吾心之良者，岂不在于去吾心之害乎？④

"无事时不可忘"是明显的"主敬"；"宜于静未宜于动"是陆象山明

---

① ［宋］陆九渊著，钟哲点校：《陆九渊集·卷十四　书·与蔡公辩》，北京：中华书局，1980年，第187页。

② ［宋］陆九渊著，钟哲点校：《陆九渊集·卷三十五　语录·包扬显道所录》，北京：中华书局，1980年，第455页。

③ ［宋］陆九渊著，钟哲点校：《陆九渊集·卷五　书·与高应朝》，北京：中华书局，1980年，第64页。

④ ［宋］陆九渊著，钟哲点校：《陆九渊集·卷三十二　拾遗·养心莫善于寡欲》，北京：中华书局，1980年，第380页。

确反对的；良心人所固有，去掉"吾心之害"就是明理克治的过程，如果不去省察克治，容易流于乖谬而不自知。陆九渊对主静一说较为警惕，主静易流于佛老寂灭之学。从本心需要持守的角度而言，未发之中、已发之和也需要持守。需要注意的是，此时未发之中、已发之和的结构意义和心体的本然义同构：未发之中、已发之和并不是主观的工夫获得的，它是借助主观的工夫回归客观的性体。就其工夫论而言，象山重立本、扩充的工夫。立本、扩充是指本心的承体起用，需要立志、辨志、剥落。立志，即孟子"先立乎其大者"之意，指心之思摆脱感官经验的束缚，肯认、确立绝对的、超越的道德心；辨志是心之思重新回归感官经验之中，在经验世界中确立超越性的法则，是本心的反原、观复作用；剥落，是本心的朗照，是孟子所说的本心之充沛、勃然其兴而莫之能御，是道德心的自我完成。总之，象山对未发已发问题的论述以孟子学说为核心。

陆象山对未发已发问题的思考可以概括为以下两点：第一，超越的心体就是未发之中、已发之和，超越的心体具有普遍义、客观义和明觉义，它自知自觉，能自我呈露，所以是未发之中、已发之和。第二，经验义的实然之心有善有恶，故不能称之为未发之中、已发之和，但陆象山为心体设立了本然义，这也就意味着经验的实然之心通过克治省察的修养工夫，归复先天的明体，此时未发之中、已发之和就不是经验的目标，而是融合了主观和客观，通过主观的工夫呈露客观的性体。

第二节　陈献章：未发之中、已发之和是圣人之心

陈献章是明代思想家，黄宗羲认为他与王阳明同侪，为有明一代心学领袖："有明之学，至白沙始入精微，其吃紧工夫，全在涵养。喜怒未发而非空，万感交集而不动。至阳明而后大。两先生之学，最为相近。

不知阳明后来从不说起，其故何也。"①从陈献章的思想发展脉络而言，可为两个阶段。他早年追随吴与弼，三十八岁时游太学，国子监祭酒邢让称之为"真儒复出"，他赋诗言志："吾道有宗主，千秋朱紫阳。说敬不离口，示我入德方。义利分两途，析之极毫芒。圣学信非难，要在用心藏。善端日培养，庶免物欲栽。"②在这个阶段，他以朱子为宗，思想倾向理学。晚年以自然为宗，心学特色明显。《明史·儒林传》所说"学术之分，则自陈献章、王守仁始"，便是以晚年为陈献章思想成熟期，视之为明代心学滥觞。

目前学界对陈献章的研究主要集中在以下几个方面：第一，梳理陈献章思想，如专著《陈献章评传》③，论文《陈献章心学简论》④、《简论陈献章的"万化我出"说》⑤、《论陈献章心学思想的理论意蕴和特色》⑥等；第二，陈献章学说的思想史定位，如论文《论陈献章的思想与明中叶学风的转变》⑦、《陈献章心学的道家品味》⑧、《陈献章学脉对王阳明思想的影响》⑨等。总体而言，学术界对陈献章思想的研究已经取得显著的成果，但是就陈献章思想的矛盾性研究则未深入展开，陈献章晚年以自然为宗，可以说代表了他成熟时期的思想，但是他又肯定气的实存，诸如此类，应该如何去理解，都是值得讨论的问题。至于陈献章未发已发思想，因其本人未明文论及，唯有零星半句，学界未尝论及。故本文在梳理陈献章思想基础上，尝试推测其对未发已发问题的思考。

---

① 陈献章：《陈献章集》，北京：中华书局，1987年，第867页。
② 陈献章：《陈献章集》，北京：中华书局，1987年，第279页。
③ 黄明同：《陈献章评传》，南京：南京大学出版社，1998年。
④ 陈奇：《陈献章心学简论》，《贵州师范大学学报》1996年第3期。
⑤ 宋志明：《简论陈献章的"万化我出"说》，《中国人民大学学报》1997年第4期。
⑥ 方国根：《论陈献章心学思想的理论意蕴和特色》，《孔子研究》2000年第2期。
⑦ 龚抗云：《论陈献章的思想与明中叶学风的转变》，《湖南大学学报》1990年第5期。
⑧ 冯达文：《陈献章心学的道家品味》，《孔子研究》1995年第1期。
⑨ 汪学群：《陈献章学脉对王阳明思想的影响》，《湖南大学学报》2016年第3期。

研究陈献章未发已发思想难处在于，在他对道、心、气等概念的表述前后不一致，有时更是一种诗性的表达，这就为研究工作增加了难度。他的这种思想风格也体现在其诗歌创作之中："偶然有合，或高妙不可思议，偶然率意，或粗野不可向迩，至今毁誉亦参半。"（《四库全书总目提要》评陈献章诗）这虽是就其诗歌成就而言，然其思想学说亦有精有粗、前后龃龉之处。从思想史角度而言，陈献章处在明代思想史的转捩点，上承朱子学，下启心学，其学说尚未彻底转型，故既有朱子学色彩，又流露心学观点。

一、道体的悬置与心体的凸显

首先，陈献章承认客观世界的存在，并且客观世界是由气构成的，"天地间一气而己，屈信相感，其变无穷"[1]。但客观世界不存在主宰者，这也就意味客观世界的运动变化背后不存在像朱子所说作为本体的理，宇宙万物自生自灭："混沌固有初，浑沦本无物。万化自流形，何处寻吾一？"[2]（《太极涵虚》）"正翁眼时元活活，到敷散处自乾乾；谁会五行真动静，万古周流本自然。"[3]（《枕上漫笔》）天地万物尚未形成之初，宇宙混沌一片。万物自然形成，何处去寻找终极的"理一"之"一"？又强调"万古周流本自然"，一切都是自然而然，没有造物主、主宰者，只有宇宙万物的自生自灭、自动自静、自阖自辟、自舒自卷："宇宙内更有何事，天自信天，地自信地，吾自信吾；自动自静，自阖自辟，自舒自卷；甲不问乙供，乙不待甲赐；牛自为牛，马自为马；感于此，应于彼，发乎迩，见乎远。"[4]既然万物自生自灭，就应该委运自然，如浮云、疏柳，浮云来

---

① 陈献章：《陈献章集》，北京：中华书局，1987年，第41页。
② 陈献章：《陈献章集》，北京：中华书局，1987年，第522页。
③ 陈献章：《陈献章集》，北京：中华书局，1987年，第647页。
④ 陈献章：《陈献章集》，北京：中华书局，1987年，第242页。

去无踪，疏柳荣枯有时，生老病死不过是自然变化的一部分，也就无所谓"夭寿"，"夭寿"体现着人对寿命的期许，既然万物自生自灭，那也就无所谓"夭寿"："大块无心，孰夭孰寿？消息自然，匪物有咎。委变化于浮云，达枯荣于辣柳。"①

陈献章虽然认为宇宙万物是自然变化的，但并不否认"道"的存在。他肯定道是天地之本，天地是自然变化运动的一部分：

> 道至大，天地亦至大，天地与道若可侔矣。然以天地而视道，则道为天地之本；以道视天地，则天地者，太仓之一粟，沧海之一勺耳，曾足与道侔哉？天地之大不得与道侔，故至大者道而已，而君子得之。②

"道"永恒不变，而天地万物的变化不过是"太仓之一粟，沧海之一勺"。那么，"道"究竟是什么？

> "或曰：'道可状乎？'曰：'不可。此理之妙不容言，道至于可言则已涉乎粗迹矣。'……曰：'道不可以言状，亦可以物乎？'曰：'不可。物囿于形，道通于物，有目者不得见也。''何以言之？'曰：'天得之为天，地得之为地，人得之为人。状之以天则遗地，状之以地则遗人。物不足状也。'"③

陈献章认为道是天地之本，"天得之为天，地得之为地，人得之为人"，天之所以为天，地之所以为地，人之所以为人，都是因为"道"的存在。可以看到，陈献章的思想中仍隐约透露这样的观点：天、地、人形成之前，道的实体就已经存在。这与朱子所说的道或理，是独立的、绝对

---

① 陈献章：《陈献章集》，北京：中华书局，1987年，第111页。

② 陈献章：《陈献章集》，北京：中华书局，1987年，第54—55页。

③ 陈献章：《陈献章集》，北京：中华书局，1987年，第56页。

的、本源的实存，是宇宙万物形成的动力和根源，相一致。所以他说："神理为天地万物主本，长在不灭。人不知此，虚生浪死，与草木一耳。"[1]从对道的理解来看，符合陈献章早年"吾道有宗主，千秋朱紫阳"的思想主张。与此同时，"道"通过物的生化显现，清代学者屈大均曾指："白沙先生善会万物为己，其诗往往漏泄道机，所谓吾无隐尔。盖知道者，见道而不见物，不知道者，见物而不见道。道之生生化化，其妙皆在于物。"[2]这就是著名的"道在万物"观点，在其《偶得寄东所二首》之作表现得更为明显："知暮则知朝，西风涨暮潮。千秋一何短，瞬息一何遥。有物万象间，不随万象调，举目如间之，何必穷扶摇。"[3]常人视"千秋"为长，"瞬息"为短，他感慨"千秋一何短，瞬息一何遥"，并认为"道"在万象之间，举目就能看见。"知暮则知朝，西风涨暮潮"，知道有暮就会有朝，西风意味着暮潮上涨。似乎在表达一种客观规律，有暮则有朝，西风意味着暮潮上涨；似乎又是强调心灵的感通义，"知暮"则"知朝"。但无论强调哪一面，此诗的主旨在强调道在万物和委运自然。"他否认道的目的性"，他提出"天道无心"这一说法："天道至无心，比其著于两间者，干怪万状，不复有何及，至巧矣，然皆一无所为。"[4]宇宙万物是自然形成的，天道无心且无为。

　　总体而言，陈献章对"道"的理解带有神秘主义："或曰：道可状乎？曰：不可。此理之妙不容言，道至于可言涉乎粗迹矣。"[5]"何以知之？曰：以吾知之，吾或有得焉，心得而存之，口不可得而言之，必试言之，则已非吾所存矣。故凡有得而可言，皆不足以得言。"[6]道不可言说，唯

① 陈献章：《陈献章集》，北京：中华书局，1987年，第234页。
② 屈大均：《广东新语》，北京：中华书局，1985年，第347页。
③ 陈献章：《陈献章集》，北京：中华书局，1987年，第310页。
④ 陈献章：《陈献章集》，北京：中华书局，1987年，第232页。
⑤ 陈献章：《陈献章集》，北京：中华书局，1987年，第56页。
⑥ 陈献章：《陈献章集》，北京：中华书局，1987年，第56页。

有借助心灵去体认、感悟，从这点上看，他和先秦道家并无不同。但是，笔者认为陈献章对道的理解并不是要退回到先秦道家中去，而是一种"悬置"，他的关注点既不是在道和宇宙万物的关系上，也不是在强调道的实在性，而是凸显主体对道的体认，这种体认才能获得适性逍遥。陈献章思想中"自得"就是在这种情况下展现的，"道也者，自我得之，自我言之，可也。不然，辞愈多而道愈窒，徒以乱人也，君子奚取焉"①，强调"自得"和委运自然旨趣一致。

以上内容未涉及未发已发内容，但将为下文论述陈献章未发已发思想作好铺垫。陈献章认为"道""不容言"，凡"言"则"涉乎粗迹"，道不再被视为道德实践之源，则"天命之谓性"也不再如朱子所说是天赋之性理，"天以阴阳五行化生万物，气以成形，而理亦赋焉，犹命令也"②。同理，朱子所持未发为性、已发是情观点，在陈献章晚年思想中亦将遭到排斥。陈献章对道体的"神秘主义"理解，实际上是为心体的"感通义""神通义"留出空间。他对心体的"神通义"描述将开启心学一系主张的良知即未发之中、已发之和观点。

二、未发是心体的虚静至极

陈献章的基本思想是将心灵视为第一性。心灵的第一性是指：心灵是认知源泉，人的认知对象依赖于心灵呈现，所以他说"心者，吾之所独知"。如果没有心灵，就没有外在客观世界："无我无人无古今，天机何处不堪寻。风霆示教皆吾性，汗马收功正此心。"③但是，这并不意味有心灵就能认识到宇宙万物，人人都有心灵，但未必人人都能"真知"——真实

---

① 陈献章：《陈献章集》，北京：中华书局，1987 年，第 131 页。
② 朱熹：《四书章句集注·中庸章句》，北京：中华书局，2015 年，第 781 页。
③ 陈献章：《陈献章集》，北京：中华书局，1987 年，第 494 页。

地认识宇宙万物。心灵"真知"需要"诚"，唯有"诚"才能认识"天地之大，万物之富"："夫天地之大，万物之富，何以为之也？一诚所为也。盖有此诚，斯有此物；则有此物，必有此诚。则诚在何所，具于一心耳。心之所有者此诚，而为天地者此诚也。天地之大，此诚且可为，而君子诚存之，则何万世之不足开哉。"①陈献章所说的"诚"是一种"真诚"的认知，唯有"真诚"才能看见"天地之大，万物之富"，否则天地万物只是个体攫取的对象，心灵变为欲心。为了达到"真知"，需要主静的工夫，主静就是排除一切私欲杂念，让心体的"神通义"显露出来：

> 人心上容一物不得，才著一物，则有碍。且如功业要做，固是美事，若心心念念只在功业上，此心便不广大，便是有累之心。是以圣贤之心，廓然若无，感而后应，不感则不应。又不特圣贤如此，人心本来体段皆一般，只要养之以静，便自开大。②

当心灵摆脱束缚，呈现出广大通达的特性时，就是一种"无累"的状态。纯粹的心灵与理是一，如原泉混混不舍昼夜：

> 久之，然后见吾此之心体，隐然呈露，常若有物。日用间种种应酬，随吾所欲，如马之御衔勒也。体认物理，稽诸圣训，各有头绪来历，如水之有源委也。于是涣然自信曰："作圣之功，其在兹乎！"有学于仆者，则教之静坐，盖以吾所经历粗有实效者告之，非务为高虚以误人也。③

陈献章尚未建构出系统的认识论。他所说的"心者，吾之所独知""无我无人无古今"，是一种强调义，而非建构义，他更看重心灵的道德认知

---

① 陈献章：《陈献章集》，北京：中华书局，1987年，第425页。
② 黄宗羲：《明儒学案》，北京：中华书局，2008年第2版，第85—86页。
③ 陈献章：《陈献章集》，北京：中华书局，1987年，第866页。

和"无累"状态，"吾心之正，天地之心亦正"①。

在此基础上，再来看陈献章对未发已发问题的理解。他未明文论述未发已发问题，唯有《答张内翰廷祥书，括而成诗，呈胡希仁提学》一诗可见其端倪：

> 古人弃糟粕，糟粕非真传。眇哉一勺水，积累成大川。亦有非积累，源泉自涓涓。至无有至动，至近至神焉。发用兹不穷，缄藏极渊泉。吾能握其机，何必窥陈编。学患不用心，用心滋牵缠。本虚形乃实，立本贵自然。戒慎与恐惧，斯言未云偏。后儒不省事，差失毫厘间。寄语了心人，素琴本无弦。②

此诗大意为：诚如轮扁之言，古人所流传下来的书籍，都是糟粕。纵使矻矻兀兀，日积月累，何时"积累成大川"？也有非积累之途径，心体如源泉不竭。心体是一片虚灵，是"至无"之象，但动而无穷，"天地我立，万化我出，而宇宙在我"，是我所独知，"心者，吾之所独知"。心体的发用无穷无尽，如同源泉一般。我能把握其中机妙，何必费心于陈词旧说。学之患在不用心，用心又会牵连缠绕。心体本虚，其发用则实，所以心体之立贵在自然。《中庸》"戒慎乎其所不闻，恐惧乎其所不睹"，是中正之理。后儒不知在心体上下工夫，失之毫厘谬以千里。告诉那些真正欲识心体的人，心体如素琴本无弦，心体本为自由，不受拘束。

陈献章弟子湛若水对此诗进行了详尽的解读，有助于我们理解陈献章论述未发已发问题，今摘录如下：

> 所谓至无者，即无极而太极之无。阴阳动静皆由此出，五行万物皆由此生，非"至无有至动"乎？夫妇居室之间，无非鸢飞鱼跃，妙

---

① 陈献章：《陈献章集》，北京：中华书局，1987年，第36页。
② 陈献章：《陈献章集》，北京：中华书局，1987年，第710页。

理活泼泼地，非"至近而至神"乎？放之弥六合，非"发用不穷"？卷之藏于密，非"缄藏渊泉"乎？喜怒哀乐未发为天下大本，则"本"非"虚"乎？发皆中节，乃为天下达道，非"形乃实"乎？朱子尝谓圣人之心，至虚至明，浑然之中，万理皆备，所谓虚也。而所谓一有感触则其应甚速，无所不通，皆本于此。故曰："致虚所以立本也。"先生之意，总见先静而后动，须以静为之主；由虚乃至实，须以虚为之本。若不先从静虚中加存养，更何有于省察？故戒慎恐惧，虽是存养，而以此为主，以此为本，非偏于存养也。中庸先戒惧而后慎独，先致中而后致和，朱子谓体立而后用有以行，周子谓不专一则不能直遂，不翕聚则不能发散，皆是此意。周子之论学圣也，曰："一为要。"一者，无欲也。无欲则静虚动直，其即先生主静致虚之学乎？圣学精微俱括于此，奈何以禅目之！

这段文字夹杂着湛若水和陈献章思想，较为复杂，但陈献章心学基本思想是明晰的。湛若水认为陈献章所说的"至无有至动"是指"无极而太极之无"，即太极是至无的，但其发动则无所不通，"阴阳动静皆由此出，五行万物皆由此生"，他并没有将此太极视为心，而认同程朱理学太极之说，太极即理，是创生宇宙万物之源。接下来，直言居室之间，男女之合是理，即理在人伦日用之间，所以"至近而至神"。理在宇宙万物之中，是其"发用不穷"。心能具理，退藏于密，是为"缄藏渊泉"。又引述朱子之言圣人之心，至虚至明，浑然之中，万理皆备，这是将未发之中视为圣人所独有，而常人需戒慎恐惧，"先致中而后致和"，"体立而后用有以行"，当以性为心之体，然后其发用中节。湛若水又引用周敦颐"不专一则不能直遂，不翕聚则不能发散"，认为心的"无欲"状态是关键，"无欲则静虚动直"，就是陈献章所说的"主静致虚之学"。

结合整体思想，尝试推测陈献章对未发已发问题的理解：第一，未发之中是心体的虚静至极；第二，心体的虚静至极是指圣人，常人之心有滞，圣人心体虚静至极，所以其喜怒哀乐之发是一种"不滞于情"的"无情"状态，"永结无情游，相期八纮外"①（《白沙子古诗教解晓枕》）。第三，从心体的功能而言，圣贤本心相同，皆能达至"天地我立，万化我出，而宇宙在我"，但是这需要主静的工夫，方可成就"圣人任迹而无心，贤人有心而践迹"。

第三节　湛若水："未发之中、已发之和" 是"心之本体""虚灵方直而不偏"

湛若水是明代心学思想家之一，据《明史·儒林传序》记载"宗献章者曰江门之学"，湛若水以陈献章为师，属于江门之学一系。陈献章非常器重湛若水，视其为传人："达摩西来，传衣为信，江门钓台亦病夫之衣钵也，兹以付民泽，将来有无穷之托，珍重珍重！"②（《白沙子》）而湛若水亦尊敬其师，认为"道义之师，成我者与生我者等"③，在陈献章殁后，为之守丧三年："为之制斩衰之服，庐墓三年不入室，如丧父然。"④（罗洪先：《湛若水墓表》）

从学派传承而言，将湛若水归入江门一系并无问题，就其学说而言，湛若水的思想与陈献章、王阳明代表的姚江学派有较大差异。学者蔡方鹿认为湛若水是二元论者，主张心本论和气本论："湛若水既提出了'宇

---

① 湛若水对此注释道："无情，谓喜怒哀乐皆寂也。圣人寂然不动，感而遂通，天下之故无情可以入道而谓无情为道则非也。"（《陈献章集》，北京：中华书局，1987年，第777页。）

② ［明］陈献章著，孙通海点校：《陈献章集·卷六　七言绝句·江门钓濑与湛民泽收管》，北京：中华书局，1987年，第644页。

③ ［明］陈献章著，孙通海点校：《陈献章集·附录二　年谱及传记资料·编次陈白沙先生年谱　·卷二·弘治十三年二月初十日（先生卒）》，北京：中华书局，1987年，第862页。

④ ［清］屈大均撰：《广东新语·卷九　事语·为师服》，北京：中华书局，1985年，第292页。

宙之内一心尔'的命题，又提出了'宇宙间一气而已'的命题，这是他哲学逻辑上的相互矛盾之处，说明了他既接受了心学的理论，又受到张载'气'论的影响。"[①]张立文认为湛若水和王阳明虽一者主张随处体认天理，一者主张致良知，但"名异而实同"："湛王之辩，体现两人在从程朱理体学转向心体学思维逻辑过程中，虽都安顿在心本体上，但其着眼点、入手处不同，一以随处体认天理，一以致良知，名异而实同。再者，两人对心的觉解有差分，湛氏有沿用程朱理论思维逻辑结构的核心话题天理之嫌，未能彻底度越程朱理学；王氏的致良知则是经炼狱般煎熬和在百死千难中彻悟得来的，完全离程朱之思议，而完成了心体学理论思维体系的建构。"[②]刘兴邦认为"'心无内外'思想是湛若水心学思想的逻辑起点，是整个岭南心学思想的理论核心"[③]。本文通过梳理湛若水未发已发问题的观点，进一步深入探究湛若水哲学思想，并在行文中逐步回应上述学者的观点。

一、心之本体源自中和之气

湛若水认为心之本体无所谓未发已发，在具体论述这一观点之前，先来看心之本体的来源——中和之气。湛若水认为天地万物皆由气构成，人、物莫不禀气而生，即天地万物统一于气。其中有几个问题值得注意：第一，天地万物由气构成，气具有质料义；第二，气的运动才有天地万物的生成，气具有创生义；第三，宇宙间气虽有运动变化，然其恒存于宇宙

---

① 蔡方鹿：《湛若水哲学的二元论倾向》，《广东社会科学》1987 年第 3 期。

② 张立文：《湛若水的随处体认天理》，《学术研究》2013 年第 9 期。与此同时，张在其主编的《中国哲学范畴精粹丛书——心》一书中认为"在心气关系上，体现了湛若水哲学逻辑上的矛盾"（张立文主编：《中国哲学范畴精粹丛书——心》，北京：中国人民大学出版社，1993 年，第 244 页。）

③ 刘兴邦：《论湛若水的心学思想》，《五邑大学学报》2006 年第 6 期。

间，即气具有恒一义。先来看质料义，所谓质料义即天地万物皆由气构成，可视为一种物质属性，因此人的死亡就是气的衰竭，天地万物亦是如此："气为天，体为地，血者承气以行乎体于，天地之间者也。故人之老而死也阳气渐衰而血渐涸，天地之终也亦然。"① 太虚、虚空并非是"无"，而是气的实存，"虚无即气也，如人之嘘气也，乃见实有，故知气即虚也。其在天地万物之生也，是故知气之虚实有无之体，则于道也思过半矣"②。创生义是指气自身具有创生的功能，它的运动变化形成天地万物，气的创生义是生生的动力来源，就此而言，气的"生生不息"可视为一种"健"的品德，而人作为气的产物，人也可以展现出"健"的品德："'天行健，君子以自强不息。'健也者，宇宙之气也，宇宙之气，人之气也，是故可以配天，配天也者，不息之谓也。"③ 但湛若水只是说"配天也者，不息之谓也"，而没有说"配天也者，自强不息之谓也"，因为"不息"是指气的生生不息，"自强"则明显带有人文化的成分，气本身没有所谓"自强""不自强"，倘若将其归于气，则气的客观性将被破坏。另外，气的创生义是一种无穷的动能，气无时无刻不变化运动、屈伸、开阖，气创生的万物"无一相肖"："天地间无一物相肖其形者，无一物不同受其气者。于其无一相肖，见造化之无穷，于其同受气，见造化之本一。"④ 气的恒一义是指气恒存于宇宙，虽有运动变化，但它自身不会消亡，只有聚散屈伸，天地万物的存亡或曰物质的生死存亡本质上是气的聚散：

---

① 湛若水著，钟彩均点校：《泉翁大全集》第1册，台北：台湾中央研究院中国文哲研究所，2004年，第15页。

② 湛若水著，钟彩均点校：《泉翁大全集》第1册，台北：台湾中央研究院中国文哲研究所，2004年，第16页。

③ 湛若水著，钟彩均点校：《泉翁大全集》第1册，台北：台湾中央研究院中国文哲研究所，2004年，第56页。

④ 湛若水著，钟彩均点校：《泉翁大全集》第1册，台北：台湾中央研究院中国文哲研究所，2004年，第16页。

蒋信问："横渠先生曰'气之聚散于太虚，犹冰凝释于水。'然则气有聚散乎？"甘泉子曰："然。"曰："白沙先生曰'气无聚散，聚散者物也。'然则气果无聚散乎？"曰："然。"曰："何居？"曰："以一物观，何拒而不为聚散；自太虚观，何处而求聚散？"①

气的恒存义奠定了气的屈伸开阖运动，展现的"理"也是恒存的："一阴一阳之谓道，道一阴阳也，阴阳一气也，气一宇宙也，一而已矣。一不变则宇宙不变，宇宙不变则气不变，气不变则阴阳不变，阴阳不变则道亦不变。"②人物生生灭灭，但其根源气的特性是不会变的，因此人的生理也不会变。总之，气所具有的质料义、创生义、恒一义是天地万物生成的根源。

与此同时，从人、物的分殊上来看，虽然人、物都因气而生、由气而成，但物则得气之偏，人得气之中和，圣人得气之正中纯粹："故气之偏者，即蠢然为物；气之中正者，则浑然为圣人。及气之病而疯痹者，即谓之不仁，病风狂者，即不知义理。故知气为定品，性为虚位，是故气质之性非天地之性，天地之性一而已矣。"③湛若水将"不仁""病风狂者""不知义理"归结于气禀的不同，就此而言，气禀之异是终极原因，在其之上不存在如朱子所说的实存的理作为气的终极依据。

虽然物得气之偏，人得气之中和，但人、物共同体现了气运动不息的特性，即生机，物表现在"川流不息""鸢飞鱼跃"，人表现为子嗣传承，绵延不断。"自吾之身，而吾考之身，而吾祖之身，而吾曾祖之身，而吾

---

① 湛若水著，钟彩均点校：《泉翁大全集》第 1 册，台北：台湾中央研究院中国文哲研究所，2004 年，第 49 页。

② 湛若水著，钟彩均点校：《泉翁大全集》第 1 册，台北：台湾中央研究院中国文哲研究所，2004 年，第 12 页。

③ 湛若水著，钟彩均点校：《泉翁大全集》第 1 册，台北：台湾中央研究院中国文哲研究所，2004 年，第 17 页。

高祖之身，其气之相传，一人之身也，人有不爱其身者乎？"①这是就其共性而言。就差异性而言，人、物的区别在于人能思虑，超越万物，这种属性是一种认识义，是认识心；人的思虑能自律、自正，这种属性是一种道德义，是本心。由于人得中和之气，那么人本应就是中和的，这也就意味着本然的心就是未发之中，已发之和。本心之未发已发表现为一种"感通"，湛若水以"拜宣圣之庙庭"为喻：

> 夫圣人之学，心学也。如何谓心学？万事万物莫非心也。记曰"人者，天地之心。"人如何谓天地之心？人与天地同一气，人之一呼一吸与天地之气相通为一气，便见是天地人合一处。且如我越宣圣数千载，诸君、诸师长、诸生又与我相越数千里，我之心因何竭诚来拜宣圣之庙庭？尔诸师长、诸生之心，又因何翁然而来迎我？又不有所驱逼而来，又不是有为而来，盖以其此心同一个心，是以翁然感应耳。因此见得诸生之心即师长之心，诸师长之心即诸君之心，诸君之心即宣圣之心，宣圣之心即文、武、周公之心，文、武、周公之心即禹、汤、尧、舜之心，古今天下同此一心。何以言之人者，天地之心也。天地与人同一气，气之精灵中正处即心，故天地无心，人即其心。②

湛若水认为自己能越千载而拜祭孔子，诸君、诸师长、诸生又与其相越数千里而相迎，都是因为人人都同此一心，诸生之心即师长之心，诸师长之心即诸君之心，诸君之心即宣圣之心，宣圣之心即文、武、周公之心，文、武、周公之心即禹、汤、尧、舜之心，古今天下同此一心。此心相互感应，本身就是未发之中、已发之和。可以看到，湛若水将人禀中和之气理解为心体的感通义。这种感通义明显具有道德性意味，而不是纯粹的认

---

① 湛若水著,钟彩均点校《泉翁先生续编大全》第1册,台北: 台湾中央研究院中国文哲研究所,2004年,第16页。

② 湛若水著,钟彩均点校:《泉翁大全集》第2册,台北: 台湾中央研究院中国文哲研究所,2004年,第68页。

知义。纯粹的认知义是心的思虑，思虑无远不到，但未必能发而中节，它本身无善无恶。这种感通义包含着认识功能，但认识功能仅是本心的属性而言。这个本心本然而然能感通，这是中和之气赋予的，所以圣人之心感无不通："八卦、洪范之理在羲禹之心，触马龟而发焉耳。天地一阴阳也，阴阳一奇偶也，而皆本于自然，夫是之谓神道。"① 八卦、洪范之理是自然之理，圣人之心就是人的本心，但唯有圣人能感之而通，圣人的心是纯然禀赋中和纯粹之气，其心广大精微，无所不通，所以能通。八卦、洪范之理是一种客观的理吗？湛若水的回答是否定的。他认为没有人心的感应，这种理是不存在的，所以他说"在心为理"：

> 葛涧问物各有理。甘泉子曰："物理何存，存诸心耳。"问在物为理。曰："何不曰'在心为理'？故在心为理，处物为义，其感通之体乎。体用一原，理无内外。"问："络马之首，贯牛之鼻，非理与？果在外也。"曰："其义也。以心应马牛，而后理感而义形焉。"（《泉翁大全集》卷六《雍语》）

心和理的关系并非主观和客观的关系，而是一种体用的关系，理的存在是心体之用。

二、"心之本体无未发已发"

心之本体之所以无未发已发，因为心之本体是超越的、普遍的自在与恒在，它广大精微，中正纯粹，自寂自感，无所不通，所以无所谓未发已发。在论述心之本体前，先来看湛若水关于心的定义，从整体上把握心之本体的内涵。

---

① 湛若水著，钟彩均点校：《泉翁大全集》第 1 册，台北：台湾中央研究院中国文哲研究所，2004 年，第 57 页。

湛若水认为心有知觉义。心的知觉义是指心能认知、思考，能触类旁通，譬如气的运动，充盈宇宙、无处不在、无时无刻不运动变化，生生不息。作为一种思维能力，知觉可以为善也可以为恶。事实上，湛若水认为心的知觉义来源于气。气生生不息，人心的知觉运动就是气变化运动的体现，两者关系不是比喻义，而是派生义。但知觉义还不是心体的全部，知觉义依附于心体的感通义。换而言之，即气派生人，心的本然义或曰感通义才是气派生的结果。知觉义仅是感通义的一面，而非全部。

所谓感通义，是心体的本然义，即此心禀气而生所具有的属性，它囊括宇宙、贯通万物、"精灵中正"、"虚灵不昧"、"广大中正"，这一切都来源于人禀赋中和之气。心体的感通义包括知觉义，但知觉义不包括感通义，"夫心非独知觉而已也，知觉而察知天理焉，乃为心之全体"。感通义就是人性本身，并非后天学习所得，可以说是人所固有的属性，"虚灵不昧，心之本体，岂待人而后能之也"。

概括而言，心的感通义有这样几种特征：第一，就来源而言，感通义来自中和之气，这是一种派生的关系，湛若水将这种派生关系表述为"人也者，得气之中和者也"，有时又以"天地之中"代指气，"其中正焉者，即天地之中赋于人者也"①，有时又强调其非后天所成，"心出于天"。第二，感通义是指心体贯通天地万物，它无所不尽、无所不当，其所贯通的就是理。第三，感通义是心体的本然义，或者说，心体本然就是能无所不通、无所不照的高明虚灵之体，又可称之为道心、好心："天理是一大头脑，千圣千贤共此头脑，终日终身，只此一大事，立志者，立乎此而已。体认是功夫，以求得乎此者。煎销习心，以去其害此者。心只是一个好心，本来天理完完全全，不待外求，顾人立志与否耳。"第四，感通义之所以被遮蔽，是因为人欲之私，人欲之私一旦去除，心体的感通义就自然

---

① 湛若水著，钟彩均点校：《泉翁大全集》第1册，台北：台湾中央研究院中国文哲研究所，2004年，第19页。

呈露出来:"高明,谓人心之本体,所谓极高明者也。把柄,亦以比心之主宰处。言高明之体,覆物无外,然非他求也。其主宰在我,诚能反身求之,则可以极高明之量。心常惺惺,何所不照乎!"①当它呈现时,就是广大中正、无所障碍的心之本体,"天理本自完全,俱为嗜欲蔽障之耳。想,谓一念之萌,人欲之生,皆起于妄想。若断除此想,则天理流行无所障碍而超出于万物之上矣"②。第五,感通义是普遍的、恒一的。所谓普遍,是指人皆具有,"千圣千贤共此头脑";所谓恒一,是指本心恒一、不变,来源于气的恒一和不变,"一阴一阳之谓道,道一阴阳也,阴阳一气也,气一宇宙也,一而已矣。一不变则宇宙不变,宇宙不变则气不变,气不变则阴阳不变,阴阳不变则道亦不变。"③第六,就知觉义和感通义而言,知觉义是本心的一部分,所以湛若水说"知觉是心",而不是说心是知觉,因此真正的知识不是由知觉义的心去生成,而是由感通义去触发、感通,"盖知觉是心,必有所知觉之理,乃为真知也"(《新泉问辨录》)。知觉义的心获得的知识不是本源的,极容易支离破碎,往往陷溺于其中,湛若水认为这种非本源的知识"不得其本","人皆知学之益,而不知学之损,知学之损,则益矣。故多闻或令人昏,多辞或令人支,多艺或令人滞,多修或令人缪悠。非学之损,不得其本。有本则益,无本则惑,可不慎乎"。第七,本心与感通之理是一种体用关系,即上文提到的弟子葛涧认为物各有理,理在客观之物上,而湛若水认为"物理何存,存诸心耳",有感通义的心体才有伏羲的八卦、大禹的洪范。所以就体用关系而言,可以说"理在人心","此理在人心,本自固有,然或有所蔽,则此理不明,

---

① 陈献章:《白沙子古诗教解》卷上,《陈献章集·附录一》,北京:中华书局,1987年,第704页。

② 陈献章:《白沙子古诗教解》卷下,《陈献章集·附录一》,北京:中华书局,1987年,第785页。

③ 湛若水著,钟彩均点校:《泉翁大全集》第1册,台北:台湾中央研究院中国文哲研究所,2004年,第12页。

所以不能资人问询，以警其良知，盖此理人人同得故也"（《谋虑》）。需要注意的是，这里的"理""本心"不是主观意义上的概念。第八，本心无内外。内外之分是经验的用法，本心是普遍、恒一、感通之体，其发用无所不感、无所不通、广大中正，故无内外之分。而王阳明所说的本心是指人内在的心，区别于外在的事物，"盖阳明与吾看心不同。吾之所谓心者，体万物而不遗者也，故无内外。阳明之所谓心者，指腔子里而为言者也，故以吾之说为外"（《答杨少默》）。第九，心无内外，本心之发用无处不到、无处不在，所以理也无内外之分，它随着本心的发用无所不及：

> 后世儒者皆坐支离之弊，分内外、本末、心事为两途，便是支而离之，故有是内非外，重心略事之病。犹多不悟，反以为立本。千百年来，道学不明，坐此之故。自今诸学子合下便要内外、本末、心事合一，乃是孔孟正脉。何者？理无内外、本末、心事之间也。（《文科训规》）

由于本心具有普遍义、感通义，不需再区分内外，湛若水认为内外、本末、心事的区分，将导致重心略事、重本轻末、重内轻内，并非孔孟正传。

以上心的九义都是派生义，性的含义就是心灵的派生义。性的含义可分为以下几种：第一，心即性、即理。"心即性也，性即理也，性者心之生理也"，性是"心之生理"，"生理"指涉以上九种含义，可以说都是积极的、正面的。性就是指本心固有的属性，这种属性又来源于气。不能说这种属性是先天的，因为在湛若水看来，气无时无刻不在运动，气的运动变化才诞生了人性，人作为气的产物，也在运动变化之中，不变的是受之于气的属性，即上文提到的九种含义。第二，人性善良中正。性是指人的属性，即上文提及的九种派生义，所以说"性即理也，理无不善"：

> 问："人性最难言，分作两项说固不是，若以为一，则人品有许多不齐处，乌得而一之？孔子曰：'生知、学知、困知，及其知之一

也。'知之一，则人性之同可见，而生与学与困，明是差等相悬。天地气质之说，其无乃自此始与？此皆实疑，统帷指示。"

湛答："分天地之性与气质之性，恐终未安。程明道曰'性即理也，理无不善'，最为明尽。且性字之义从心从生，谓心之生理也。若为气质之偏，即非本心生理之本体矣，何以谓之性？性只是一性，理只是一理，若其非一，则何生知、学知、困知，安行、利行、勉行，知之而成功一也？初尊谕所谓人性之同，可见得之矣。"①

湛若水认为人性是一，性就是指人禀气而生具有本心的这种属性，此属性人人都有，不分贤愚，不分"生知、学知、困知"，所以"性只是一性，理只是一理，若其非一，则何生知、学知、困知，安行、利行、勉行，知之而成功一也"。第三，性的发用是德性。性是心之生理，其发用自然是本心的发用，表现出来就是恻隐、是非、辞让、羞恶之心："性者，天地万物一体者也。浑然宇宙，其气同也。心也而不遗者，体天地万物者也。性也者，心之生理也，心性非二也。譬之谷焉，具生意而未发，未发故浑然而不可见。及其发也，恻隐羞恶辞让是非萌焉，仁义礼智自此焉始分矣，故谓之四端。"第四，由于性是指心之生理，指涉的是一种关系、属性，而非朱子所说的性是一种实体，因此，湛若水说虚是性之本体："陈怀问：'合虚与气有性之名，合性与知觉有心之名如何？'甘泉答曰：'虚也者，性之本体也。性也者，知觉之本体，生生不已者也。而曰合焉，而曰与焉。则二物矣。'"第五，性是知觉的本体，即上文所说的本心具有感通义，感通义包括认知义，性即心即理，所以说性是知觉的本体。

再来看情的定义。情有自然情感也有道德情感。恻隐、是非、辞让、羞恶之是本心之发，可以说是一种道德情感，也有非道德情感，如出于

---

① 湛若水著,钟彩均点校《泉翁先生续编大全》第4册,台北:台湾中央研究院中国文哲研究所,2004年,第7页。

私欲的愤怒、恐惧，七情是相对于道德情感的另一种分类。湛若水认为"情之不正"来自心之不正，"若心不中正，则生理息矣，生理息，故手足痿痹，七情过当，而万事万物皆病矣，尚得谓之性乎"[①]，心不中正在宇宙论上无法追溯，心的中正来源于气之中和，这是两种不同的逻辑结构。

三、"随未发已发体认天理"

作为自然情感的喜怒哀乐有中节不中节之分，情之不正来源于心之不正，如何令心中正？这涉及湛若水"随处体认天理"工夫论内容。先来分析"理"的含义，再分析"体认"。第一，"在心为理"。湛若水认为心即性即理，理并不是外在的，如八卦、洪范之理，依赖心体感通得以存在。第二，理气不离。虽然"在心为理"，但并不意味着理是主观的，理气不离，理不能脱离气而独立存在，"气其器也，道其理也，天地之原也。器理一也"[②]。这实际上是针对朱子所说的理是悬空的、无质的观点，提出了反驳意见。因此，我们能够通过天地万物的生生变化理解理的存在，"万物宇宙间，浑沦同一气。就中有案然，即一为万理。外此以索万，舍身别求臂。逝川及鸢鱼，昭昭己明示。见之即浑化，是名为上智"[③]。在这首诗中，湛若水明确指出"逝川及鸢鱼"昭然揭示了理的存在，如果脱离此而别求他理，是"舍身别求臂"，但唯有"上智"才能"见之即浑化"，唯有上智见之而感通此理。这就照应了他所说的"在心为理"。第三，儒家任理，道家任气，任理为公，任气为私。由于气具有恒一义，气的恒存义奠定了气的屈伸开阖运动展现的"理"也是恒存的："一阴一阳之谓道，

---

① 湛若水：《泉翁大全集》（第七十三卷），明嘉靖十五年刻本，第15—16页。
② 湛若水著，钟彩均点校《泉翁先生续编大全》第1册，台北：台湾中央研究院中国文哲研究所，2004年，第57页。
③ 湛若水著，钟彩均点校《泉翁先生续编大全》第1册，台北：台湾中央研究院中国文哲研究所，2004年，第546页。

道一阴阳也，阴阳一气也，气一宇宙也，一而已矣。一不变则宇宙不变，宇宙不变则气不变，气不变则阴阳不变，阴阳不变则道亦不变。"[1] 理对人而言是普遍的、恒存的，追求理就是追求公理，而非私心。道家追求适性逍遥，实际上是为了自我。第四，心体的一贯是本源的工夫。湛若水认为大多数学者的病处在于不能保持心体的一贯，静坐时只留心于静坐，读书时只留心于读书，应酬时只留心于应酬，无法保持心体的一贯，所以流弊于佛老。他指出：

> 学者之病，吾知之矣，在二三其致矣乎。时而静坐焉，自静坐也。时而读书焉，自读书也。时而应酬焉，又自应酬也。如人之身血气不通，安能有生？若是者，其敬之未力与？是故于内外也，二而离之。合一之要，其惟执事敬乎独处也、读书也、酬应也，无非此心一以贯之，内外上下莫非此理，更有何事。此开物成务之学，异佛老之流也。[2]

主敬工夫尚未到位，导致心体分截，所以他指出"独处也、读书也、酬应也，无非此心一以贯之"，唯有挺立本心，则感无不通、莫非此理，才能达到大公中正，区别于佛老之流。第五，"随处体认天理"是指挺立本心，才能随时随地感之而通，因此"随处"不是求之于外，而是本心的挺立才能随处感通，湛若水对此解释道：

> 吾兄疑仆"随处体认天理"之说为求于外，若然，不几于义外之说乎？求，即无内外也。吾之所谓随处云者，随心、随意、随身、随国、随天下，盖随其所寂所感时耳。一耳，寂则廓然而大公，感则物

---

① 湛若水著，钟彩均点校：《泉翁大全集》第1册，台北：台湾中央研究院中国文哲研究所，2004年，第12页。

② 湛若水著，钟彩均点校：《泉翁大全集》第1册，台北：台湾中央研究院中国文哲研究所，2004年，第34页。

来而顺应。所寂所感不同，而皆不离吾心中正之本体。（《答阳明王都宪论格物》）

有中正纯粹的本心感通才可谓"在心为理"。第六，本心自在，去除人欲，则本心自见，所以严格来说本心挺立一说是不严谨的，本心自在、恒在，不需要借助外力扶持，譬如日月之明，去掉浮云则光明朗照，不需要再赋予日月以光明。从这个意义上来说，孟子"求其放心"、邵庸"大其心""存大体"的观点并不彻底。

> 夫所谓求放心者，收使之入也。所谓心要放者，廓使之大也。仆不知孟、邵，知吾心耳矣。仆知吾心，信吾心耳矣。安敢舍自信而信孟、邵也。夫孟、邵者，要有所为言之也。夫人心无出入，亦无大小，其本体有一定故也。盖心无入，故无出，则心何以放在外，如鸡犬之为外物然也。唯其本体自寂自感，不动而能通，以人之私欲私意蔽之而不见，故似放于外耳。然则以日月之蔽于云雾，以为无日月可乎不可也。心无小故无大，则何用放其心而大之，如物之可易而巨细然也。盖其心体本广大精微，为人私欲私意局之，故似乎小耳。然则以隙光而窥天，以为天小可乎不可也。是故孟子所谓求放心，乃为失心者言之耳。邵子所谓心要放，乃为小其心者言之耳。至于其所谓尽心一言尽之矣，必有事而勿正、勿忘勿助之数言尽之矣。合内外，同大小，一以尽之矣。又何有于内外大小之偏弊，而用救偏补弊之功乎？是故能存心于勿忘勿助之间，则人欲彻去，天理长存，而寂然感通之体自在，何尝有放于外？广大精微之体自在，又何用放其心而后大。然则孟、邵不识心欤？曰："孟邵非不识心也，救时而言之也。"是故为教者，不可为救时而立也。中道而立，能者从之也。尽心勿忘

勿助之间之谓也。①

　　孟子所说的"求其放心"，出自《告子上》："仁，人心也；义，人路也。舍其路而弗由，放其心而不知求，哀哉！人有鸡犬放，则知求之；有放心而不知求。学问之道无他，求其放心而已矣。"孟子以"鸡犬放"比喻"放心"，比喻人们对本心的忘却，但这样的比喻易造成本心需要求得这一理解，而湛若水认为本心自在、恒在，去掉人欲，则朗照出来，所以说"何尝有放于外"。至于邵庸所说放心，来自《六得吟》："眼能识得，耳能听得，口能道得，手能做得，身能行得，心能放得。六者尽与，天地同德。饮食起居，出处语默。不止省心，又更省力。"②邵雍所说的"心要放得"，即"大其心"，把心放大、放宽，而湛若水认为心无须放大、放宽，心本然的广大精微、无所不通。所以从心体具有自寂自感、广大精微的本然义而言，孟子"求其放心"、邵雍"心能放得"都不符合湛若水的观念。但他并不认为孟子和邵雍的说法是错误的，而是补时之弊，应机立教的一种说法。与此同时，他更契合孟子"必有事而勿正""勿忘勿助"的说法。"必有事而勿正""勿忘勿助"是指勿对本心做揠苗助长的工夫，而是应该让本心自然呈露，而非刻意去求本心。总而言之，从心的本然义出发，湛若水工夫论包含了以下几点：其一，心体自寂自感，"随处体认天理"是指本心的随时随地感通；其二，本心自在、恒在，去除人欲，本心自我朗照呈露。其三，心体的一贯是本源的工夫。

　　但是从现实经验层面而言，我们知道心灵会呈现浮散、散漫的状态，如成语"粗心大意""邪心妄见"，朱子所说的具有浮散、凝聚、收敛的心，就是实然之心。就此而言，湛若水的工夫论又有另一层面，如果以"则人欲彻去，天理长存"概括本然义的工夫论，那么"主敬"则指向实然义的

---

① 湛若水著，钟彩均点校：《泉翁大全集》第2册，台北：台湾中央研究院中国文哲研究所，2004年，第23页。

② 邵雍：《邵雍集》，北京：中华书局，2010年，第444—445页。

心。"主敬"就是"心中无有一物也"：

> "主一之谓敬"，主一者，心中无有一物也，故云"一"，若有一物则二矣，故孟子曰"心勿忘勿助长"，勿忘勿助之间乃是一。今云"心在于是而不放"，谓之勿忘则可矣，恐不能不滞于此事，则不能不助也，可谓之敬乎？敬合始终、内外之说最妙……勿忘勿助元只是说一个敬字，先儒未尝发出，所以不堕于忘，则堕于助，忘助皆非心之本体也。此是圣贤心学最精密处，不容一毫人力。故先师石翁又发出自然之说，至矣。圣人之所以为圣，亦不过自然如此，学者之学圣人，舍是何学乎来谕说忘助二字，乃分开看，区区会程子之意，只作一时一段看，盖勿忘勿助之间，只是中正处也。①

敬又是如何统一实然义和本然义？其实从本然义出发，心体的工夫是不需要主敬，而是更倾向于"主静"。"心体本广大精微，为人私欲私意局之"，去掉私欲私意呈露本心可以通过主静的工夫达成，湛若水亦是承认白沙主静的工夫："静坐久，隐然见吾心之体者，盖先生为初学言之，其实何有动静之间，心熟后虽终日酬醉万变，朝廷百官万象，金革百万之众，造次颠沛，而吾心之本体澄然无一物，何往而不呈露耶？盖不待静坐而后见也。"②但他只承认主静是为初学者而言，初学者尚未稔熟心体，静坐可以呈露本体。可见湛若水并不排斥主静。

要之，湛若水对未发已发的论述包含着心灵的两层结构。就本然义的心体而言，无未发已发之分，未发已发是经验层面的描述，而心体是超越的、普遍的自在与恒在，它广大精微，中正纯粹，自寂自感，无所不通，自然无所谓未发已发，"心体物而不遗，无内外，无终始"。就实然义的

---

① 湛若水著，钟彩均点校：《泉翁大全集》第2册，台北：台湾中央研究院中国文哲研究所，2004年，第23页。

② 湛若水著，钟彩均点校：《泉翁大全集》第7册，台北：台湾中央研究院中国文哲研究所，2004年，第31页。

心体而言，恻隐、辞让、是非、好恶之心的发露是主体去掉人欲之后获得本心的发用，这个过程需要主敬、勿忘勿助的工夫作为依托。通过主敬的工夫使此心呈露、朗照，随心、随意、随身、随国、随天下无所不通，随感随通："吾所谓体认者，非分未发已发，非分动静。所谓随处体认天理者，随未发已发，随动随静。盖动静皆吾心之本体，体用一原故也。如彼明镜然，其明莹光照者，其本体也。其照物与不照，任物之来去，而本体自若。心之本体，其于未发已发，或动或静，亦若是而已矣。"① 湛若水对未发已发问题的思考主要基于以上两个层面。

第四节　王阳明："良知即是未发之中"
"未发之中即良知也"

阳明沿袭了象山"心即理"的路径，认为象山是继周濂溪、程颢之后的大儒，但他觉得象山的学说"只是粗些"②，义理尚未密察。在前人的基础上，阳明建构了更加严密而精湛的哲学体系。相比象山，阳明对未发已发问题论述更严密、更详尽、更系统。

一、"人心本有个未发之中"

阳明认为《中庸》首章的"喜怒哀乐"指道德情感，来自良知的发露，所以"未发之中"是指良知，"良知即是未发之中"，"未发之中即良知也"③。良知即天理即本心，但天理这样的称谓容易让人理解为外在的、

① 湛若水著，钟彩均点校：《泉翁大全集》第2册，台北：台湾中央研究院中国文哲研究所，2004年，第14页。
② 王守仁：《王文成公全书》，北京：中华书局，2015年，第115页。
③ 王守仁：《王文成公全书》，北京：中华书局，2015年，第79页。

超越的存在，有执一之弊，良知则是本心之灵明，人人皆有，不学而能，不虑而知，不假外求。良知是阳明立教的根本，阳明从本心所具有的道德的先天判断能力出发，本心知善知恶，能自我裁断明其是非，由此是非之心则有羞恶之心，然后心体之全无不在焉。阳明凸显本心的"昭明灵觉"之处，将此是非之心向内聚拢，与羞恶之心、恭敬之心、恻隐之心合而为一，所以说"良知只是个是非之心"①。

在阳明思想中，人人皆具有未发之中——良知，其具体内涵又是什么？概括而言，有以下几个方面：普遍义、永恒义、感通义、贞定义和先天义五种意义。普遍义，是指良知人人皆有，不分圣贤愚智，不分古今中外，良知是人人相同的，"良知即是道，良知之在人心，不但圣贤，虽常人亦无不如此"②，"良知之在人心，无间于圣愚，天下古今之所同也"③。就此而言，人人都可以成为圣人，所以王阳明说"个个人心有仲尼，自将闻见苦遮迷。而今指与真头面，只是良知更莫疑"④。永恒义，良知自在、恒在，亘古不灭，生生不息。良知自在、恒在，无论何时，万代之后、千秋之前，良知总是一。良知如明镜一般，其朗照的能力每时每刻都在，它的恒在就是恒照，"良知者，心之本体，即前所谓恒照者也"，"自圣人以至于愚人，自一人之心，以达于四海之远，自千古之前以至于万代之后，无有不同。是良知者也，是所谓'天下之大本'也"⑤。其恒照的能力是一种"生生不息"的能力，但它不像朱子所说的"理"从宇宙论派生万物，而是从认识论意义层面统摄天地万物，"良知即是天植灵根，自生生不息"。先天义，即良知不虑而知、不学而能，这与孟子所说的四端之心不待虑而知，不待学而能相同："致者，至也，……'致知'云者，非若

---

① 王守仁：《王文成公全书》，北京：中华书局，2015 年，第 137 页。
② 王守仁：《王文成公全书》，北京：中华书局，2015 年，第 85 页。
③ 王守仁：《王文成公全书》，北京：中华书局，2015 年，第 98 页。
④ 王守仁：《王文成公全书》，北京：中华书局，2015 年，第 938 页。
⑤ 王守仁：《王文成公全书》，北京：中华书局，2015 年，第 339 页。

后儒所谓充广其知识之谓也，致吾心之良知焉耳。良知者，孟子所谓'是非之心，人皆有之'者也。是非之心，不待虑而知，不待学而能，是故谓之良知。是乃天命之性，吾心之本体，自然灵昭明觉者也。"①"天命之性"并非意指良知是由外在的天规定、命令，而是指良知自身的绝对性。普遍义、永恒义和先天义都是一种形式，感通义和贞定义就涉及良知是如何承体起用的，是一种具体的展开。所谓感通义，即良知作为统摄认知的更高级存在，它不需要借助外在而自我主导、自我生发。这种自我主导、自我生发的承体起用表现出来，就是"见父自然知孝，见兄自然知弟，见孺子入井自然知恻隐"：

> 知是心之本体，心自然会知：见父自然知孝，见兄自然知弟，见孺子入井自然知恻隐，此便是良知不假外求。若良知之发，更无私意障碍，即所谓"充其恻隐之心，而仁不可胜用矣"。然在常人不能无私意障碍，所以须用致知格物之功胜私复理。即心之良知更无障碍，得以充塞流行，便是致其知。知致则意诚。②

这就是心与理一的状态，就是天理本身的彰显，因此王阳明说"思是良知之发用。若是良知发用之思，则所思莫非天理矣"③。感通义描述了良知的承体起用莫非天理，是一种纯粹的道德实践。但如何才能保证良知的感通义？换而言之，良知的感通又是如何实现的呢？在回答这个问题之前，让我们先来看认知义。良知是超越并统摄认知功能的存在，良知就是认识的本体，良知本身就是认识的"能"，这样一来良知就决定了认知。具体而言，作为超越并统摄认知功能的良知，是一种"能"的存在，决定了"所"的发生。唯有如此，良知的承体起用才是自发的、而非外在的、规

---

① 王守仁：《王文成公全书》，北京：中华书局，2015年，第1117页。
② 王守仁：《王文成公全书》，北京：中华书局，2015年，第8页。
③ 王守仁：《王文成公全书》，北京：中华书局，2015年，第89页

定的。就此而言，人之所以能认识天地万物，都是本于良知，所以王阳明说良知是"性之生理"，发在目便会视，发在耳便会听，发在口便会言，发在四肢便会动：

> 阳明曰："所谓汝心，却是那能视听言动的，这个便是性，便是天理。有这个性，才能生这性之生理，便谓之仁。这性之生理，发在目便会视，发在耳便会听，发在口便会言，发在四肢便会动，都只是那天理发生，以其主宰一身，故谓之心。这心之本体，原只是个天理，原无非礼，这个便是汝之真己。这个真己，是躯壳的主宰。"[1]

从良知和认知的关系而言，是"能"与"所"的关系，从具体的认知内容而言，认知对象是良知决定的。认识到一个对象，这是由"能认识对象"决定的。需要注意的是，这种决定义并不是在说"物质的存在依赖于主观认识"，"存在就是被感知"这种观点，如父母若离开人的认知就不存在了一样，陈来指出："对于一个儒家学者，绝不可能认为父母在逻辑上后于我的意识而存在，也不可能认为我的'意之所在'不在父母便不存在。"[2]将这种意义上的良知发露出来时，它是自发，如虞舜从善如流："舜察迩言而询刍荛，非是以迩言当察，刍荛当询，而后如此。乃良知之发见流行，光明圆莹，更无挂碍遮隔处，此所以谓之大知。才有执著意必，其知便小矣。"王阳明指出虞舜之所以"察迩言而询刍荛"，并非因为"迩言当察""刍荛当询"，而是良知自身去察、去询，如果将其理解为"迩言当察""刍荛当询"，那么良知就不是自发的，仍需要外在的保证。

上文我们提到良知和认识的关系是一种"能"与"所"的关系，这样就保证了良知统摄认识。但"能"与"所"的关系背后，还需要一个发动者，否则"能""所"都是潜在的一种状态，这个发动者不能是外源的，

---

① 王守仁：《王文成公全书》，北京：中华书局，2015年，第45页。
② 陈来：《宋明理学》，北京：北京大学出版社，2020年，第308页。

必须是内在的，所以良知又有贞定义，即良知知善知恶，自我贞定：

> 知是心之本体，心自然会知：见父自然知孝，见兄自然知弟，见
> 孺子入井自然知恻隐，此便是良知不假外求。
> 能戒慎恐惧者，是良知也。
> 盖思之是非邪正，良知无有不自知者。①

良知之所以"见父自然知孝""见兄自然知弟"，是因为潜能是自我发动的。"良知无有不自知者"，良知的这种"自知"实际上是良知的自我发动。从中可以看到，王阳明之所以强调良知是是非之心，因为，知是知非本身就意味着良知的承体起用，这既是良知的认识功能，也是良知的发用，两者完美地结合在一起。

以上我们探讨了良知的普遍义、永恒义、感通义、贞定义和先天义五种意义，这五种意义是良知承体起用的保证，并最终构成了良知的全体。从这个层面而言，良知没有发与未发，因为良知恒在、自在：

> 良知者，心之本体，即前所谓恒照者也。心之本体，无起无不起，虽妄念之发，而良知未尝不在，但人不知存，则有时而或放耳；虽昏塞之极，而良知未尝不明，但人不知察，则有时而或蔽耳，虽有时而或放，其体实未尝不在也，存之而已耳；虽有时而或蔽，其体实未尝不明也，察之而已耳。若谓良知亦有起处，则是有时而不在也，非其本体之谓矣。②

如果说良知有未发之时，那么未发的良知又是什么呢？对王阳明而言，未发的良知是不存在的，未发的良知若是一种潜在的状态，那么它如何知善知恶，知是知非？这便不是良知的全体，所以他说"心之本体，无

---

① 王守仁：《王文成公全书》，北京：中华书局，2015年，第89-90页。
② 王守仁：《王文成公全书》，北京：中华书局，2015年，第76页。

起无不起，虽妄念之发，而良知未尝不在"。

二、工夫不分未发已发

阳明认为人心本有个"未发之中"，但为私欲昏蔽，所以需要使心得其正，归复本心，其工夫便是致良知。良知明，则好善恶恶之意诚，好善恶恶之意诚则心正。正心诚意的工夫是格物致知。阳明所说的格物致知与朱子不同，阳明的格物致知中致知是根本，致知是直贯的知、本体之知，由本体之知贯通至事上，承体以起用，由于本体之知是至善的，所以心之发用就是善的，心之发用著实之处即是事，当其显现出来就是"已发之和"。值得注意的是，阳明中晚年思想略有变化，中年以诚意为教旨，晚年则主张致知，故其对"未发之中"的理解亦有所不同。以诚意为教，注重意念的发动是否为善，"不务于诚意，而徒以格物者，谓之支，不事于格物，而徒以诚意者，谓之虚"①，意念的发动自始至终合乎天理，就是诚意之极，可谓止于至善，所以此时"未发之中"强调的是格物诚意的工夫论。阳明晚年强调致知，他认为"止至善之则，致知而已"②，意念的发动来自良知的牵引，心之所发为意，缺乏良知的牵引，诚意亦无从谈起，所以良知是格物诚意的根本。良知发用然后知在意念的发动时，知其为善为恶，或扩而充之或遏而止之。就此而言，"未发之中"是以致知为中心。

"未发之中"无所谓动静。"未发之中"是良知、是本心、是理、是性，是超越经验层面的道德创生之本体，没有动静之分，"良知本体原是无动无静的"③，动静关系是对经验层面上的"用"而言。阳明之所以反对视"未发之中"为静、已发之和为动，在于他反对学者盲目求静。求静未

---

① 王守仁：《王文成公全书》，北京：中华书局，2015年，第294页。

② 王守仁：《王文成公全书》，北京：中华书局，2015年，第293页。

③ 王守仁：《王文成公全书》，北京：中华书局，2015年，第130页。

必能理明，更别说盲目求静。实际上，阳明反对学者盲目求静另有指涉，他反对朱子"未发之中"的说法。朱子以已发时性体流露，应物不穷，无不当节，故称之为"和"，其工夫则是先涵养后察识，静时涵养为本，动时察识致知、格物穷理为用。朱子提倡心静理明的工夫论，但阳明认为若不能使本心挺立，求静未必能明理，可以说只是一种空头的涵养。

　　阳明认为理和良知是本体的睿明之处，要学者每时每刻、无间不息地做工夫。他反对将工夫截然分成未发、已发两段，视"戒慎乎其所不睹""恐惧乎其所不闻"为未发的工夫。这种将未发、已发截然分为两段的观点背后，是未认识到作为戒慎恐惧之本体的良知，超越于未发、已发的经验层面，故工夫亦应"存戒慎恐惧之心，则其工夫未始有一息之间，非必自其不睹不闻而存养也"。①

第五节　王畿："良知即是未发之中，即是发而中节之和"

一、"未发不以时言"

　　良知无所谓未发已发。良知是先天的、超验的，自在、恒在之体，"未尝有一息之停"，经验层面的未发已发无法描述良知，所以说"未发不以时言"：

　　　　未发不以时言。心无体，故无时无方，故曰出入无时，莫知其乡。吾人思虑，自朝至暮。未尝有一息之停，譬如日月，自然往来，亦未尝有一息之停而实未尝动也。若思虑出于自然，如日月之往来，则虽终日思虑，常感常寂，不失贞明之体，起而未尝起也。中庸喜怒

---

① 王守仁：《王文成公全书》，北京：中华书局，2015年，第180页。

哀乐观于未发之前，可以默识矣。不论钝根利器，皆须如此行持，此万古人心之本体。上乘如此用力，是即本体是功夫；下学如此用力，是合本体为功夫。若有未发之时，则日月有停轮，非贞明之谓矣。[①]

为了更加形象说明良知，王畿以日月为喻，日月无时不照譬如良知无时不在，日月不存在未照、已照时，良知也不存在未发已发时。这实则指出了良知具有的实体义，实体义又可分为普遍义、自在和恒在义、超验义、自发义，指向良知的客观实在性。

首先，王畿认为良知具有普遍义。良知人人具足，不分圣贤下愚，"然非独圣贤有是也，人皆有之，虽万欲腾沸之中，若肯反诸一念良知，其真是真非炯然，未尝不明"[②]。不论古今，良知人人相同，尧舜之良知即我之良知，即每个人的良知都是一样的，"若必以现在良知与尧舜不同，必待功夫修整而后可得，则未免于矫枉之过"[③]。且不因人力加损而增加良知或减损良知，既不会因为是德性完备的圣人而增加，也不会因是普通百姓而减少，"良知在人，百姓之日用，同于圣人之成能，原不容以人为加损而后全。乞人与行道之人，怵惕羞恶之形，乃其天机神应，原无俟于收摄保聚而后有。此圣学之脉也"[④]。良知的普遍义意味着不分时间空间，它普遍地存在于每个人身上，

其次，良知自在、恒在。良知的实存不依赖于主观意志，"夫万物皆备于我，非意之也"[⑤]，良知的存在然后使万物皆备于我，这并非主观的臆测，而是源于其客观的实在性。恒在，是指良知恒存，万古不灭，"可见千万古上下，良知未尝亡也"[⑥]。王畿以日月无所不照、终古不息譬喻良

---

① 王畿：《王畿集》，南京：凤凰出版传媒集团、凤凰出版社，2007年，第216—217页。
② 王畿：《王畿集》，南京：凤凰出版传媒集团、凤凰出版社，2007年，第230页。
③ 王畿：《王畿集》，南京：凤凰出版传媒集团、凤凰出版社，2007年，第42页。
④ 王畿：《王畿集》，南京：凤凰出版传媒集团、凤凰出版社，2007年，第191页。
⑤ 王畿：《王畿集》，南京：凤凰出版传媒集团、凤凰出版社，2007年，第247页。
⑥ 王畿：《王畿集》，南京：凤凰出版传媒集团、凤凰出版社，2007年，第109页。

知的恒存，它无时无刻不活动着："先师云，心之良知谓之圣。良知者，性之灵也。至虚而神，至无而化。不学不虑，天则自然。揲其端，夫妇之愚，可以与知；要其至，圣人有所不能尽。譬诸日月洒天，贞明之体终古不息。"①

良知有先天义。王畿将良知称为先天之学，将源于经验的认知称之为后天之学，先天之学是指良知不学而能，不虑而知，后天之学是个体主观认知的结果，"良知者，本心之明，不由学虑而得，先天之学也；知识则不能自信其心，未免假于多学臆中之助而已，入于后天矣"②。

良知有自发义。良知自在、恒在，生生不息，即寂即感，不需人力干预，自然就能呈露，当其呈露就是道德实践，孟子所说的乍见孺子将入于井，生怵惕恻隐之心，即来源于良知的发动，而不需要人力的干预："良知者本心之灵，至虚而寂，周乎伦物之感应，虚以适变，寂以通感。故其动以天，人力不得而与。千圣相传之秘藏也。"③良知的呈露"人力不得而与"，即良知具有自发义，自发义是良知自身的属性：

> 夫一体之谓仁，万物皆备于我，非意之也。吾之目遇色，自能辨青黄，是万物之色备于目也；吾之耳遇声，自能辨清浊，是万物之声备于耳也；吾心之良知，遇父自能知孝，遇兄自能知弟，遇君上自能知敬，遇孺子入井，自能怵惕，遇台下之牛，自能觳觫。推之为五常，扩之为百行。万物之变，不可胜穷，无不有以应之。是万物之变，备于吾之良知也。夫目之能备五色，耳之能备五声，良知之能备万物之变，以其虚也。致虚，则自无物欲之间吾之良知，自与万物相为流通而无所凝滞。故曰，反身而诚，乐莫大焉。强恕而行者，不能无物欲之间，强以推之，知周乎万物，以达一体之良。故曰求仁莫近焉。是

---

① 王畿：《王畿集》，南京：凤凰出版传媒集团、凤凰出版社，2007年，第46页。
② 王畿：《王畿集》，南京：凤凰出版传媒集团、凤凰出版社，2007年，第130页。
③ 王畿：《王畿集》，南京：凤凰出版传媒集团、凤凰出版社，2007年，第432页。

其学虽有仁恕之分，安勉之异，其求复吾之虚体以应万物之变，则一而已。此千圣学脉也。①

在这段文字中，王畿提出了三个重要的观点：第一，良知有自发义，"遇父自能知孝，遇兄自能知弟，遇君上自能知敬，遇孺子入井，自能怵惕，遇台下之牛，自能觳觫"。第二，良知能应万物之变，是道德实践创生之源，可称之为创生义。第三，良知之所以能应万物之变，是因为良知之"虚"，以"虚"应万物，所以"自与万物相为流通而无所凝滞"。良知之"虚"，是"无物欲之间吾之良知"，王畿将"虚"视为自发义和创生义的前提，没有良知之"虚"就没有良知之呈露。

良知的自发义还包含了良知的知善知恶、知是知非，"良知自能知几"。值得注意的是，良知之所以见父自能知孝，见兄自然知悌，是因为良知本身就是一个至善之体。这个至善之体的呈露或发用，是神感而神应，它能知善知恶，所以能创生纯粹的道德实践。但良知的知善知恶、知是知非，不能将其理解为经验层面的，良知是先天的、普遍的，它是至善之体，其用便是至善之发用，它不需要经过善恶抉择的一层，一旦夹杂经验层面，良知作为先天意义上的至善之体就会被破坏掉。王畿说：

> 睿为良知，"心之良知是为圣"，知是知非而实无是无非。知是知非者，应用之迹；无是无非者，良知之体也。夫万物生于无而显于有。目无色然后能辨五色，耳无声然后能辨五声，口无味然后能辨五味，鼻无臭然后能辨五臭，良知无知然后能知是非。无者圣学之宗也。②

良知是至善之体，"无是无非"，有善有恶、知是知非仍带有主观的痕迹，良知超越于经验层面。为了更好地说明良知是至善之体，王畿引用了象山的一则故事：

---

① 王畿：《王畿集》，南京：凤凰出版传媒集团、凤凰出版社，2007年，第44页。
② 王畿：《王畿集》，南京：凤凰出版传媒集团、凤凰出版社，2007年，第184页。

（一友方侍坐。象山遽起，亦起。象山曰，还用安排否）此即是
良知无思无为、自然之神应。学者于此识取，便是入圣学脉。[①]

象山起，其友亦起，象山说"还用安排否"，是指其友亦起不假人力
安排，出于自然，这就是良知的无思无为、自然之神应。从中可以看到，
良知的知是知非是基于后天经验的评判，良知神感神应，如鸢飞戾天、鱼
跃于渊，是其自发的、无思无为的，"良知本无知，如鸢之飞，鱼之跃，
莫知其然而然"。王畿对良知有是有非、知是知非的辨别，实际上是为了
警惕"知识"杂入"良知"：

> 良知本无知，凡可以知知、可以识识，是知识之知而非良知也。
> 良知本无不知，凡待闻而择之从之、待见而识之，是闻见之知，而非
> 良知也。

> 但由良知而发，则无所为而为；由知识而发，则不能忘计谋之
> 心，未免有所为而为。[②]

良知之知和知识之知不同，前者是基于至善之体的无所不知，是超验
的、先天的，是无所为而为；后者是经验的，属于闻见之知，必须经过判
断、抉择，是有所为而为。良知和知识的区分，旨在说明良知是超验的至
善之体，不能以对后天的、经验的人心的理解方式去理解它。

二、"有未发之中而后有已发之和"

既然良知无所谓未发已发，为何王畿又认为"有未发之中而后有已发
之和"？回答这个问题，必须理解王畿的良知学说具有双重结构。上文所

---

① 王畿：《王畿集》，南京：凤凰出版传媒集团、凤凰出版社，2007年，第25页。
② 王畿：《王畿集》，南京：凤凰出版传媒集团、凤凰出版社，2007年，第348页。

说的良知无所谓未发已发，是从实体意义层面而言，在经验世界中，良知的发动需要意识的参与。

> 良知即是未发之中，即是发而中节之和。此是千圣斩关第一义，所谓无前后内外，浑然一体者也。若良知之前别求未发，即是二乘沉空之学；良知之外别求已发，即是世儒依识之学。或摄感以归寂，或缘寂以起感，受症虽若不同，其为未得良知之宗则一而已。①

这也就意味着在经验世界中良知的呈露就是未发之中、已发之和。所以王畿说，如果不承认良知的实存，而追求未发之时，必然走向寂灭枯槁之学，追求不起一意、无思无为，这就是"二乘沉空之学"；同理，不承认良知的实存，而追求以主观意志的统摄，这不过是"依识之学"，意念没有根基，借助人为的扶持，这是"依识之学"。这两种学说都不承认良知的绝对实存，所以都"未得良知之宗"。

承认良知的实存，才能开出良知之学，这就是为什么王畿说"有未发之中而后有已发之和"。在经验世界中，主体若没有肯认至善之体，那么其所发的意念便不是善的。这里的未发已发是指经验意识的发与不发，而非良知的未发与已发。获得至善之体需持以戒慎恐惧的工夫：

> 吾儒喜怒哀乐未发之中一言，乃是千圣之的，范围三教之宗，非用戒惧慎独切实工夫，则不可得而有。有未发之中，而后有发而中节之和，工夫只在喜怒哀乐发处体当。致和正所以致中也。内外合一，动静无端，原是千圣学脉。②

戒慎恐惧是时时去除有善有恶的意念，唯有如此，才能保证良知的存在。

---

① 王畿：《王畿集》，南京：凤凰出版传媒集团、凤凰出版社，2007年，第130页。
② 王畿：《王畿集》，南京：凤凰出版传媒集团、凤凰出版社，2007年，第478页。

在第一部分，我们论述了良知的实在义，王畿所持"有未发之中而后有已发之和"观点涉及在经验世界中良知的呈露。为了使良知在经验世界中的呈露具有意义，王畿建立了良知的本然义。即人心本是至善之体，但被私欲遮蔽，去掉私欲，至善之体就呈露出来，譬如日月本是光明之体，被浮云遮蔽，则其光明之体无法得以呈现：

> 知慈湖不起意之义，则知良知矣。意者，本心自然之用。如水之鉴物，变化云为，万物毕照，未尝有所动也。惟离心而起意，则为妄。千万过恶，皆从意生。不起意，是塞其过恶之原，所谓防未萌之欲也。不起意，则本心自清自明，不假思为，虚灵变化之妙用，固自若也。空洞无体，广大无际。天地万物有像有形，皆在吾无体无际之中，范围发育之妙用，固自若矣。其觉为仁，其裁制为义，其节文为礼，其是非为知，即视听言动，即事亲从兄，即喜怒哀乐之未发，随感而应，未始不妙，固自若也。而实不离于本心自然之用，未尝有所起也……心本无恶，不起意，虽善亦不可得而名，是为至善。起即为妄，虽起善意，已离本心，是为义袭诚伪之所分也。①

在这段文字中，王畿指出不起意，意即后天、经验之意，则本心或曰良知朗照，"不起意，则本心自清自明，不假思为，虚灵变化之妙用，固自若也"。发自良知的意是纯粹至善之意，以后天经验而言则是至善，对其自身而言无所谓善恶，纯粹至善之意是良知自身的神感神应，不需假以人力，亦不能以经验世界的理解方式进行理解。当不起意时，良知得以呈露，此时"其觉为仁，其裁制为义，其节文为礼"，成了经验世界的道德实践的创生之源。从良知的本然义而言，只要能去除经验的意念，良知就能呈露、朗照，譬如浮云一去，明体即见，这对每一个人而言都是客观的：

---

① 王畿：《王畿集》，南京：凤凰出版传媒集团、凤凰出版社，2007年，第113页。

良知在人，本无污坏。虽昏蔽之极，苟能一念自反，即得本心。譬之日月之明，偶为云雾之翳，谓之晦耳。云雾一开，明体即见，原未尝有所伤也。此原是人人见在具足，不犯手做本领工夫。人之可以为尧舜，小人之可使为君子，舍此更无从入之路、可变之几。固非以为妙悟而妄意自信，亦未尝谓非中人以下所能及也。[①]

去除经验的意念，至善之体、明体就自然呈露，在王畿看来，这并非一种主观的臆测，不是"妙悟"也不是"妄意自信"，而是客观的、绝对的真理，是人人都能达成的，"未尝谓非中人以下所能及也"。需要注意的是，去掉经验的意念包含好恶之意念，哪怕这种好恶的意念是善的，因为来自经验的善的意念仍然不够纯粹、需假以人力进行维持。可见良知的本然义能解决这样一个问题：从逻辑上而言，既然良知是普遍的、先天的、自发的至善之体，那么它的呈露也应该是普遍的、恒常的，但就经验层面而言，每个人的道德实践都不尽相同。

三、"常人亦有未发之时"

王畿反对这样一种观点，即在经验世界中，未发之中并非人人具有："'未发之中由戒惧而得，不可谓常人俱有'，先师尝有病之喻矣。常人亦有未发之时，乃其气机偶定，非大本达道也。"[②]他认为"常人亦有未发之时"，只是"气机偶定"，常人需要学行才能使心体明澈。那么常人与圣人的工夫论有何不同？

从良知的本然义而言，去除经验层面的意念，至善之体便自我呈露、朗照。从这个意义上来说，圣人和众人都需要致良知，众人和圣人的区别

---

① 王畿：《王畿集》，南京：凤凰出版传媒集团、凤凰出版社，2007年，第134页。
② 王畿：《王畿集》，南京：凤凰出版传媒集团、凤凰出版社，2007年，第180页。

在于"生"和"熟"、"勉"和"安"之间的区别，简而言之，即圣人做得熟些，众人做得生疏些，但两者都能复本体之明："初学与圣人之学，只有生熟安勉不同，原无二致。故曰，及其成功，一也。"所以尽管王畿认为有生知安行的圣人，也需要困勉的工夫：

> 生知安行，却用困勉工夫。今以困勉之资，乃合下要讨生知安行受用，岂可得乎？论工夫，圣人亦须困勉，方是小心缉熙；论本体，众人亦是生知安行，方是真机直达。①

"生知安行，却用困勉工夫"，圣人之所以为圣人，是因为能时时将心体打整干净，复其本体之明，众人的工夫较为生疏，需要花费更多。两者的工夫一致，其终极目的也一致："初学与圣人之学，只有生熟不同，前后更无两路。若有两路，孔子何故非之，以误初学之人，而以闻见为第二义？在善学者默而识之。"②但时时保持本体之明，是一件极难之事："孝弟忠信，夫妇所能。及其至，圣人所不能。费而隐也。"③"工夫只求日减，不求日增，减得尽，便是圣人。"④"费而隐也"出自《中庸》："君子之道费而隐。夫妇之愚，可以与知焉，及其至也，虽圣人亦有所不知焉。夫妇之不肖，可以能行焉，及其至也，虽圣人亦有所不能焉。"本义为君子之道广大而精微，圣人亦有所不知、有所不能，此处意在说明致良知是极难之事，虽圣人有所不能尽。

就体用义的良知而言，良知之所以是至善之体，因其无善无恶。欲复本体之明，需要"不起意""常空""空洞无物"。那么圣人和众人的工夫有差异吗？王畿认为这种差异是存在的。"圣人无欲""与天同体"，不需要致良知；而众人的良知被遮蔽，需要不断地修行才能复其本体之明："致

---

① 王畿：《王畿集》，南京：凤凰出版传媒集团、凤凰出版社，2007年，第61页。
② 王畿：《王畿集》，南京：凤凰出版传媒集团、凤凰出版社，2007年，第93页。
③ 王畿：《王畿集》，南京：凤凰出版传媒集团、凤凰出版社，2007年，第125—126页。
④ 王畿：《王畿集》，南京：凤凰出版传媒集团、凤凰出版社，2007年，第146页。

良知工夫原为未悟者设，为有欲者设。虚寂原是良知之体，明觉原是良知之用。体用一原，原无先后之分。"在王畿看来，圣人无欲，无所障蔽，无所污染，其所行是至善之体的呈露。第一，圣人之所以为圣人，不是致良知的结果，而是因为他已经达到了无善无恶的心体，所以他闻善、行善沛然若决江河，"舜闻善言见善行沛然若决江河，是他心地光明，圆融洞彻，触处无碍，所以谓之大知"。

王畿为什么一方面认为圣人与众人"只有生熟安勉不同"，但另一方面又认为"圣人自然无欲，是即本体便是工夫；学者寡欲以至于无，是做工夫求复本体"？圣人到底需不需要致良知？要解决这个问题，必须认识到王畿的"良知"学说具有双重结构。上文我们论述了良知的实体义，实体义是一种客观实在性，只有将实体义和本然义结合起来，才能达到圆融。但是当良知的实体义和体用义结合起来，实际上还未达到圆融，这个时候的良知仍是客观意义上的实体。对实然的心而言，只有达到无善无恶、至虚至明的状态，才能呈露良知。从这个意义上说，只有圣人才有这种资质。按照这样的逻辑，王畿区分了圣人、贤人和下愚：

> 天命者，无欲之体，所谓"维天之命，于穆不已"，是也。圣人无欲，与天同体，无所障蔽，无所污染，率性而行，无不是道。故曰诚者天之道也。贤人以下，不能无欲，染有轻重，蔽有浅深，虽欲率性而行，为欲所碍，不能即达，必须遵道而修，以通其蔽而涤其染。故曰诚之者人之道也。[①]

从这个层面而言，王畿强调心体的无善无恶，贤人应该学的是圣人"空洞无物""常空"。只有"空洞无物""常空"，才能"备万物之用"，譬如目之所以能辨五色，耳之所以辨五声，在于其"无声无色"。那么，心体如何才能备万物之变？同理，在于"致虚"。

---

① 王畿：《王畿集》，南京：凤凰出版传媒集团、凤凰出版社，2007年，第178—179页。

李子问颜子屡空之义。先生曰：古人之学，只求日减，不求日增，减得尽便是。圣人一点虚明，空洞无物，故能备万物之用。圣人常空。颜子知得减担法，故庶乎屡空。子贡子张诸人，便是增了。吾人欲学颜子，须尽舍旧见，将从前种种闹嚷伎俩尽情抛舍，学他如愚，默默在心地上盘桓，始有用力处。故曰为道日损。若只在知识闻见上拈弄，便非善学。问曰：然则废学与闻见方可入圣乎？先生曰：何可废也，须有个主脑。古今事变无穷，得了主脑，随处是学。多识前言往行所以畜德，畜德便是致良知。舜闻善言见善行沛然若决江河，是他心地光明，圆融洞彻，触处无碍，所以谓之大知，不是靠闻见帮补些子。此千圣学脉也。[①]

就良知的实体义和体用义结合而言，实然之心去掉经验意念，无法获得至善之体。在这个层面上，王畿往往将话锋一转，强调圣人是先天的"无欲""空洞无物""圆融洞彻"，而非致良知的结果。

王畿的致良知思想大致包含了以下层面：第一，就是否需要致良知而言，致良知是为下根人而设，圣人不需要；第二，致良知在于"不起意""虚寂"；第三，致知先于格物。第一，圣人不需要致良知。上文已经详述，兹不赘述。第二，致良知在于"不起意""虚寂"。复本体之明需要去除经验的意念，一旦去除经验的意念，至善之体就能得以呈露。去除经验的意念，可以借助静坐，但静坐仍有不足，需在动态的经验生活中去除意念，否则主体获得的至善之体并不稳固。因此王畿主张虚寂的同时，强调静坐会遭遇"才遇风波，易于淆动"。虚寂是儒家的传统，而非佛老的专利：

师门尝以虚寂之旨立教，闻者哄然，指为异学。夫变动周流、虚以适变、无思无为、寂以通感，大易之训也。自圣学衰而微言绝。学者执于典要，泥于思为，而变动感通之旨遂亡。彼佛氏乘其衰而入，

---

① 王畿：《王畿集》，南京：凤凰出版传媒集团、凤凰出版社，2007年，第157页。

即吾儒之精髓用之，以主持世教。为吾儒者仅仅自守，徒欲以虚声拒之，不足以服其心。言及虚寂，反从而避忌之，不知此原是吾儒家常饭，沦落失传，以至此耳。[1]

王畿指出，虚寂原是儒家的主张，《易传》本已明晰，佛家用儒家之精髓，而儒者拒斥佛氏虚妄却不知道这是儒家的传统。王畿主张虚寂，但他也认识到静坐并不能复本体之明，"得于静坐者，谓之证悟，收摄保聚，犹有待于境，譬之浊水初澄，浊根尚在，才遇风波，易于淆动"。

第三，致知先于格物。格物之本在致知，唯有获得了至善之体，其所发动的意念才能正当地、道德统摄外物，否则必流于虚妄，"一时不致良知，视便妄视，听便妄听，喜便妄喜，怒便妄怒，便不是格物之学"。王畿将致知称为先天之学，诚意称为后天之学，先天之学是后天之学的根基：

> 正心，先天之学也；诚意，后天之学也。吾人一切世情嗜欲，皆从意生。心本至善，动于意，始有不善。若能在先天心体上立根，则意所动自无不善，一切世情嗜欲自无所容，致知工夫自然易简省力，所谓后天而奉天时也。若在后天动意上立根，未免有世情嗜欲之杂。才落牵缠，便费斩断，致知工夫转觉繁难，欲复先天心体，便有许多费力处。[2]

源自至善之体的发动，意念才是善的。致知和格物是统一的，没有格物，致知就是绝物，没有致知，格物就是逐物，"所谓致知在格物，格物正是致知实用力之地，不可以内外分者也。若谓工夫只致知而谓格物无工夫，其流之弊便至于绝物，便是佛老之学；徒知致知在格物而不悟格物正是致其未发之知，其流弊便至于逐物，便是支离之学"[3]。

---

① 王畿：《王畿集》，南京：凤凰出版传媒集团、凤凰出版社，2007年，第592页。
② 王畿：《王畿集》，南京：凤凰出版传媒集团、凤凰出版社，2007年，第10页。
③ 王畿：《王畿集》，南京：凤凰出版传媒集团、凤凰出版社，2007年，第200页。

总之，王畿对未发已发问题的思考，可以概括为以下四点：第一，良知是先天的、超验的，是自在、恒在之体，"未尝有一息之停"，所以无所谓未发已发；第二，良知在经验世界中的呈露就是未发之中、已发之和，"良知即是未发之中，即是发而中节之和"；第三，在经验世界中，良知的起用需要主体的肯认，否则其所发的意念便不是善的，所以"有未发之中而后有发而中节之和"；第四，常人需困勉之学，方能使良知挺立。

第六节　王艮："中"是现成的良知

王艮是阳明后学的代表人物，他的学说以"良知现成"闻名。"良知见成"，是指良知的当下见在、现成、呈露，日本学者冈田武彦据此将其归入王学现成派："现成派的主张是把阳明所说的'良知'看作现成良知。他们强调当下现成，视工夫为本体之障碍而加以抛弃，并直接把吾心的自然流行当作本体与性命。"①

王艮的学说在当时引起了激烈的反响，促进了阳明学的传播和发展，"阳明先生之学，有泰州、龙溪而风行天下"②。但是，王艮的学说亦有争议，正因为强调良知的当下见在并主张"满街人都是圣人"，有学者认为偏离了阳明学主旨，导致阳明学式微，黄宗羲对此批评道"因泰州、龙溪而渐失其传"。与此同时，也引发了较多社会的问题，日本学者岛田虔次《中国近代思维的挫折》一书认为泰州学派和名教社会产生了激烈的冲

---

① （日）冈田武彦著；吴光等译：《王阳明与明末儒学》，上海：上海古籍出版社，2000年，第104页。

② 黄宗羲著，沈芝盈点校：《明儒学案》卷32《泰州学案一》，北京：中华书局，2008年，第703页。

突，①冈田武彦甚至直接指出："明末社会的道义颓废，在相当程度上应该归咎于现成派末流。"②

王艮的学说无论在内容还是价值上都表现出了激烈的争议，其核心在于良知学说具有争议性。如何理解王艮的良知学说，并予以适当的思想史定位，将直接关系到如何理解未发已发问题。

学者陈来认为王艮的良知学说没有价值规范维度，"取消了良知的规范意义"③。吴震认为王艮所持的"百姓日用即道"是指良知和日用之间关联性的描述，缺乏意义生成机制："我更愿意将'即'字破解为描述词而非系动词，它是对两项事实之存在的关联性的一种描述，不是对两项事实之存在的同一性的一种实指。因此，我以为完全可以把这个'即'字解读成'相即不离'这一表示关联性的描述含义。这样一来，我们可以把'百姓日用即道'之命题理解为是对'道'的存在状态的一种描述，是对'道'与'百姓日用'之关联性的一种描述，而非实指'日用道'。"④在前人的基础上，本文尝试揭示王艮"良知"学说的多层逻辑结构，将从三个维度——实体层面、本体层面和本然层面逐步呈现王艮的良知学说意蕴。未发已发问题正是在良知学说的基础上逐渐生成的，故本文将以良知为核心，逐步剖析王艮未发已发思想的具体内涵。

一、实体义的良知无未发已发

未发已发问题随着王艮良知学说的展开而展开。实体义的良知无所谓未发已发，所谓实体义是指良知自在、恒在、自知、自发，属于形上的超

---

① （日）岛田虔次著；甘万萍译：《中国近代思维的挫折》，南京：江苏人民出版社，2005 年，第 94 页。
② （日）冈田武彦著：《王阳明与明末儒学》，上海：上海古籍出版社，2000 年，第 104 页。
③ 陈来：《有无之境—阳明哲学的精神》，北京：北京大学出版社，2006 年，第 309 页。
④ 吴震：《泰州学派研究》，北京：中国人民大学出版社，2009 年，第 110 页。

越之体。在这种观点下，良知自在、恒在，不因主观意志改变而改变。与此同时，也不能以寂然不动、感而遂通进行形容，它每时每刻、无间不息在朗照。从这个意义上来说，"中"是绝对的、永恒的至善，可以称之为"中体"，即"百姓日用而不知"之道：

> 或问中。先生曰："此童仆之往来者，中也。"曰："然则百姓之日用即中乎？"曰："孔子云：'百姓日用而不知。'使非中，安得谓之道？特无先觉者觉之，故不知耳。若智者见之谓之智，仁者见之谓之仁，有所见便是妄，妄则不得谓之中矣。"①

王艮认为道即是中，但百姓日用而不知，这个意义上的中体实际上是实体意义上的良知。此外，"中体"具有普遍义，不分圣贤下愚，人人所同；"中体"具有自知、自觉、自发义。这里的自发和未发已发有所区别，未发已发是一种经验的变化，而自发则是恒在、自在，实体意义上不存在变化。所以王艮说："来书所谓'动之即中，应之至神'，无以加矣。是故人受天地之中以生，而动之即中，随感而应，而应之即神。"②即中体至善、至神。下面对良知的实体义做进一步细分。

首先，良知有普遍义。所谓普遍义，是指良知人人具有，不分圣贤下愚："'明哲'者，'良知'也。'明哲保身'者，'良知''良能'也。所谓'不虑而知'，'不学而能'者也，人皆有之，圣人与我同也。"③且不论古今，人的良知是同一的，"往古来今人人具足"。更不会因人的为善、作恶而改变良知，即良知不受主观意志和行为影响而改变，"良知天性，往古来今，人人具足，人伦日用之间，举措之耳。所谓大行不加，穷居不损，分定故也"④。

---

① 王艮撰；陈祝生等校点：《王心斋全集》，南京：江苏教育出版社，2002 年，第 5 页。
② 王艮撰；陈祝生等校点：《王心斋全集》，南京：江苏教育出版社，2002 年，第 52 页。
③ 王艮撰；陈祝生等校点：《王心斋全集》，南京：江苏教育出版社，2002 年，第 29 页。
④ 王艮撰；陈祝生等校点：《王心斋全集》，南京：江苏教育出版社，2002 年，第 47 页。

其次，良知有先验义。所谓先验义，是指良知是先天给予的，与生俱来，而非后天经验习得，"良知者，不虑而知，不学而能者也"①。这与孟子所说的四端之心一致，同样是强调其先天属性："人之所不学而能者，其良能也。所不虑而知者，其良知也。孩提之童，无不知爱其亲也。及其长也，无不知敬其兄也。"（《孟子·尽心上》）良知的先验义可以是一种潜存的能力，也可将其溯源为一种实体，对孟子而言，"不虑而知，不学而能"的良知仅仅是一种潜能，需要"求其放心""必有事焉"等才能具体显现。

再次，良知有自在义。良知的存在不以主观意志为转移，不因人的否定或肯定而被否定或肯定，它的存在是其自有的存在，它是自在、恒在。在《次先师答人问良知》一诗中，王艮指出良知的自有义："知得良知却是谁，良知原有不须知。而今只有良知在，没有良知之外知。"② 在与刘君锡的对话中，他更一步指出良知不随主观意志转移："'常恐失却本体，即是戒慎恐惧否？'先生曰：'且道他失到那里去？'"③ 自在义也可称之为客观性，指良知的客观实在性。

最后，良知有贞定义。贞定义是指良知自我贞定，它自知、自觉、自发。自知，是指良知为是非之心，它知善知恶，"良知者性也，即是非之心也"，"良知者，真实无妄之谓也。自能辨是与非"④。自觉，是指良知知善知恶之后，能自除私欲，"私欲一萌时，良知还自觉，一觉便消除"⑤。自发，是指良知能克制主体的私欲，指引主体道德实践，在自发的过程中，

---

① 王艮撰；陈祝生等校点：《王心斋全集》，南京：江苏教育出版社，2002年，第31页。

② 王艮撰；陈祝生等校点：《王心斋全集》，南京：江苏教育出版社，2002年，第57页。

③ 黄宗羲著，洪波校点：《明儒学案》卷32《泰州学案一》，杭州：浙江古籍出版社，2012年，第783页。

④ 王艮撰；陈祝生等校点：《王心斋全集》，南京：江苏教育出版社，2002年，第62页。

⑤ 黄宗羲著，洪波校点：《明儒学案》卷32《泰州学案一》，杭州：浙江古籍出版社，2012年，第784页。

良知就成了道德实践创生之源，这也意味着作为客观实存的良知自我发动不需要主观的意识，所以王艮说"事亲从兄，本有其则。孝弟为心，其理自识"①，"良知一点，分分明明，亭亭当当，不用安排思索，圣神之所以经纶变化而位育参赞者，皆本诸此也"②。孝悌之心油然而生，这是良知的自识和自发。良知"分分明明"，"亭亭当当"，不需掺杂人力，而参赞天地、化育万物，都源于良知，可以说良知至神至圣。为了更好地说明良知的贞定义，王艮以童仆捧茶和农夫受食二事为譬喻：

> 往年有一友问心斋先生云"如何是无思而无不通？"先生呼其仆，即应，命之取茶，即捧茶至。其友复问，先生曰："才此仆未尝先有期我呼他的心，我一呼之便应，这便是无思无不通。"是友曰："如此则满天下都是圣人了。"先生曰："却是日用而不知，有时懒困着了，或作诈不应，便不是此时的心。"阳明先生一日与门人讲大公顺应，不悟。忽同门人游田间，见耕者之妻送饭，其夫受之食，食毕与之持去。先生曰："这便是大公顺应。"门人疑之，先生曰："他却是日用不知的。若有事恼起来，便失这心体。"③

王艮认为童仆捧茶，一呼即应，这就是良知的发动。需要注意的是四点：第一，一呼即应，应的是良心而非实然之心，或者说主体是良心而非实然之心，所以王艮说"才此仆未尝先有期我呼他的心"，如果"先有期我呼他的心"，那么应的是实然的心而非良心。第二，正因为是良心，所以王艮将良知的发动称之为"无思无不通"，它不假思索、感无不通。第三，良知的发动可以离开主观的意识，即"日用而不知"，如果是"先有期我呼他的心"，那么就涉及存心的工夫，就不是良心了。第四，良心大公顺

---

① 王艮撰；陈祝生等校点：《王心斋全集》，南京：江苏教育出版社，2002年，第54页。

② 王艮撰；陈祝生等校点：《王心斋全集》，南京：江苏教育出版社，2002年，第43页。

③ 黄宗羲著，洪波校点：《明儒学案》卷16《江右王门学案一》，杭州：浙江古籍出版社，2012年，第378页。

应，如农夫受食，吃完便离开，这即是良知的感无不通，与第二点一致，但重点是"若有事恼起来，便失这心体"一句，将良心视为本然之心，引入本然义，进一步实现良知的圆融。有研究者将童仆捧茶、农夫受食与王艮的"百姓日用即道"（黄宗羲语）联系在一起，甚至认为百姓日用之间无不体现"道"。实际上，王艮说童仆捧茶、农夫受食即道，是从实体上论良知（道），"无思无不通"。如果将其理解为日常生活即良知（道）的体现，"日用＝道"是一种误读。作为常识，百姓日用有善与不善之分，也有无善无恶的时候，比如独坐深山，往往会喜静厌动，若认为"日用＝道"，岂不是喜静厌动是良知？"喜静厌动"当然不是良知，所以佛老不是良知之学。

> 此至简至易之道。然必明师良友指点，工夫方得不错。故曰道义由师友有之。不然恐所为虽是，将不免行不著、习不察。深坐山中，得无喜静厌动之僻乎？肯出一会商榷，千载不偶。[①]

普遍义、先验义、实在义与贞定义这四种层面的意义指向良知的客观性，即良知是客观而普遍的存在，可以称之为"实体"。需要注意的是，此处所用的"实体"和"本体"有所区别。在英文世界中，substance 既指"实体"又指"本体"，两者都是指"世界本质、实体或存在体"（《东西方哲学大辞典》）。本文在此处使用的"实体"是指其自存、自在且其存在并不需要依靠意识这一含义。之所以将其区别于"本体"，是因为在中国哲学中，"本体"与"作用"即体用关系是一对范畴，为了不与体用关系发生冲突，本文采用"实体"一词描述"良知"的客观实在性。

实体义并不能保证至善，因为这仅仅建立了一种客观实在性。在王艮看来，良知自在、恒在、自知、自发，那么按此逻辑，良知将会自然而然地呈露出来，但为什么现实社会还有恶人恶行？王艮"满街都是圣人"当

---

① 王艮撰；陈祝生等校点：《王心斋全集》，南京：江苏教育出版社，2002年，第43页。

然不是说现实中每个人都是圣人，任何有常识的人都不会做出这类判断。从理论架构而言，良知的实体义实际上来自王艮将现实中道德行为实体化，即抽取经验世界中的道德行为并对其实体化。事实上，王艮也认识到经验世界是不完满的："夫良知固无不知，然亦有蔽处。"[1] 换而言之，他无法否认经验世界的第一性，为了化解经验世界和实体世界的矛盾，必须引入本体义。

二、中体蕴含本体与本然两层结构

上文论述了实体义的良知，实体义的良知无所谓未发已发，因其自在、恒在，是超越之体，但实体义的良知尚未揭露中体全貌。因为按照良知的实在性，不管识不识得此理，良知都"现现成成，自自在在"。但是从工夫论的角度而言，这需要心灵操存才能使良知常存、持养。

> 王子敬问"庄敬持养"工夫。先生曰："道一而已矣。'中'也，'良知'也，'性'也，'一'也。识得此理则见见成成，自自在在。即此不失，便是'庄敬'，即此常存，便是'持养'。真体不须防检。不识此理，'庄敬'未免'着意'，'才着意，便是私心'。"[2]

良知自在、恒在，但王艮又主张"识得此理"才能"见见成成，自自在在"，这实际上取消了良知的实在性。为了避免陷入形上形下分裂，必须引入新概念解决这一潜在的危险。

所谓本体义，由于良知是绝对的善，因此在日常生活中，应该依良知而行，以良知为体：

---

[1]　王艮撰；陈祝生等校点：《王心斋全集》，南京：江苏教育出版社，2002年，第62页。
[2]　王艮撰；陈祝生等校点：《王心斋全集》，南京：江苏教育出版社，2002年，第38页。

人生贵知学，习之惟时时。天命是人心，万古不易兹。鸢鱼昭上下，圣圣本乎斯。安焉率此性，无为亦无思。

我师诲吾侪，曰性即良知。宋代有真儒，《通书》或问之："曷为天下善？"曰惟性者师。

（先生因读此和稿而问在坐诸友曰："天下之学无穷，惟何学可以时习之？"内一友江西涂从国者答曰："惟天命之性，可以时习也。"再顾问诸友："还有可以时习之学乎？"众皆不应。良久，忽一童子，乃先生甥周莅者答曰："天下之学虽无穷，亦皆可以时习也。"众皆愕然。先生问曰："如以读书为学，有时又作文；如学文，有时又学武；如以事亲为学，有时又事君；如以有事为学，有时又无事。此皆可以时习乎？"童子曰："天命之性，即天德良知也。如读书时也，依此良知学；作文时也，依此良知学；学文学武，事亲事君，有事无事，无不依此良知学，乃所谓皆可时习也。"时在坐诸友皆有省悟。先生喟然叹曰："信予者，从国也。始可与言专一矣。启予者，童子也。始可与言一贯矣。呜呼！如童子者，乃所谓不虑而知、不学而能者也。"故并录之。）[1]

王艮非常认可童子的回答，对其赞美道"启予者，童子也。始可与言一贯矣"。为何王艮对童子的回答评价如此之高？我们先来看童子的回答，童子认为"学而时习之"的学是良知之学，天命之性即是良知；学文学武、事亲事君、有事无事，都是依此良知学。良知是天赋的道德法则。"依此良知学"，实际上是指让实然的心服从良知、服从先天的道德法则，所以当说"依此良知学"，实际上是让良知为本体，当其作用、呈露出来时，就是纯乎天理、纯粹的道德实践。

但是，"让其成为本体"，仅仅是主观的保证，还不算是绝对的、可靠

---

[1] 王艮撰；陈祝生等校点：《王心斋全集》，南京：江苏教育出版社，2002年，第56页。

的根基。只有良知是本体，当其发用时，才是绝对的至善、纯粹的道德实践。如周公"思兼三王"就是纯粹的至善，是真正的体用圆融：

> 良知本体，与鸢飞鱼跃同一活泼泼地。当思则思，思通则已。如"周公思兼三王"，"夜以继日，幸而得之，坐以待旦"，何尝缠绕？要之自然天则，不着人力安排。[①]

周公仰慕三代之治，夜以继日，无时无刻不在思索，一旦有所得，坐以待旦，立即去施行。王艮以周公为例，欲意说明良知的"不着人力安排"，不需要"庄敬""持养"。这就是王艮所说的良知参赞化育："良知一点分分明明，亭亭当当，不用安排思索，圣神之所以经纶变化而位育参赞者，皆本诸此也。"[②]从良知不假安排、是至善而言，又可称之"至神"："来书所谓'动之即中，应之至神'，无以加矣。是故人受天地之中以生，而动之即中，随感而应，而应之即神。"[③]如果王艮的学说到此为止，那么其最终结论只能是唯有圣人才有现成的良知，中人以下与此绝缘。这显然不符合泰州学派"觉民行道"的学说风格。为了建立普遍的良知学说，还必须引入本然义。

上面我们论述了良知的"设定"本体义，"设定"本体义仍无法实现真正的、圆融的至善，所以还需要引入本然义这一层结构。本然的心是良知，这就意味着只要去除私欲，先天的良知就会呈露而出。如此一来，去恶去妄的过程就是良知呈现的过程，所以王艮说"无妄则诚矣"：

> 治天下有本，身之谓也。本必端，端本，诚其心而已矣。诚心，复其不善之动而已矣。不善之动，妄也。妄复，则无妄矣。无妄，则诚矣。诚则无事矣。故诚者，圣人之本。圣，诚而已矣。是学至圣

---

① 王艮撰；陈祝生等校点：《王心斋全集》，南京：江苏教育出版社，2002年，第11页。
② 王艮撰；陈祝生等校点：《王心斋全集》，南京：江苏教育出版社，2002年，第43页。
③ 王艮撰；陈祝生等校点：《王心斋全集》，南京：江苏教育出版社，2002年，第52页。

人，只复其不善之动而已矣。知不善之动者，良知也；知不善之动而复之，乃所谓致良知以复其初也。

事实上我们知道，"去妄"并不意味着"诚"，"诚"需要主体无时无刻不在实践敬的工夫。同理，王艮引述孟子"无为其所不为，无欲其所不欲"来说明致良知的工夫路径，也是指向去恶去妄良知就能得以呈露：

> 来谕谓"良知在人，信天然自足之性，不须人为立意做作"。足见知之真，信之笃，从此更不作疑念否。知此者谓之知道，闻此者谓之闻道，修此者谓之修道，安此者谓之圣也。此道在天地间遍满流行，无物不有，无时不然，原无古今之异，故曰"鸢飞戾天，鱼跃于渊"，言其上下察也。孟子曰"无为其所不为，无欲其所不欲"，如斯而已矣。所谓圣门肯綮者，此而已。①

无论是在哪一层结构中，良知的客观实在义是不变的，所以王艮对"良知在人，信天然自足之性，不须人为立意做作"这一观点，持赞赏的态度，"足见知之真，信之笃"。按照王艮的学说结构，他必须设立本然义，否则本体义仅仅是一种设定的结果，仍未圆融。这种本然义可以通过"无为其所不为，无欲其所不欲"展现出来。

事实上，王艮的学说仍然不彻底。按照他的理解，"去妄"则"诚"，那么遏人欲自然就会存天理，然而他又说存天理才能遏人欲：

> 天理者，父子有亲，君臣有义，夫妇有别，长幼有序，朋友有信是也。人欲者，不孝不弟，不睦不姻，不任不恤，造言乱民是也。存天理，则人欲自遏，天理必见。②

---

① 王艮撰；陈祝生等校点：《王心斋全集》，南京：江苏教育出版社，2002年，第49页。
② 王艮撰；陈祝生等校点：《王心斋全集》，南京：江苏教育出版社，2002年，第64页。

王艮认为天理需要"存"，只有存天理，才能遏人欲，"存天理，则人欲自遏，天理必见"。在这里，王艮将"存天理"视为"人欲自遏，天理必见"的逻辑前提。换而言之，王艮认为存良知才能人欲自遏，才有良知的见在和现成，没有存良知就没有良知的见在。这也就意味着人们若不去存良知，就不会有良知的见在。从形式上而言，王艮的"存天理，则人欲自遏，天理必见"的观点，实质上是将良知的见在和现成设立了逻辑前提。

三、"致中和"即"善念不动，恶念不动"

实体意义上的中体尚未揭露中体全貌。从体用关系而言，作为本体（作用之本体）的中体是道德实践的依据。需要注意的是，此处所说的本体义是指设定义的本体义，而不是圆融的本体义，从形式上而言，它是道德实践的依据：

> "惟皇上帝，降中于民。"本无不同。"鸢飞鱼跃"，此"中"也。譬之江淮河汉，此水也。万紫千红，此春也。"保合此中"，"无思也，无为也"，"无意、必，无固、我"，无"将迎"、无"内外"也。何"邪思"？何"安念"？惟"百姓日用而不知"，故曰"君子存之，庶民去之"。学也者，学以修此"中"也，"戒慎恐惧"，未尝致纤毫之力，乃为"修之"之道，故曰"合着本体是工夫，做得工夫是本体"。先知"中"的"本体"，然后好做"修"的"工夫"。①

在这段文字中，王艮认为中是先天赋予的，人人相同。这与良知的普遍义相同，良知、中体不分圣贤下愚，人人具有，人人皆同。"鸢飞鱼跃"，在王艮学说中曾多次出现，并非指鸢、鱼具有良知，而是指良知之普遍，不分古今中外，足以见大化流行之生生不息、无不覆载。虽然王艮

---

① 王艮撰；陈祝生等校点：《王心斋全集》，南京：江苏教育出版社，2002年，第38页。

也说"此道在天地间遍满流行，无物不有，无时不然"，"无物不有"并不是指动物也具有良知，而是说良知的实在性，遍照万物。接下来再看"譬之江淮河汉，此水也。万紫千红，此春也"一句，王艮以"江淮河汉""万紫千红"譬喻中体的自在义、普遍义。从逻辑上而言，江淮河汉与水、万紫千红与春的关系并不相同，前者是实体和属性，后者"春"只是对"万紫千红"的描述。但王艮的意思是指中体与人的关系，中体是性，所以说"中也，良知也，性也，一也"。与此同时，"万紫千红"与"春"是指百姓日用之条理处无非是道，"百姓日用条理处，即是圣人之条理处"。"'保合此中'，'无思也，无为也'，'无意、必，无固、我'，'无将迎，无内外也'。何'邪思'，何'妄念'"，从圆融的体用义而言，中体的呈露无所不通，无邪思妄念。但从"保合此中"而言，中体又是主体实践的依据，所以君子存之，学以修此中也。就工夫论而言，由于良知、中体是本然之心，所以不需刻意庄敬，刻意庄敬实际上使实然之心自我建立依据，这将流于私心，所以王艮说"真体不须防检。不识此理，庄敬未免着意，才着意，便是私心"。

以上我们论述了中体具有的三层结构，即实体义、本体义与本然义结构。从工夫论而言，"致中和"实际上就是让具有实体义和本体义的中体呈露，这在王艮看来极为简易，即"善念不动，恶念不动"：

> 子谓子敬曰："近日工夫何如？"对曰："善念动则充之，恶念动则去之。"曰："善念不动，恶念不动，又如何？"不能对。子曰："此却是'中'，却是'性'，'戒慎恐惧'，此而已矣。是谓'顾諟天之明命''立则见其参于前，在舆则见其倚与衡'。常是此'中'，则善念动自知，恶念动自知，善念自充，恶念自去。如此慎独，便可知立'大本'。知立'大本'，然后'内不失己，外不失人'，更无渗漏。使人人皆如此用功，便是'致中和'，便是'位天地，育万物'

事业。"①

子敬的工夫"善念动则充之，恶念动则去之"，实际上并未领悟中体、良知。在王艮看来，善念是不需要充实的，中体、良知能自知、自觉、自发，去掉人欲之私，中体、良知至善的本性就完全呈露。因此"戒慎恐惧"并非指随时保持实然之心的恐惧、谨慎，而是保持"善念不动，恶念不动"，然后"善念动自知，恶念动自知，善念自充，恶念自去"。

总之，王艮"未发""已发"思想基于其良知学说所具有的双重结构，"未发""已发"思想便是在这种双重结构上展开的。不可否认，王艮的思想并不彻底，他有时认为"良知在人，信天然自足之性，不须人为立意做作"，但有时又说"识得此理，则现现成成，自自在在"，认为良知自在仍需要主观的"识得"。

小　结

心学一系对未发已发问题的思考以"良知"为中心。从思想史演变过程来看，随着心学理论的发展，未发已发问题的诠释逐步走向严密化、系统化、体系化。在心学的开创者——陆九渊学说中，未发已发问题未被专题论述，其观点零星出现在书信之中，资料不多；陈献章对未发已发问题论述同样少见；直至湛若水的出现，对未发已发问题的思考才在心学一系中彻底展开。阳明是心学的集大成者，建构了体大思精的心学体系，他对未发已发问题主要是凸显良知之"能"，"能"融合心、性、情，"能"的展现就是良知之起用、性体之呈露、情感之表征，所谓"人心本有个未发之中"，实则是指良知之"能"。王畿"良知即是未发之中，即是发而中

---

① 王艮撰；陈祝生等校点：《王心斋全集》，南京：江苏教育出版社，2002年，第39页。

节之和"观点继承了阳明思想，他对良知之"能"的发展是进一步将作为"能"所呈露的意识与客观来源剥离出来。降至王艮，作为泰州学派的代表人物，王艮完成了良知的实体化，他认为良知无所谓未发已发，因为良知自在、恒在、自知、自发，属于形上的超越之体，因此"致中和"就是"善念不动，恶念不动"，去掉经验意识活动就能自然呈现"中和"。

第五章　性学对未发已发问题的理解

　　与心学、理学不同，胡宏、蕺山一系既不是从心性二分出发，也不以心性是一立论，而是借由主观的、具体的心体以成就客观的、超越的宇宙论意义上的性体，即"心以成性"，心性是对扬、相待的关系。牟宗三在《心体与性体》一书中，指出性学主观地讲心体，客观地讲性体，继承自濂溪、横渠，由明道的圆教模型而开出："此系客观地讲性体，以《中庸》、《易传》为主，主观地讲心体，以《论》、《孟》为主。特提出'以心著性'义以明心性所以为一之实以及一本圆教所以为圆之实。于工夫则重'逆觉体证'。"①牟先生判教之功可谓大矣。就未发已发问题而言，性学一系的阐释以"以心著性"为核心特征。在牟先生的判教工作基础上，本章以胡宏、刘宗周为性学代表，阐发其未发已发思想。可以看到：胡宏的未发已发论以"未发为性""已发为心"为核心，但存在"居敬穷理"和"求放心"两种工夫路径；刘宗周学说体大思精，其未发已发论精微深奥，主要持反对未发是性，已发是情；反对未发是寂然不动，已发是感而遂通等观点。

---

① 牟宗三：《心体与性体》（上），上海：上海古籍出版社，1999年，第42页。

第一节　胡宏："未发为性""已发为心"

胡宏是湖湘学派的代表学者之一，他的学说通常被归为性学一系，是宋明理学三系[①]或四系[②]之一。相比理学、心学和气学的研究，胡宏、刘宗周这一系的研究稍显薄弱，大概由于胡宏的学说受到过朱子的批判，为传统主流所忽略，故现当代有关胡宏的研究著作也较少。不过，自牟宗三《心体与性体》（1968 年出版）一书提出胡宏是"圆教模式"的代表人物后，学界的研究热情逐渐升高。吕金伟、樊小冬《胡宏研究综述》[③]一文较为系统地梳理了国内的研究状态，本文拟在其基础上，简单梳理一下对胡宏未发已发思想的研究现状。

目前学界对胡宏未发已发思想取得了较为一致的结论，即胡宏以未发为性，已发为心。如牟宗三《心体与性体》[④]指出胡宏以未发为性，已发为心；张立文在其主编的《中国哲学范畴精粹丛书：心》一书也指出"胡宏以性为体、为未发，以心为用、为已发"[⑤]；陈来《宋明理学》一书同样认为："胡宏以心为已发、性为未发，是把性与心的关系理解为体用关系。他说：'圣人指明其体曰性，指明其用曰心。性不能不动，动则心矣。'就是说，性是心之体，心是性之用，即性是意识活动（心）的本质，意识活动是这一本质（性）的现象表现。'动则心矣'，这里的'动'即是'发'。

---

① 牟宗三剔除气学，新增胡宏和刘蕺山一系，他的判断依据是对"形而上的实体"的理解是"即存有即活动"还是"存有而不活动"。详见《心体与性体》，《牟宗三全集》第 5、6、7 册，台北：台湾联经出版事业公司，2003 年。

② 向世陵以各派学说论述主旨为分判标准，他认为："性学与道学、心学、气学四系的提出，目的在弥补两大三系说或漏掉性学或否定气学的不足，以便更准确地反映和更恰当地理解宋明理学的理论体系及其历史发展。"（见向世陵：《理气性心之间——宋明理学的分系与四系》，北京：人民出版社，2008 年，第 266 页。）

③ 吕金伟、樊小冬：《胡宏研究综述》，《长江师范学院学报》2015 年第 5 期。

④ 牟宗三：《心体与性体》，《牟宗三全集》第 6 册，台北：台湾联经出版事业公司，2003 年。

⑤ 张立文主编：《中国哲学范畴精粹丛书：心》，北京：中国人民大学出版社，1993 年，182 页。

性之不动即未发。性之动即是已发，即心。"①张琴的博士论文《胡宏"知言"哲学体系研究》认为："在'未发已发'问题上，胡宏认为未发言性，已发言心。"②

　　以上学者对胡宏未发已发思想的探讨较为充分，但笔者认为还有必要做进一步梳理，因其涉及双层心性论架构，只有将这两层逻辑结构系统地揭示出来，才能完整地理解胡宏未发已发思想。这两层心性论结构开出两种不同的工夫路径：其一，居敬穷理；其二，求放心。居敬穷理和朱子的理本论较为接近，而求放心则与心本论接近。

一、两种心性结构

　　胡宏的心性论结构与其对心的认识密不可分。先来看胡宏对心的定义：第一，心有经验义。所谓经验义，是指心灵在经验层面具有的特质，心灵能发出善的意志，也能发出恶的意志，例证如下：

　　①事之误，非过也，或未得驭事之道焉耳。心之惑，乃过也。心过难改，能改心过，则无过矣。③

　　②心术不正，则不能用真儒为大臣。④

　　③惟天命至微，惟人心好动。微则难知，动则易乱。⑤

　　④秋深贼至，临难遣将，必复抢攘，人心不先定，而战胜不可必，一有蹉跌，则大事去矣。⑥

---

① 陈来：《宋明理学》，北京：北京大学出版社，2020年，第172页。

② 张琴：《胡宏"知言"哲学体系研究》，浙江大学2010年博士论文，第136页。

③ ［宋］胡宏著，吴仁华点校：《胡宏集·知言·事物》，北京：中华书局，1987年，第23页。

④ ［宋］胡宏著，吴仁华点校：《胡宏集·知言·事物》，北京：中华书局，1987年，第23页。

⑤ ［宋］胡宏著，吴仁华点校：《胡宏集·知言·义理》，北京：中华书局，1987年，第29页。

⑥ ［宋］胡宏著，吴仁华点校：《胡宏集·书·上光尧皇帝书》，北京：中华书局，1987年，第100页。

经验层面的心灵"好动"，必须得以贞定，否则必有过失。心会受到蛊惑，所以会有过失，且心过难改；心能违背道德律令，发出恶的意志，故有"心术不正"一说；饮食男女是人性的一部分，所谓"夫人目于五色，耳于五声，口于五味，其性固然，非外来也。……夫可欲者，天下之公欲也，而可蔽之使不见乎"①，所以"人心好动"；"人心不先定，而战胜不可必"，面对困难时，人往往会心生退意，所以胡宏说"一有蹉跌，则大事去矣"。以上这些例证，主要是从经验层面上使用心这一概念。第二，心有知觉义。心灵具有认知、判断、推理等理性能力，"有是心则有知，无是心则无知"②，"人之于天地，有感必应，犹心之于身，疾痛必知焉"③。第三，心灵有道德义。所谓道德义是指心灵能够成就道德实践，这需要明理尽性的工夫："论为学者，贵于穷万物之义；论为治者，贵于识百职之体。孔子曰：'学之不讲，是吾忧也。'夫圣人何忧？学者，所以学为治也。讲之熟，则义理明；义理明，则心志定；心志定，则当其职，而行其事无不中节，可以济人利物矣。"④需要注意的是，心灵的道德义和良知良能有区别。心灵可以成就善的道德实践，当然也可以成就恶的行为，从经验层面上说心灵没有先天的本质规定。但胡宏将心灵的道德义追溯于良知良能，也就是说心灵能成全道德实践来自天赋，这是一种先天的规定性。而心灵能成就恶的行为这一事实被规定为后天因素。厘清两者关系有助于我们进一步理解胡宏心性论的架构。第四，心有良知良能。胡宏将心灵能成就道德实践这一事实归结于天赋，在此意义上，经验的心灵道德义就转化成了先天的良知良能。良知良能是先天的、普遍的、客观的："人皆有良心，故被之以桀、纣之名，虽匹夫不受也。夫桀、纣，万乘之

---

① ［宋］胡宏著，吴仁华点校：《胡宏集·知言·阴阳》，北京：中华书局，1987年，第9—10页。

② ［宋］胡宏著，吴仁华点校：《胡宏集·知言·好恶》，北京：中华书局，1987年，第11页。

③ ［宋］胡宏著，吴仁华点校：《胡宏集·知言·纷华》，北京：中华书局，1987年，第25页。

④ ［宋］胡宏著，吴仁华点校：《胡宏集·书·与丁提刑书》，北京：中华书局，1987年，第128页。

君，而匹夫羞为之，何也？以身不亲其奉，而知其行丑也。"①胡宏以"匹夫不受桀、纣之名"为喻，进一步确证了良知良能来自天赋，不论上智下愚，人人皆有，不随主观意志而改变。但从经验层面而言，未必人人都能以良知良能为用，因为存在"心拘于气，人有至死不能尽虚尽明者"（王廷相语）②，这也就意味着"匹夫不受桀、纣之名"是不成立的，为了解决这个问题，必须引入本然义，否则良知良能虽是客观的、普遍的、先天的，但和主体没有关系。第五，心有本然义。所谓本然义，就是将良知良能规定为人心的本然状态，如此一来，良知良能的发用就不是客观存在的发用，而是心灵的最初状态。胡宏将良知良能视为"赤子之心"，在孩提之时，每个人的心灵都呈现着良知良能，长大之后外物感惑，所以人们忘记了最初的本然状态：

> 易卦有复。孔子曰："复，反也，所以返本复始，求全其所由生也。"人之生也，父天母地，天命所固有也。方孩提，未免于父母之怀。及少长，聚而嬉戏，爱亲敬长，良知良能在，而良心未放也。逮成童、既冠，嗜欲动于内，事物感于外，内外纷纠，流于所偏胜，故分于道者日远也。此大学所以不传，而人心之所以流漫支离，不可会归于一欤！③

胡宏用"复卦"来说明人心最初状态就是良知良能的呈现，而人之所以遗忘良知良能，是因为"嗜欲动于内，事物感于外"。心灵的本然义将良知良能设定为心灵的最初状态，这也就意味着人只要愿意去"返本复始"，那么良知良能就能呈露。但这里仍需要解决一个问题，"返本复始"仍需要经验主体的选择。第六，心有主宰义。主宰义是为了解决经验主体的如

---

① ［宋］胡宏著，吴仁华点校：《胡宏集·知言·仲尼》，北京：中华书局，1987年，第16页。
② 王廷相：《雅述上篇》，《王廷相集》，北京：中华书局，1989年，第855页。
③ ［宋］胡宏著，吴仁华点校：《胡宏集·杂文·复斋记》，北京：中华书局，1987年，第152页。

何选择"返本复始"这一问题而设立的，心灵的主宰义具有穷神知化的强大功用：

> 噫！六尺之躯有神妙，而人不自知也。圣人诏之曰："人者，天地之心也。"此心宰制万物，象不能滞，形不能婴，名不能荣辱，利不能穷通，幽赞于鬼神，明行乎礼乐，经纶天下，充周咸徧，日新无息。虽先圣作乎无始，而后圣作乎无穷，本无二性，又岂有阴阳寒暑之累，死生古今之间哉！是故学为圣人者，必务识心之体焉。识其体矣，不息所以为人也。此圣人与天地为一之道。①

"六尺之躯有神妙，而人不自知也"，此"神妙"是指心。胡宏以极具感染力的文字描述了心灵的妙用："宰制万物，象不能滞，形不能婴，名不能荣辱，利不能穷通，幽赞于鬼神，明行乎礼乐，经纶天下，充周咸徧，日新无息。"此心之妙用，能参赞天地，裁成万物，经纶天下，日新无息，可以说经验义中蕴含的知觉和理性认知已经无法含括这种妙用。有学者认为"此心宰制万物"，有夸大心灵功用之嫌："另一方面，又把心的功能作用无限夸大，将万物置于心的主宰之内。"②笔者认为这并非一种"夸大"，所谓"夸大"是指超出经验义的知觉心范畴，而胡宏所说的"此心宰制万物"，是指良心："盖良心者充于一身，通于天地，宰制万物，统摄亿兆之本也。"③如果将胡宏所说的心理解为知觉运动之心，那么"此心宰制万物"自然有夸大之嫌，但如果将其理解为良心或本心，是胡宏的理论架构，则为我们进一步理解其他学说的心性结构提供基础。

就上文的心灵结构而言，其工夫应该是复本心之明，求其放心。《次

---

① ［宋］胡宏著，吴仁华点校：《胡宏集·杂文·不息斋记》，北京：中华书局，1987年，第155页。

② 张立文主编：《中国哲学范畴精粹丛书：心》，北京：中国人民大学出版社，1993年，182页。

③ ［宋］胡宏著，吴仁华点校：《胡宏集·书·上光尧皇帝书》，北京：中华书局，1987年，第83页。

刘子驹韵》："忙中不识本来心，一点灵光自在明。只向静中寻底事，恐遭颠沛不员成。"①但如何复本心之明？按照上文的心灵结构，只要去掉遮蔽的东西，本心之明自然归复。从这个结构来说，胡宏的思想和心学已经非常接近。

在胡宏思想中，还有另外一种逻辑架构，即道德实践是基于客观的道德律令即天命，此时成就道德实践的心就不是本心而是经验层面，需要格物致知的实然之心，而客观的道德律令就是性。从这个意义上，道德实践就是服从天理，所以胡宏说"人之道，奉天理者也"，奉天而理物是儒者之大业：

> 人之道，奉天理者也。自天子达于庶人，道无一也。得其道者，在身身泰，在家家泰，在国国泰，在天下天下泰。失其道，则否矣。人道否，则夷狄强而禽兽多，草木蕃而天下墟矣。②
>
> 奉天而理物者，儒者之大业也。③

胡宏认为道德实践是人性的本然规定：

> 《苍天》："苍天映清水，下见白云飞。天水从何来，飞云更何依。人生亦如此，融结中有机。此机即天命，吾心端不违。"④

在这首诗中，胡宏由苍天白云而思考宇宙之机，继而思考人生之机就是天命，最后他告诫自己不能违背天命，"吾心端不违"。在《知言》中，这种观点表现得更加成熟："仁者，人所以肖天地之机要也。"⑤仁的实践，

---

① ［宋］胡宏著，吴仁华点校：《胡宏集·絶句·次刘子驹韵》，北京：中华书局，1987年，第72页。

② ［宋］胡宏著，吴仁华点校：《胡宏集·知言·汉文》，北京：中华书局，1987年，第42页。

③ ［宋］胡宏著，吴仁华点校：《胡宏集·知言·汉文》，北京：中华书局，1987年，第42页。

④ ［宋］胡宏著，吴仁华点校：《胡宏集·古诗·苍天》，北京：中华书局，1987年，第54页。

⑤ ［宋］胡宏著，吴仁华点校：《胡宏集·知言·纷华》，北京：中华书局，1987年，第25页。

不仅是对天命的遵循，也是因为"肖天地之机要"。当道德实践被理解为天命，"臣闻三纲，人之本性；神化，天之良能"①，成就道德实践就遵循天理，"天命为性，人性为心。不行己之欲，不用己之智，而循天之理，所以求尽其心也"②。

为了说明道德实践是天命，还必须说明天心是仁，唯有如此，才能保证人的道德实践。继而胡宏认为天心是仁：

> 诚，天命。中，天性。仁，天心。理性以立命，惟仁者能之。委于命者，失天心。失天心者，兴用废。理其性者，天心存。天心存者，废用兴。达乎是，然后知大君之不可以不仁也。③

人为什么不可以不仁？因为天心是仁，天地以仁为心，化育无穷，终始条理，人唯有效法天心，才能理万物，胡宏称之为"天心存者，废用兴"，"天地之心，生生不穷者也。必有春秋冬夏之节、风雨霜露之变，然后生物之功遂"④。

如何理其性而存天心？胡宏认为必须穷理尽性。穷理尽性就是道德生命的实现："心穷其理，则可与言性矣，性存其诚，则可与言命矣。敬则人亲之，仁则民爱之，诚则鬼神享之。"⑤从这个意义上而言，穷理尽性就是对内要顺从道德理性，对外要遵循万物之理。在胡宏看来，明义理是前提，义理明则心志定，心志定则发无不中节。胡宏的这种观点在心学看来是站不住脚的，因为义理明未必心志定，认识和成德之间仍缺乏关联。

---

① ［宋］胡宏著，吴仁华点校：《胡宏集·书·上光尧皇帝书》，北京：中华书局，1987年，第86页。
② ［宋］胡宏著，吴仁华点校：《胡宏集·知言·天命》，北京：中华书局，1987年，第4页。
③ ［宋］胡宏著，吴仁华点校：《胡宏集·知言·汉文》，北京：中华书局，1987年，第41页。
④ ［宋］胡宏著，吴仁华点校：《胡宏集·知言·修身》，北京：中华书局，1987年，第6页。
⑤ ［宋］胡宏著，吴仁华点校：《胡宏集·知言·纷华》，北京：中华书局，1987年，第26页。

二、"未发只可言性""已发乃可言心"

胡宏对未发已发问题的思考，在《与曾吉甫书》中体现得较为完备。现摘录其中关键段落，进行论述：

> 杨先生《中庸解》谓："中也者，寂然不动之时也。"按子思说，喜怒哀乐未发谓之中，则是杨先生指未发时为寂然不动也。顷侍坐时尝及此，谓"喜怒哀乐未发"，恐说"寂然不动"未得。吾文曰："杨先生如此解，某悚然愧惧。"窃谓于先觉所言，但当信受奉行，遂不复启齿。今来教举尹先生之说亦如是。某反复究观，茫然莫知所谓。"心性"二字，乃道义渊源当明辨，不失毫厘，然后有所持循矣。
>
> 窃谓未发只可言性，已发乃可言心，故伊川曰"中者，所以状性之体段"，而不言状心之体段也。心之体段，则圣人无思也，无为也，寂然不动感而遂通天下之故是也。未发之时，圣人与众生同一性；已发，则无思无为，寂然不动感而遂通天下之故，圣人之所独。夫圣人尽性，故感物而静，无有远近幽深，遂知来物；众生不能尽性，故感物而动，然后朋从尔思，而不得其正矣。若二先生以未发为寂然不动，是圣人感物亦动，与众人何异？尹先生乃以未发为真心，然则圣人立天下之大业，成绝世之至行，举非真心耶？某虽粗承过庭之训，而未尝广交天下之英，寡陋为甚，矧今孤露，苟不肆言，激精微之论，以祛蒙除蔽，则将终身如是而已矣。故此言非敢直诋二先生，所以求教也。①

这段文字出自《与曾吉甫书》的第二封书信，在这封书信中，胡宏的观点可以概括为：第一，胡宏不认同杨时在《中庸解》一书中所持未发是

---

① ［宋］胡宏著，吴仁华点校：《胡宏集·书·与曾吉甫书三首》，北京：中华书局，1987年，第116—117页。

指寂然不动观点，也不认同尹先生所说未发是真心；第二，胡宏认为未发是性，他认同程颐"中者，所以状性之体段"一说；第三，未发之时，圣人众人同此一性，即未发之中为圣人、众人共同具有；第四，已发之和为圣人独有，因为圣人感物而静，众人感物而动。胡宏之所以不认同杨时的说法，在于他认为圣人不论未发已发都是寂然不动，且寂然不动感而遂通与未发已发问题不同，"寂然不动感而遂通天下之故，与未发已发不同。体用一源，不于已发未发而分也。宜深思之"①。同理圣人未发已发都是真心，故尹先生的说法也有问题。那么胡宏所说的性是天下之大本又有什么具体内涵？胡宏所说的未发之性，实际上就是指戒慎恐惧的天理，圣人和众人都同此一性，但众人必须戒慎恐惧，居敬涵养才能成就天性，因此，天下之大本的性应该就是指理，此理即创生宇宙万物和人之理，在于人之谓性。另外，已发之时唯有圣人才能达到"和"，圣人是尽心者，其心浑然天理，而众人之心不免受形质所拘，不能发而中节。

因此，就心性情关系而言，胡宏认为"喜怒哀乐之未发"不是指心的未发，而是指性。唯有性才可谓之天下之大本："性，天下之大本也。"②否则"喜怒哀乐之未发"若是指喜怒哀乐之情潜隐未分的状态，则"中也者，天下之大本也"一句逻辑上无法成立。性自天授，人人皆同，圣智贤愚无有相异，"方喜怒哀乐未发，冲漠无朕，同此大本"③。胡宏认为性之所以能为天下之大本，在于性是万化流行的终极根据。宇宙万物之所以生生不息、品庶流行，产生于气的润生作用，而气的动力和根据是性，"气之流行，性为之主"④。性赋予气以法则，气得以开阖、变化，否则气流无定所，散于无形，二者相辅相成，性起主导作用，"非性无物，非气无

---

① ［宋］胡宏著，吴仁华点校：《胡宏集·书·与彪德美》，北京：中华书局，1987年，第135页。
② ［宋］胡宏著，吴仁华点校：《胡宏集》，北京：中华书局，1987年，第328页。
③ ［宋］胡宏著，吴仁华点校：《胡宏集》，北京：中华书局，1987年，第116页。
④ ［宋］胡宏著，吴仁华点校：《胡宏集》，北京：中华书局，1987年，第22页。

形。性，其气之本乎"①。所以从宇宙本体论而言，性是创生宇宙万物的终极根源。从天人角度而言，由于性是形而上的、超越的、先天的、抽象的，必借由心的具体、直贯、创生作用，才能成就人性。胡宏所说的心有道德义、主宰义、认知义。就其作为道德实体而言，它是道德实践的发动者，"仁，人心也"②；就其能感通天地、宰制万物、统摄亿兆而言，有主宰之义；就其知觉运动而言，能察思天地之道，万物之理："心无不在，本天道变化，为世俗酬酢，参天地，备万物。"③心又有道心、欲心之分，察识此心本于天道，不熏习于私欲，发动、扩充本心之善，是之谓"尊德性"；倘若"不察于道而习于欲"，则是欲心，欲心自私自利，与禽兽无别。从道心的角度而言，道心之发露就是性体之大用，性是心之体，心是性之用，《中庸》首章"喜怒哀乐"未发已发，即是在这个意义层面上成立的。

就"未发之中"的工夫论而言，胡宏反对盲目求静。虽然胡宏认为未发之时圣智贤愚没有不同，不偏不倚，中正不偏。但已发之时，圣人感物而静，众人感物而动。所谓感物而静，即感物而通，"圣人……无有远近幽深，遂知来物"④，圣人乘天地之正，万物各得其行，没有私欲之纷扰。众人不能尽性，有人欲之杂，"朋从尔思而不得其正"⑤，所以思虑之动不得其正。求静的根本在于识其本心、立其本心，以成其大用，但静的涵养未必能识其本心、立其本心，纵使能达到"心静理明"的状态，但此时未必是本心或良心的呈见，如牟宗三所说"（静的）涵养只是一种庄敬涵养所成之好习惯，只是一种不自觉的养习，只是模拟于小学之教育程序，而

---

① ［宋］胡宏著，吴仁华点校：《胡宏集》，北京：中华书局，1987年，第22页。
② ［宋］胡宏著，吴仁华点校：《胡宏集》，北京：中华书局，1987年，第83页。
③ ［宋］胡宏著，吴仁华点校：《胡宏集》，北京：中华书局，1987年，第331页。
④ ［宋］胡宏著，吴仁华点校：《胡宏集》，北京：中华书局，1987年，第115页。
⑤ ［宋］胡宏著，吴仁华点校：《胡宏集》，北京：中华书局，1987年，第115页。

于本体则不能有所决定，此其所以为空头也。"[1]胡宏强调的心是作为创生道德实践的实体、直贯天地的本心、道心，其诗云："此心妙无方，比道大无配。妙处果在我，不用袭前辈。得之眉睫间，直与天地对。混然员且成，万古不破碎。"[2]唯有本心的承体起用，才能实践、完成人性。

第二节　蕺山心性对扬解

刘宗周是明末著名的思想家之一，他和宋代思想家胡宏通常被称为性学一系。现当代学者中，最早研究刘宗周且出版学术专著的当数姚名达，其著作《刘宗周年谱》[3]于1931年由上海商务印书馆出版发行。此后，经过牟宗三[4]、唐君毅[5]等人深入研究，时至今日国内学者已经取得了一定的成果。申鹏宇《百年来刘宗周思想研究述评》[6]一文较为系统地梳理了现当代学者对刘宗周哲学思想的研究状况，本文兹不赘述，仅就未发已发问题作进一步梳理。由于未发已发问题涉及理气论、心性论与工夫论等内容，许多学者在论述刘宗周哲学思想时已或多或少涉及这一问题，如林宏星《刘宗周评传》一书指出"喜怒哀乐以四德言，非以七情言"[7]，即刘宗周认为"喜怒哀乐"是四德而非七情；衷尔钜《蕺山学派哲学思想》[8]一书也指出刘宗周所说的喜怒哀乐是指心之条理；陈来《宋明理学》[9]一书

① 牟宗三：《心体与性体》下册，《牟宗三全集》第7册，台湾联经出版公司，2003，第234页。

② ［宋］胡宏著，吴仁华点校：胡宏：《胡宏集》，北京：中华书局，1987年，第68页。

③ 姚名达：《刘宗周年谱》，上海：上海商务印书馆，1931年。

④ 牟宗三：《心体与性体》，上海：上海古籍出版社，1999年。

⑤ 唐君毅：《中国哲学原论·原教篇》，北京：中国社会科学出版社，2005年。

⑥ 申鹏宇：《百年来刘宗周思想研究述评》，《海南师范大学学报》2012年第9期。

⑦ 林宏星：《刘宗周评传》，南京：南京大学出版社，1998年，第128页。

⑧ 衷尔钜：《蕺山学派哲学思想》，济南：山东教育出版社，1993年。

⑨ 陈来：《宋明理学》，北京：北京大学出版社，2020年。

着重论述了刘宗周论四德和七情的差别，除此之外，杨国荣[①]、李振纲[②]、何俊[③]、黄敏浩[④]、胡元玲[⑤]、杜保瑞[⑥]等学者或以论文或以专著形式多有涉及，本文拟在以上学者的基础上，进一步梳理刘宗周未发已发思想。

沿着胡宏心性对扬的学理路径，刘宗周对未发已发问题进行了更深入的阐释。他的阐释带有更多的批判色彩和建设性，他批判以朱子为代表的理学和以王阳明代表的心学，认为朱子以心性情三分立论，混淆人心和道心，遮蔽了独体；阳明虽力矫程朱理学之弊，但其良知之学，则有流弊之患："阳明子曰良知即'未发之中'，仍落宋儒之见。"[⑦]在综合前人学说基础之上，蕺山以"独体"之学高倡其旨。

在第三章中，我们讨论了朱子学的未发已发思想，他们大多持未发是性，已发是情的观点。在刘宗周看来，朱子及其后学割裂了心性，性是超越的实体，而心是经验的、实然的存在，无法弥缝认知和成德之间的分裂，所以他说："先儒之言曰：'孟子以后道不明只是性不明。'又曰：'明此性，行此性。'夫性何物也，而可以明之？但恐明之尽，已非性之本然矣。为此说者，皆外心言性者也。外心言性，非徒病在性，并病在心。心与性两病，而吾道此为天下裂。"[⑧]朱子学大多主张心性二分，导致性成为形上的、孤悬的、无质的实体，穷理尽性成了追逐心外之理，驰骛于外。理学"外心言性"的思想，无论是气学还是心学，都对其进行了严厉的批评。如王夫之认为理是气的屈伸、升扬、聚散之理，王阳明认为心即理，

① 杨国荣：《理性本体的重建》，详见钟彩钧编《刘蕺山学术思想论集》，台北：中央研究院中国文哲研究所筹备处，1998 年，第 282 页。

② 李振纲：《证人之境——刘宗周哲学的宗旨》，北京：人民出版社，2000 年。

③ 何俊、尹晓宁：《刘宗周与蕺山学派》，北京：中国人民大学出版社，2009。

④ 黄敏浩：《刘宗周及其慎独哲学》，台北：学生书局，2001 年。

⑤ 胡元玲：《刘宗周慎独之学阐微》，台北：学生书局，2009 年。

⑥ 杜保瑞：《刘蕺山的功夫理论与形上思想》，台北：花木兰文化出版社，2009 年。

⑦ ［清］孙奇逢：《理学宗传》，南京：凤凰出版社，2015 年，第 489 页。

⑧ 刘宗周：《刘宗周全集》（第 2 册），杭州：浙江古籍出版社，2007 年，第 281 页。

良知的呈露就是天理的流行。在反对"外心言性"的立场上，刘宗周与气学、心学相一致。

与此同时，刘宗周认为心学的伟大在于将被遮蔽的心体呈露，"恢复"了"千年以来晦昧之本心"："自良知之说倡，而人皆知此心此理之可贵，约言之曰：'天下无心外之理。'举数千年以来晦昧之本心，一朝而恢复之，可谓取日虞渊，洗光咸池，然其于性犹未辨也。"①但他同时也指出了心学的问题所在，即"无善无恶心之体"无法开出普遍的道德实践，"若心体果是无善无恶，则有善有恶之意又从何处来？知善知恶之知又从何处来？为善去恶之功又从何处起？无乃语语断流绝港乎"②。从现实角度而言，明末社会在心学笼罩下，出现了许多以"情识"为良知者，高倡"真性情"实则"致私意"，晚明社会的症结与此不无关系："今天下世道交丧矣。士大夫容容苟苟，不知忠孝节义为何事。平居以富贵为垄断，临难以叛逆为捷径。至于国是日嚣，人心日竞，纪纲日坏，刑政日弛，封疆日蹙，寇盗日迩，祖宗金瓯无缺之天下，不日拱手而授之他人，亦孰非此学宫不识字人所胚胎而酿之者乎？"③在第四章中，我们已经指出了晚明社会的矛盾与岛田虔次认为泰州学派和明教社会产生了激烈的冲突④，冈田武彦甚至直接指出明末社会的道义颓废归结于阳明学末流。⑤

为了调和心本论和理本论，刘宗周提出了一种先天的主观结构学说来综合两者，这种学说是未发已发思想的核心。接下来，通过逐步阐释刘宗周未发已发思想来逐步解释其先天的主观结构学说。

---

① 刘宗周：《刘宗周全集》（第2册），杭州：浙江古籍出版社，2007年，第285页。

② 刘宗周：《刘宗周全集》（第2册），杭州：浙江古籍出版社，2007年，第413页。

③ 刘宗周：《刘宗周全集》（第3册），杭州：浙江古籍出版社，2007年，第36页。

④ （日）岛田虔次著；甘万萍译：《中国近代思维的挫折》，南京：江苏人民出版社，2005年，第94页。

⑤ （日）冈田武彦著；吴光等译：《王阳明与明末儒学》，上海：上海古籍出版社，2000年，第104页。

一、"喜怒哀乐之未发"是道德情感

刘宗周反对未发之喜怒哀乐是七情一说，实则反对朱子对四端和七情的混淆。蕺山认为未发的喜怒哀乐是指道德情感。这种道德情感由四端之心呈露，来源于性体，"一理也，自性而言则曰仁义礼智，自心而言则曰喜怒哀乐"[①]。性是心之体，心是性之用，心之所以能恻隐、辞让、好恶、是非，呈露喜怒哀乐之情，其根源于性体中仁义礼智之德。在此基础上，蕺山对七情和四端进行了严格区分。七情，是指喜怒哀惧爱恶欲，属于自然情感，夹杂着感性因素，出于人欲之私，蕺山统称之为"欲"；四端，《中庸》首章的喜怒哀乐，是由恻隐之心、是非之心、羞恶之心、辞让之心呈露的，恻隐之心近喜，羞恶之心近怒，辞让之心近乐，是非之心近哀："《中庸》言喜怒哀乐，专指四德而言。喜，仁之德也；怒，义之德也；乐，礼之德也；哀，智之德也。"[②]四端之心即良心、道心，是性体之大用。从形而上角度而言，喜怒哀乐无所谓未发已发，因其属于超越性、形而上层面，未发已发是就经验层面而论。从理气的关系而言，七情与四端根本区别在于气的运作，气是性之气，性是气之性，两者不能截然分离。性、气无所谓先天、后天之分。性是气的开阖、变化展现出来之理，在人谓之性："一性也，自理而言则曰仁义礼智，自气而言则曰喜怒哀乐。"[③]七情是由心和物的共同作用产生的，属于后天经验范畴，是追求个人欲望的结果："喜怒哀乐，性之发也，因感而动，天之为也。忿懥、恐惧、好乐、忧患，心之发也，逐物而迁，人之为也。"[④]为了更好地说明两者关系，蕺山以春夏秋冬与风雨露雷譬喻四端和七情的区别。天道的运转，阴阳的调和，然后有春、夏、秋、冬的循环往复，润泽万物，品类

① 黄宗羲：《明儒学案》，北京：中华书局，2008 年第 2 版，第 1519 页。
② 黄宗羲：《明儒学案》，北京：中华书局，2008 年第 2 版，第 1525 页。
③ 黄宗羲：《明儒学案》，北京：中华书局，2008 年第 2 版，第 1519 页。
④ 刘宗周：《刘宗周全集》（第 2 册），杭州：浙江古籍出版社，2007 年，第 152 页。

流形，所以春、夏、秋、冬是天之四德；风、雨、露、雷同样源自阴阳二气的运转，但阴阳二气运转之常是春、夏、秋、冬四季，其变是风、雨、露、雷。风、雨、露、雷有时而有、有时而无，春、夏、秋、冬无时无刻不在循环往复。蕺山对四端、七情的严格区分，旨在纠正朱子之偏，朱子认为四端、七情都是情，"喜、怒、哀、乐，情也"（《中庸集注》），"恻隐、羞恶、辞让、是非，情也"①（《孟子·公孙丑章句上》）。这种不做区分的后果是将道心（性）、人心（情）混为一谈，进而误解"未发之中"，否认《中庸》的喜怒哀乐之中节是"性行于情"，其过程伴随着独体之挺立、精一和贞定。

二、反对未发是性、已发是情

刘宗周反对未发是性，已发是情。刘宗周认为性体恒存，倘若以未发已发形容性体，就是将"发"视为一种经验的意识活动，这是对性体最大的误读。因此他认为朱子以未发为性，已发为情，是错误的："朱子以未发言性，仍是逃空堕幻之见。性者生而有之之理，无处无之。如心能思，心之性也；耳能听，耳之性也；目能视，目之性也；未发谓之中，未发之性也；已发谓之和，已发之性也。博而跃之，可使过颡；激而行之，可使在山。势之性也。"②朱子所说的性是超越的、绝对的、形上之理，实则是"逃空堕幻之见"。从根本上来说，朱子学说最为人诟病的地方在于理气二分，理是理，气是气，理是形上的，气是形下的，而其心性论就是基于理气二分的心性二分论，所以导致性在心外观点。为了弥补这个问题，刘宗周提出性是生而有之之理观点，性不是独立于人之外的理，而是生而具

---

① 朱熹：《四书章句集注》，北京：中华书局，1983年，第238页。
② ［清］黄宗羲著，沈芝盈点校：《明儒学案·卷六十二　蕺山学案·忠端刘念台先生宗周·语录》，北京：中华书局，2008年第2版，第1526页。

有的人之性。其中既包含了生理的属性，也包含了超越生理层面的先天结构。心之官则思，心之性是思；耳能听，耳之性是听；目能视，目之性是视力；未发则谓之中，未发之性是中；已发则谓之和，已发之性是和；水，博而跃之，可使过颡；激而行之，可使在山，这是势之性（非水之性）。不论心思善或思恶，思作为心的属性是绝对的，也就是说心是永远活动的思之体，"故人心无思，而无乎不思，绝无所谓思虑未起之时"①。性作为生而有之之理，"无处无之"，是心官运动和道德实践的根源所在，所以无所谓未发已发。此外，朱子所说的已发是指实然心的凝聚众理，才有喜怒哀乐（道德情感）的中节，刘宗周认为这实际上是背离了孔孟学说的传统。孟子所说的恻隐、羞恶、恭敬、是非之心，并不是因恻隐、羞恶、恭敬、是非之情的表露而指向此心所存之仁、义、礼、智，而是指喜怒哀乐乃仁义礼智之德，两者的差别在于朱子将喜怒哀乐视为形下的心体对形上的性体的作用结果，而刘宗周将喜怒哀乐视为心体呈露性体的结果。

三、反对以寂然不动为未发、感而遂通为已发

刘宗周反对以寂然不动为未发，感而遂通为已发。这种观点的代表者如理学派薛瑄："故心体至虚至明，寂然不动，即喜怒哀乐未发之中，天下之大本也。心之应物，各得其当者，感而遂通，即喜怒哀乐发而中节之和，天下之达道也。"②刘宗周反对这种观点，因为贯通未发已发的独体不能以寂然不动、感而遂通进行判定，独体的先在、恒在才有已发的中节。独体的特性是即使思虑未起，作为"虚位"的独体仍是存在的，它没有征兆没有显露，不为意识所获知，可以说是一种先天的意向结构；当人的意

---

① ［清］黄宗羲著，沈芝盈点校：《明儒学案·卷六十二　蕺山学案·忠端刘念台先生宗周·语录》，北京：中华书局，2008 年第 2 版，第 1526 页。

② 薛瑄：《薛瑄全集·续读书录》，太原：山西人民出版社，1990 年，第 282 页。

识活动时，它就能呈露出来，好善恶的能力即来自于此，"独字是虚位，从性体看来，则曰莫见莫显，是思虑未起，鬼神莫知也；从心体看来，则曰十目十手，是思虑既起，吾心独知时也"①。作为一种先天的意向结构，独体的呈露才有仁义礼智四德，喜怒哀乐就是仁义礼智四德"显于外者"。从宇宙论而言，这就是"天命之谓性"，是禀赋于天的一种规定性，刘宗周以天之春夏秋冬如人之喜怒哀乐："喜也者，仁之气也，于时为春，即天道之元。怒也者，义之气也，于时为秋，即天道之利。哀也者，智之气也，于时为冬，即天道之贞。乐也者，礼之气也，于时为夏，即天道之享。"②天道的元亨利贞即人道的仁义礼智，喜怒哀乐是仁义礼智四德之显。值得注意的是，天道的元亨利贞、春夏秋冬即人道的仁义礼智、喜怒哀乐，是二而一的关系："独中具有喜怒哀乐四者，即仁义礼智之别名。在天为春夏秋冬，在人为喜怒哀乐，分明一气之通复，无少差别。天无无喜怒哀乐之时，故人无无喜怒哀乐之时，而终不得以寂然不动者为未发，以感而遂通者为已发，可知也。"③要之，薛瑄所持的观点，即至虚至明心体的寂然不动是未发之中，已发是感而遂通，在刘宗周看来是不成立的，因为性是心之体，性是心的本质内容和规定，性不在心外，所以贯通未发已发的独体更不能以寂然不动、感而遂通进行判定。

四、反对未发是静、已发是动

复次，刘宗周反对未发是静、已发是动之说，试以罗钦顺的观点为例进行说明。罗钦顺认为未发是道心，是性，是静，寂然不动；已发是人心，是情，是动，感而遂通。在他看来，气有动静变化，展现一定之理，

---

① 黄宗羲：《蕺山学案》，《明儒学案》（下），北京：中华书局，2008年，第1591页。
② 刘宗周：《刘宗周全集·语类十二·学言中》，杭州：浙江古籍出版社，2007年，第414页。
③ 刘宗周：《圣学宗要》，《刘宗周全集》（第2册），杭州：浙江古籍出版社，2007年，第259页。

人性就是气作用的结果，是"人之生理"。人所具有的理就是人性，与生俱生，可以称之为本体，它是道德实践的本体，而这个本体通过心灵的作用展现出来时，就是一种"动"。从这个意义上，罗钦顺将性称为静，将心以性为体的动称为动。刘宗周反对这种观点，他认为未发是动而无动，已发是静而无静："动中有静，静中有动者，天理之所以妙合而无间也。静以宰动，动复归静者，人心之所以有主而常一也。故天理无动无静，而人心惟以静为主。以静为主则时静而静，时动而动，即静即动，无静无动，君子尽性至命之极则也。"① 刘宗周认为独体"渊然在中，动而未尝动，所以静而未尝静"，但为什么又说"动而有静，静中有动者，天理之所以妙合而无间也"？这是因为刘宗周认为独体如指南针，而人心如盘，盘会随着移动而改变方向而人心会起产生经验的意志活动，但指南针永远指向南，指南针永远指向南可以称之为"静"，因其并未改变方向，而盘则会随着移动而变换位置，可称之为"动"，所以说是"动而无动"，即"动中有静"；指南针并未随着盘的移动而改变指向，这是一种"静"，但指南针无时无刻不指向南，一旦静止就不再指向南，所以是一种"动"，故又可称之为"静而无静""静中有动"："心所向曰意，正是盘针之必向南也。只向南，非起身至南也。凡言向者，皆指定向而言，离定字，便无向字可下，可知意为心之主宰矣。"② 所谓"静以宰动，动复归静者，人心之所以有主而常一也"，"静以宰动"是指指南针指引盘的方向，才能真正地开启道德实践，否则如瞎子探路，迷失方向。"动复归静者，人心之所以有主而常一也"，是指人心的意念运动必借助指南针的指引才能有主而常一。"人心以主静为主"，刘宗周较为赞同周敦颐"主静立人极"之说，通过主静工夫还原心之条理："一念未起之先，生死关头，最为吃紧。于此合

---

① 刘宗周:《学言上》,《刘宗周全集》(第 2 册),杭州:浙江古籍出版社,2007 年,第 377 页,
② ［清］黄宗羲著,沈芝盈点校:《明儒学案·卷六十二　蕺山学案·忠端刘念台先生宗周·来学问答》,北京:中华书局,2008 年第 2 版,第 1557 页。

下清楚，则一真既立，群妄皆消。"①刘宗周的主静和禅宗不同，他通过主静体验未发之中的心理状态，融合"静""敬"使本体和工夫统一起来。从总体来说，未发是静已发是动的观点过于笼统，因为独体贯通未发已发，但伴随着心灵的运动，独体又呈现出动而无动、静而无静的状态。

五、反对以前后论未发已发

与此同时，刘宗周也反对以前后论未发已发。以前后论未发已发，是将未发已发视为实然的、经验的心灵作用的两个不同阶段。这种观点的错误之处在于将喜怒哀乐视为实然的、经验的心灵作用，实际上它来自气的流动、理的呈现。刘宗周并不将心视为形下的、实然的经验之心，他认为心是气，气即理，心本身具有条理，喜怒哀乐本质上是气化运动的呈现。因此，喜怒哀乐是一种客观的气化运动，即使在经验心不活动的情况下，喜怒哀乐的运行并没有暂止，换而言之盘（实然心）未动，但盘中指南针（独体）时时刻刻指向南方，因有指南针（独体）所以有喜怒哀乐（道德情感），而非盘（实然心）的运动所致。在《易衍》一文中，刘宗周的这一思想表述得较为清楚："心一天也。独体不息之中，而一元常运，喜怒哀乐四气周流，存此之谓中，发此之谓和，阴阳之象也。四气，一阴阳也。阴阳一独也。其为物不二，则其生物也不测。故中为天下之大本，而和为天下之达道，及其至也，察乎天地，至隐至微、至显至见也。故曰'体用一原，显微无间'。君子所以必慎其独也，此性宗也。"②喜怒哀乐是四气之周流，而非实然心的感物而动，这种观点和朱子的"心体流行"说有相似之处，但刘宗周是以心性不离的角度将心体的流行解释作四气的周流运

---

① 刘宗周：《证学杂解·二》，《刘宗周全集》（第2册），杭州：浙江古籍出版社，2007年，第262页。

② 刘宗周：《易衍》，《刘宗周全集》（第2册），杭州：浙江古籍出版社，2007年，第138页。

行。如此一来，心体就不只是经验的心体，有未感有感，有未通有通，喜怒哀乐是"四气周流"，是客观的理的呈现。相比较而言，七情之所以为七情，是因追逐感官而导致的流变，如喜流变为好，乐流变为乐（乐极之乐），怒流变为忿懥，哀流变为恐、惧、忧、患，从而导致非乐而淫，即哀而伤："又有逐感而见者，如喜也而溢为好，乐也而溢为乐，怒也而积为忿懥。一哀也而分为恐为惧，为忧为患，非乐而淫，即哀而伤。且阳德衰而阴惨用事，喜与乐之分数减，而忿懥恐惧忧患之分数，居其偏胜，则去天愈远，心非其心矣。"① 刘宗周将心体理解为四气的周流，这是一种客观的运动过程，所以他认为心体和性体"本无动静"之分，未发实则是四气的循环运动，无间不息。

六、"未发之中"工夫在慎独

就工夫论而言，蕺山认为"未发之中"的工夫在慎独："喜怒哀乐之未发谓之中，先儒教人看此气象，正要人在慎独上做工夫，非想象恍惚而已。"② 蕺山非常重视慎独，"慎独是学问第一义"，是尽心之学，尽性之学。独体，就其流露的道德意识而言，可称之为"意根"。蕺山所说的"意根"，是指"心所存之主"，而非心所发之念，心所存之主，管辖、贞定者意念的起用，是统摄道德意识的本源。要想让独体朗照、显现，首先要摆脱感官的束缚，感官倾向于追逐感性的享受，从而引发非理性情感："喜怒平而好恶之公乃出，好恶公而是非之理自著。"③ 从经验层面而言，心是由气构成的，如果不能将其凝聚贞定，就会追逐感官享受，趋向恶，"人

① ［清］黄宗羲著，沈芝盈点校:《明儒学案·卷六十二　蕺山学案·忠端刘念台先生宗周·语录》，中华书局，2008 年第 2 版，第 1524 页。

② ［清］孙奇逢:《理学宗传》，南京:凤凰出版社，2015 年，第 487 页。

③ 刘宗周:《致主于尧舜疏》，《刘宗周全集》（第 3 册），杭州:浙江古籍出版社，2007 年，第 65 页。

心一气而已矣而枢纽至微，才入粗一二，则枢纽之地霍然散矣，散则浮，有浮气因以有浮质，有浮质因以有浮性，有浮性因以有浮想，为此四浮，合成妄想，为此一妄种成万恶。"① 心的浮动就会产生"妄念""朋思""任情""多欲"："今之为暴气者，种种蹶趋之状，还中于心，为妄念，为朋思，为任情，为多欲，皆缘神明无主。"② 神明无主就是指意根或曰独体被遮蔽。去掉遮蔽、呈露独体，就是突破私欲念想、使独体朗照的过程。其中的关键，是吃紧意根，意根是心所存之主，而非心所发之意念，它贞定着心灵的方向。实然的意有善有恶，需要惟精惟一的工夫，当实然的意通过克诚去私的工夫成为纯善之体，能知善知恶，而不需要借助"知"来判断善恶，它超越于"知"，它自知、自律、自治。这就是让独体朗照出来，从清澈的本源直达分流，无往而非未发之中，已发之和："……先反而求之吾心，当其清明在躬之地，炯然而不昧者，得好恶相近之几，此正所谓道心也。致此之知，即是惟精，诚此之知即是惟一，精且一则中矣。随吾喜怒哀乐之所发，无往非未发之中，而中其节矣，此慎独之说也。"③

小　结

胡宏与刘宗周对未发已发问题的诠释以"心性对扬"思想为核心。"心性对扬"由牟宗三先生率先提出，是指胡宏、蕺山一系既不是从心性二分出发，也不以心性是一立论，而是借由主观的、具体的心体以成就客观的、超越的宇宙论意义上的性体，即"心以成性"，所以心性是对扬关系。胡宏认为"喜怒哀乐之未发"不是指心的未发，而是指性。唯有性才

---

① 黄宗羲：《明儒学案》，北京：中华书局，2008年第2版，第1529页。
② 黄宗羲：《明儒学案》，北京：中华书局，2008年第2版，第1571页。
③ 刘宗周：《致主于尧舜疏》，《刘宗周全集》（第3册），杭州：浙江古籍出版社，2007年，第66页。

可谓之天下之大本，"性，天下之大本也"①。否则"喜怒哀乐之未发"若是指喜怒哀乐之情潜隐未分的状态，则"中也者，天下之大本也"一句逻辑上无法成立。刘宗周反对未发为性、已发为情一说，并提出性是生而有之之理的观点，性不是独立于人之外的理，而是生而具有的人之性，体现于"善善恶恶"的先天能力之中。总之，从两位思想家的学说来看，刘宗周在胡宏的基础上，进一步发展并形成了思想体系。

---

① ［宋］胡宏著，吴仁华点校：《胡宏集》，北京：中华书局，1987年，第328页。

第六章　气学对未发已发问题的解释

　　与理学和心学相比，气学的争议更多。这种争议性体现在气学所建构的宇宙论是不是一种思想史的倒退？劳思光的宋明一系说即根源于此，他认为宋明理学是思想的发展史，是从天道观向本性观再到心性论的演进历史，其中新旧学说不断更替，心性论是此一演进过程的终极形态，故从思想发展的整体而言，仅只一系，即心学一系①。陈来分判标准与劳思光相近，视宋明理学为一整体思想运动，他认为为了攘辟佛老，气学首先兴起，为儒家建构了宇宙论，然而气论有所不足，然后数学诞生，转相嬗递，最终发展至心学，心学为儒家奠定了道德实践的主体性原则②。不可否认，宇宙论的确存在诸多理论难点，这也是为何本体论、认识论转相兴起的原因。但就未发已发问题而言，气学对这一问题的思考带有鲜明的理论特征，故本章选取了张载、王廷相和王夫之三位思想家，分别进行论述。

　　本章的写作结构与前几章较为相似，围绕着张载、王廷相和王夫之三位思想家，通过揭示心、性、情等结构，逐步剖析其未发已发思想。值得注意的是，张载对未发已发问题的论述材料稀少，这为我们的探究工作增

---

① 劳思光视宋明理学为一整体运动，以阳明心学一系为思想发展的终极形态，程朱理学和胡宏性学因无法自立，故二者不能分系："（天道观、本性观、心性论）此三型平铺观之，或可作为'三系说'之依据；但就理论效力而言，则前二者皆不足以自立，必归于第三型。因此理论效力之高低，亦成为一共同标准，可据以统摄诸家之言而定其地位。"（见劳思光：《新编中国哲学史》第三卷上，台北：台湾三民书局，1991年，第61页。）

② 陈来：《宋明理学》，沈阳：辽宁出版社，1992年，第12—14页。

加了难度。但是，舍弃张载而不论，这并非明智之举，因为张载的"心统性情"之说促成了朱子未发是性已发是情观点的形成，这是思想史进程中的一个大节点。故本章尝试在梳理张载哲学思想的前提下探究其未发已发思想，而王廷相和王夫之论述未发已发的材料较多，下文分别论述。

第一节　张载未发已发思想探微

张载哲学是学术界关注焦点之一。目前学界围绕张载哲学思想的研究成果非常多，林乐昌《20 世纪张载哲学研究的主要趋向反思》[①]一文系统梳理了 20 世纪张载哲学的研究状况，在他的研究基础上，笔者简单梳理一下 21 世纪有关张载哲学研究状况。

按照研究类型进行划分，近 20 年来的研究成果可分为以下几类：第一，对张载哲学的意义思考和思想史定位，如曾振宇《论张载气学的特点及其人文关怀》[②]，丁为祥、孙德仁《张载哲学对宋明理学的主要贡献》[③]等；第二，对张载哲学核心思想的阐释，李存山《"先识造化"：张载的气本论哲学》[④]、林乐昌《张载心学论纲》[⑤]、丁为祥《张载对"形而上"的辨析及其天道本体的确立》[⑥]、李煌明《"先立乎其大"：张载的虚气本始论及参两模式》[⑦]、杨立华《隐显与有无：再论张载哲学中的虚气问题》[⑧]、

① 林乐昌：《20 世纪张载哲学研究的主要趋向反思》，《哲学研究》2004 年第 12 期。
② 曾振宇：《论张载气学的特点及其人文关怀》，《哲学研究》2017 年第 5 期。
③ 丁为祥、孙德仁：《张载哲学对宋明理学的主要贡献》，《中国哲学史》2020 年第 6 期。
④ 李存山：《"先识造化"：张载的气本论哲学》，《中国哲学史》2009 年第 2 期。
⑤ 林乐昌：《张载心学论纲》，《哲学研究》2020 年第 6 期。
⑥ 丁为祥：《张载对"形而上"的辨析及其天道本体的确立》，《哲学研究》2020 年第 8 期。
⑦ 李煌明：《"先立乎其大"：张载的虚气本始论及参两模式》，《哲学研究》2015 年第 1 期。
⑧ 杨立华：《隐显与有无：再论张载哲学中的虚气问题》，《中国哲学史》2020 年第 4 期。

翟奎凤《神化体用论视域下的张载哲学》①等；第三，张载哲学与其他思想体系间的联系，刘学智《朱熹"中和新说"与关学关系探微》②、王新春《"横渠四句"的生命自觉意识与易学"三才"之道》③、林乐昌《论张载对道家思想资源的借鉴与融通——以天道论为中心》④、向世陵《张载、王夫之的"保合太和"说议》⑤等。

可以看到，学者们从各个角度对张载哲学进行了研究，并取得了丰硕的成果。但张载哲学体大思精，仍有值得探索的空间，未发已发问题便是其中之一。目前学界对此问题关注稍显不足，大抵因张载无明文论及《中庸》首章，故为学者所忽略。刘学智《朱熹"中和新说"与关学关系探微》一文是近年来涉及张载未发已发思想的一篇论文，指出了吕大临、程颐、张载等人对朱子"中和新说"影响，但其重心在论述朱子"中和新说"的形成过程，而对张载未发已发思想未作深入探究。鉴于此，本文尝试探究张载未发已发思想，从而揭示他在何种意义上启发宋明思想家。

一、气质之性有善有恶、天地之性"不知检其心"

《中庸》首章"喜怒哀乐之未发，谓之中；发而皆中节，谓之和"中"喜怒哀乐"是一种自然情感还是道德情感？如果是自然情感，是何者使其发而中节？如果是道德情感，其发动者来源于何处？在深入探究此问题之前，先来看张载如何看待喜怒哀乐。张载认为喜怒哀乐是人之常情，所谓常情，即它是一种常见的社会现象，因此在使用"情"概念上，张载往

---

① 翟奎凤：《神化体用论视域下的张载哲学》，《社会科学辑刊》2020年第5期。
② 刘学智：《朱熹"中和新说"与关学关系探微》，《哲学研究》2015年第12期。
③ 王新春：《"横渠四句"的生命自觉意识与易学"三才"之道》，《哲学研究》2014年第5期。
④ 林乐昌：《论张载对道家思想资源的借鉴与融通——以天道论为中心》，《哲学研究》2013年第2期。
⑤ 向世陵：《张载、王夫之的"保合太和"说议》，《中国哲学史》2020年第4期。

往从经验层面出发并对这种情感予以肯定。举例来说：

> 人情大抵患在施之不见报则辍，故恩不能终，不要相学，已施之而已。①
>
> 乡原……顺人情不欲违。②
>
> 譬之人情，一室中岂容二妻。③
>
> 毁丧服者必于除日毁，以散诸贫者或诸守墓者皆可也。盖古人不恶凶事而今人以为嫌，留之家，人情不悦，不若散之，焚埋之又似恶丧服。④

"人情大抵患在施之不见报则辍"，担心好心没好报是人之常情；"顺人情不欲违"，乡愿顺从人情，附和他人之喜好；"一室中岂容二妻"，一屋之内不能有两位妻子，这是人之常情；将丧服留在家中，人情不悦，所以要烧毁、填埋。从这些例证中，可以看到张载使用"情"概念时，往往从经验层面出发。这就不难理解张载认为情有善有恶：

> 情未必为恶，哀乐喜怒发而皆中节谓之和，不中节则为恶。⑤
>
> 情有邪正故吉凶生。⑥

情有善恶正邪之分，所以需要发而中节，因此我们尝试推测：张载所理解的《中庸》首章"喜怒哀乐"应该是一种自然情感，自然情感有善有恶，所以需要发而中节。

情虽有善有恶，但也是人性的一部分，因此张载认为情是"性之自

---

① 张载：《张载集·拾遗·近思录拾遗》，北京：中华书局，1978 年，第 377—378 页。

② 张载：《张载集·拾遗·近思录拾遗》，北京：中华书局，1978 年，第 378 页。

③ 张载：《张载集·经学理窟 丧纪》，北京：中华书局，1978 年，第 298 页。

④ 张载：《张载集·经学理窟 丧纪》，北京：中华书局，1978 年，第 301 页。

⑤ 张载：《张子语录·语录中》，《张载集》，北京：中华书局，1978 年，第 323—324 页。

⑥ 张载：《张载集·横渠易说 系辞下》，北京：中华书局，1978 年，第 209 页。

然""发于性"：

> 有形则有体，有性则有情。发于性则见于情，发于情则见于色，以类而应也。①
>
> "情尤言用""情则是实事""情尽在气之外，其发见莫非性之自然"②

喜怒哀乐是人性之自然，所谓人性之自然，其实就是指喜怒哀乐是一种自然发生的情感现象，因此不能灭情毁性。从根源上来说，自然情感的发生来源于阴阳二气：

> 气本之虚则湛无形，感而生则聚而有象。有象斯有对，对必反其为；有反斯有仇，仇必和而解。故爱恶之情同出于太虚，而卒归于物欲，倏而生，忽而成，不容有毫发之间，其神矣夫！③

张载承认人的自然情感出于阴阳二气，但两者到底是一种什么关系？船山在注解张载《正蒙》时，指出自然情感的发生来自人的好恶，而人的好恶则来自气的攻取特性。张载虽然没有具体指出自然情感和阴阳二气之间的关系，但从宇宙论追溯自然情感的发生，为反驳佛教灭情学说提供了形而上依据。从上述分析可以看到，张载对喜怒哀乐的论述非常接近经验主义，他承认有善有恶的自然情感存在具有合理性，这种合理性根源于阴阳二气。从体用关系来说，张载也认为情是性之用，但需要注意的是，这里的"性之用"只是说情是人性的一部分，是人性之自然，与朱子所说的"性即理""性之用"完全不同。

就逻辑而言，如果说"喜怒哀乐之未发"是性，性是"天下之大本"，

---

① 张载：《拾遗·性理拾遗》，《张载集》，北京：中华书局，1978年，第374页。

② 张载：《横渠易说·上经》，《张载集》，北京：中华书局，1978年，第78页。

③ 张载：《张载集·正蒙 太和篇第一》，北京：中华书局，1978年，第10页。

这对张载而言肯定是无法成立的，因为有善有恶的情也是性的一部分，所以性不可能是天下之大本。但是我们知道，张载区分了气质之性和天地之性，那么天地之性是否可以称之为天下之大本？先来分析气质之性和天地之性的关系。

所谓气质之性，是形而后产生的，它的表现是爱恶之情、饮食男女："饮食男女皆性也"[①]，"形而后有气质之性，善反之则天地之性存焉。故气质之性，君子有弗性者焉"[②]。气质之性虽是性，但是君子不以之为性。值得注意的是，爱恶之情、饮食男女是形而后产生的，这里的"形而后"并非指"形"带来了爱恶之情、饮食男女，而是说有了形之后，气质之性才得以显现，否则必将"形"视为恶的根源，走上毁形的道路。

天地之性，是一个复杂的集合概念。笼统地讲，天地之性是善，所以张载说"善反之则天地之性存焉"。天地之性对人而言又是普遍的，这就意味着人人都可以反其善，"性于人无不善，系其善反不善反而已，过天地之化，不善反者也；命于人无不正，系其顺与不顺而已，行险以侥幸，不顺命者也"[③]。但现实是有些人终生不善，那么何以反其善？如王充在《论衡》中指出有些人生来性恶，譬如商纣、食我在孩童之时，已经显露为恶的征兆："夫小人性患耻者也，含邪而生，怀伪而游，沐浴累害之中，何招召之有？"（《论衡·累害》）。

为了解决这个问题，张载指出，人人禀赋先天的、善的天地之性，无法"反其善"因为气的"散殊"和"所习"不同。气的散殊是指人禀气而生时，每个人所禀之气不同，有宽褊、刚柔、缓速、清浊之分，"气质犹人言性气，气有刚柔、缓速、清浊之气也，质，才也"[④]。所习不同，是指后天的影响不同。这两者是形而后人性形成的核心。也就是说天地之性

---

① 张载：《张载集·横渠易说　系辞上》，北京：中华书局，1978年，第187页。
② 张载：《张载集·正蒙　诚明篇第六》，北京：中华书局，1978年，第22页。
③ 张载：《张载集·正蒙　诚明篇第六》，北京：中华书局，1978年，第22页。
④ 张载：《张载集·经学理窟　学大原上》，北京：中华书局，1978年，第281页。

人人皆同，但是形而后的气质之性则各有不同，那么也可以说天地之性是被遮蔽的，所以要"反"，要"成性"。在《张子语录》一书中，张载将天地之性和气质之性论述得非常清楚：

> 吕与叔资美，但向学差缓，惜乎求思也褊，求思虽犹似褊隘，然褊不害于明。褊何以不害于明？褊是气也，明者所学也，明何以谓之学？明者言所见也。大凡宽褊者是所禀之气也，气者自万物散殊时各有所得之气，习者自胎胞中以至于婴孩时皆是习也。及其长而有所立，自所学者方谓之学，性则分明在外，故曰气其一物尔。气者在性学之间，性犹有气之恶者为病，气又有习以害之，此所以要鞭辟至于齐，强学以胜其气习。其间则更有缓急精粗，则是人之性虽同，气则有异。天下无两物一般，是以不同。孔子曰："性相近也，习相远也"，性则宽褊昏明名不得，是性莫不同也，至于习之异斯远矣。①

这段话的核心观点可以归纳为以下三点：第一，气有散殊，所以有宽褊、刚柔、缓速、清浊、美恶、精粗、昏明之分，吕与叔禀气褊，所以"求思也褊"；第二，习可以助善也可以助恶，人在胎胞中时就已经有受到影响；第三，人所禀赋的散殊之气可以通过学习改变，所谓"以德胜气"。

通过学习以改变气质之性，复其天地之性的过程，张载称之为"成性"。在未成性之前，人性是善恶交杂的。善恶交杂的原因即上面提到的先天的禀气不同，也可能是后天的习染所致：

> 人之刚柔、缓急、有才与不才，气之偏也。天本参和不偏，养其气，反之本而不偏，则尽性而天矣。性未成则善恶混，故亹亹而继善者斯为善矣。恶尽去则善因以成，故舍曰善而曰"成之者性也"。德不胜气，性命于气；德胜其气，性命于德。穷理尽性，则性天德，命

---

① 张载：《张载集·张子语录　语录下》，北京：中华书局，1978年，第329—330页。

天理，气之不可变者，独死生修夭而已。①

　　成性就是"反之本而不偏"，归复天地之性。从这个过程来看，天地之性的呈露需要后天的学习修为，也就是说天地之性本身不会承体起用，在《正蒙·诚明篇》中，张载明确提及"心能尽性，'人能弘道'也；性不知检其心，'非道弘人'也"②。如此一来，从逻辑上讲，使喜怒哀乐发而中节的就不是天地之性。不过在得出确切的结论之前，让我们先来考察心的功能。

二、心因性成

　　宋明理学对心的认识主要有两种：其一，认知心；其二，道德心。对张载而言，心具有以下几种含义：

　　第一，心有知觉义。张载说："由太虚，有天之名；由气化，有道之名；合虚与气，有性之名；合性与知觉，有心之名。"③知觉能力是心的功能之一。根据现代心理学，人的认知能力可以表现为推理、想象、记忆等。张载同样认识到心灵具有强大的想象功能，"利者为神，滞者为物。是故风雷有象，不速于心，心御见闻，不弘于性"④。"风雷有象，不速于心"是指风、雷作为自然的天气现象，它们的显现不如，心灵能够通过想象生成风、雷的意象，船山对此表述得较为具体："风雷无形而有象，心无象而有觉，故一举念而千里之境事现于俄顷，速于风雷矣。"⑤这实际上是在说心灵具有强大的知觉功能。

---

① 张载：《张载集·正蒙　诚明篇第六》，北京：中华书局，1978年，第23页。
② 张载：《张载集·正蒙　诚明篇第六》，北京：中华书局，1978年，第22页。
③ 张载：《张载集·正蒙　太和篇第一》，北京：中华书局，1978年，第9页。
④ 张载：《张载集·正蒙　诚明篇第六》，北京：中华书局，1978年，第23页。
⑤ 王夫之：《张子正蒙注·卷三·诚明篇》，长沙：岳麓书社，2011年第2版，第134页。

第二，心有统摄义。"心统性情"是宋明理学中最为重要的命题之一，由张载率先提出，但"心统性情"一语在《张载集》中仅出现一次，牟宗三称之为"孤立之一语"①，因此心如何统摄性情需待深入分析。先来看"心统性情"一语出现的语境：

> 张子曰：心统性情者也。有形则有体，有性则有情，发于性则见于情，发于情则见于色，以类而应也。②

如果联系"性不知检其心"就更容易理解"心统性情"一语的内涵，性是无意识的，需要心灵去成性、尽性。

就心的知觉义和统摄义而言，可以为善也可以为恶，因此知觉义和统摄义的心是天下之大本，从逻辑上是无法成立的。但心灵还有一个重要的特性：虚而神。笼统而言，虚而神之心是高于知觉义和统摄义的一层结构，"虚而神"包含了知觉义和统摄义，知觉义和统摄义并不包含"虚而神"。"虚而神"具有以下几层内涵：

第一，"虚而神"是心灵本身所具有的一种客观义。因此涵养心灵的"虚而神"只需存养而非助长：

> 求心之始如有所得，久思则茫然复失，何也？夫求心不得其要，钻研太甚则惑。心之要只是欲平旷，熟后无心如天，简易不已。今有心以求其虚，则是已起一心，无由得虚。切不得令心烦，求之太切则反昏惑，孟子所谓助长也。孟子亦只言存养而已，此非可以聪明思虑，力所能致也。③

在这段文字中，张载指出有心求"虚"，反而不能得"虚"，因为这

---

① 牟宗三：《心体与性体》第 3 册，台北：正中书局，1995 年，第 474 页。
② 张载：《拾遗·性理拾遗》，《张载集》，北京：中华书局，1978 年，第 374 页。
③ 张载：《经学理窟 气质》，《张载集》，北京：中华书局，1978 年，第 269 页。

是"已起一心",掺杂了主观的意志。进而张载又指出"心之要只是欲平旷,熟后无心如天,简易不已",但是"熟后"心灵的"简易不已",是一种主观的持守还是自然的或客观的呈露?笔者认为这里指向的是一种客观的呈露。正因为心灵的"虚而神"是一种具有本然义、客观义,所以张载说存心之始要承认"心之所从来":"人病其以耳目见闻累其心而不务尽其心,故思尽其心者,必知心所从来而后能。"① 承认"心之所从来"即承认心是天德之体:"存心之始须明知天德,天德即是虚,虚上更有何说也!"② 心灵的"虚而神"来自气,这就为其奠定了坚固的物质基础。张载说,气本虚而神,"气之性本虚而神,则神与性乃气所固有,此鬼神所以体物而不可遗也"。③ 所谓"虚",即"无所不感":

> 无所不感者虚也,感即合也,咸也。以万物本一,故一能合异;以其能合异,故谓之感;若非有异则无合。天性,乾坤、阴阳也,二端故有感,本一故能合。天地生万物,所受虽不同,皆无须臾之不感,所谓性即天道。④

气之所以能无所不感,因为"本一",气是能自我运动、屈伸的整体,它的动力来自自身,没有外在的推动力。气的无所不感化生万物:"浮而上者阳之清,降而下者阴之浊,其感通聚结,为风雨,为雪霜,万品之流形,山川之融结,糟粕煨烬,无非教也。"⑤ 所以虚又可称之为一种生生之德,即仁德:"虚者,仁之原,忠恕者与仁俱生,礼义者仁之用。"⑥

所谓"神",是指气的感应无穷。气是寂感之体,神秘莫测:"天之不

---

① 张载:《张载集·正蒙 大心篇第七》,北京:中华书局,1978年,第25页。
② 张载:《张载集·经学理窟 气质》,北京:中华书局,1978年,第269页。
③ 张载:《张载集·正蒙 乾称篇第十七》,北京:中华书局,1978年,第63页。
④ 张载:《张载集·正蒙 乾称篇第十七》,北京:中华书局,1978年,第63页。
⑤ 张载:《张载集·正蒙 太和篇第一》,北京:中华书局,1978年,第8页。
⑥ 张载:《张载集·张子语录 语录中》,北京:中华书局,1978年,第325页。

测谓神，神而有常谓天"①，"语其不测故曰'神'"②。就心灵而言，张载以情感的生成为例证，说明心灵的结构：

> 气本之虚则湛无形，感而生则聚而有象。有象斯有对，对必反其为；有反斯有仇，仇必和而解。故爱恶之情同出于太虚，而卒归于物欲，倏而生，忽而成，不容有毫发之间，其神矣夫！③

上文我们提到，张载认为喜怒哀乐是人性的一部分，在这段文字中，张载将"爱恶之情"演变为"物欲"的过程称之为"神"，指心灵的妙用。船山将其解释为心灵具有"不疾而速，不行而至"的功用："爱恶之情无端而不暂息者，即太虚之气一动一静之几；物无不交，则情无不起，盖亦不疾而速，不行而至也。存神以合湛，则爱恶无非天理矣。"④总而言之，通过气本论的建构，张载将心灵"虚而神"的客观义建立了坚固的物质基础。

第二，"虚而神"是心灵的本然义。所谓本然义，是指"虚而神"是心灵的本然状态，上智、下愚人人相同。张载说"心本至神"⑤，又说"有无一，内外合（张载注：庸圣同）。此人心之所自来也"⑥，心灵的本然状态就是"有无一""内外合"的至神。"有无一"，是心灵的"虚而神"是无生灭的，它来自阴阳二气，永恒不灭；"内外合"是指"虚而神"的心灵起用，遍照物我、人己，则物我、人己皆明："人当平物我，合内外，如是以身鉴物便偏见，以天理中鉴则人与己皆见，犹持镜在此，但可鉴彼，

---

① 张载：《张载集·正蒙 天道篇第三》，北京：中华书局，1978年，第14页。
② 张载：《张载集·正蒙 乾称篇第十七》，北京：中华书局，1978年，第65—66页。
③ 张载：《张载集·正蒙 太和篇第一》，北京：中华书局，1978年，第10页。
④ 王夫之：《张子正蒙注·卷一·太和篇》，长沙：岳麓书社，2011年第2版，第41页。
⑤ 张载：《张载集·经学理窟 义理》，北京：中华书局，1978年，第275页。
⑥ 张载：《张载集·正蒙 乾称篇第十七》，北京：中华书局，1978年，第63页。

于己莫能见也，以镜居中则尽照。"[1] "虚而神"的心灵发用时，则无所不当，"心既虚则公平，公平则是非较然易见，当为不当为之事自知"[2]。

客观义和本然义建构了心灵的主客圆融。在此意义上，心灵的"虚而神"不是一种独立于人之外的客观属性，它是心灵自身具有的属性；同时，它也不是主观的臆想，而是来自阴阳二气的良能。就此而言，张载的工夫论和孟子较为接近，都在强调复其本心之明：

> 穷神知化，与天为一，岂有我所能勉哉？乃德盛自致尔。大抵思虑静乃能炤物，须放心宽快公平以求之，乃可见道。况德性自是广大，易曰"穷神知化，德之盛也"，岂浅心可得！[3]

"穷神知化，与天为一"非人力所逮，它是一种先天的属性，正因为它是一种先天的属性，所以后天的努力才有可能，所以张载说"须放心宽快公平以求之，乃可见道"。

三、心性的多重结构

在本节的第一部分，我们论述了张载对"喜怒哀乐"的理解，它是一种自然情感，需要发而中节才有和。与此同时，"性"不能称之为未发之中，因为气质之性有善有恶，而天地之性"不知检其心"，无法承体起用，也就无法承担使自然情感发而中节的功用。在第二部分中，我们进一步揭示了心灵具有复杂的逻辑结构，知觉义、统摄义、客观义和本然义，任何单一层面的心灵结构都无法承担起发而中节的功用。那么究竟是一种什么样的结构，才能让心灵承体起用，调和情感，发而中节呢？在探讨这个问

---

① 张载：《张载集·经学理窟 学大原下》，北京：中华书局，1978年，第285页。
② 张载：《张载集·经学理窟 学大原上》，北京：中华书局，1978年，第280页。
③ 张载：《张载集·横渠易说 系辞下》，北京：中华书局，1978年，第218页。

题之前，我们先从圣凡之别入手：第一，圣人之心必发而中节；第二，凡众之心需要涵养察识才能发而中节，涵养察识的本源在于性。

第一，圣人之心发而中节。张载虽无明文论及圣人之喜怒哀乐、发而中节，但是论述过圣人是"清之极""和之极"："无所杂者清之极，无所异者和之极。勉而清，非圣人之清；勉而和，非圣人之和。所谓圣者，不勉不思而至焉者也。"[1] 可见圣人之和是"不勉不思"，也就意味着圣人是纯然而然的"虚而神"。从这个意义上进行推测，未发之中、已发之和指向圣人应该符合张载的本意。

第二，对凡众而言，由于受到气质之性的约束，必须通过学习修为成性，才能使心体承体起用，发而中节。这个过程具有多重逻辑结构：

①"虚而神"心体具有客观义和本然义。

②在第①条基础之上，通过"成性"的工夫，达到明理。这个过程既是后天的学习过程，也是先天的复明过程。

③发而中节、已发之和在②中完成才有意义。

①是②、③的逻辑前提，没有①则修养工夫或道德实践不会发生，即使发生也是一种主观的行为，不是客观的、普遍的道德行为。可以看到，这是一种复杂的心性结构。"虚而神"心体具有客观义和本然义，为主客圆融奠定了逻辑基础，使人们认识到"虚而神"心体是主体所具有的、而非外的。由此生发的道德修养和道德实践是一种有普遍、客观意义的活动，而非主观的、个体的活动。

通过以上分析，我们发现张载对未发已发问题的理解，和孟子学非常接近。孟子学主张良心或本心是未发之中，良心或本心的承体起用是已发之和，如陆象山认为"未发之中"是本心、性、理，本心即性即理，从道德意识所呈露的道德实体而言，本心有四端——恻隐、辞让、是非、羞恶，其发用则是作为道德情感的喜怒哀乐，而张载认为察识明理，使情感

---

① 张载：《张载集·正蒙　中正篇第八》，北京：中华书局，1978年，第28页。

发而中节的过程就是本心的归复，不同的是孟子学意义上喜怒哀乐是一种道德情感，而张载认为是一种需要调适中节的自然情感。

第二节　王廷相：唯圣人有"未发之中"

王廷相是明代气论哲学代表思想家之一，他最为人熟知的是其唯物主义思想。1959 年侯外庐撰写《王廷相的唯物主义哲学思想》[①]一文，对王廷相做了系统评价，认为"王廷相是中国的一位杰出的古典唯物主义者"，侯外庐的评价深刻影响了当代学界的研究。

目前学界对王廷相的研究主要集中于梳理其唯物论思想，从宇宙论、认识论、历史哲学等不同角度进行论述，如周桂钿《王廷相宇宙论述评》[②]、葛荣晋《王廷相在中国哲学史上的地位》[③]、李存山《王廷相思想中的实证科学因素》[④]、力涛《王廷相认识论范畴体系》[⑤]、蒋国保《王廷相"气本"论的内在理路》、王培华《关于王廷相历史思想的几个问题》、曾振宇《王廷相气论哲学新探——兼论中国古典气论哲学的一般性质》、高令印和乐爱国的专著《王廷相评传》[⑥]等。从道德学说角度探究王廷相哲学思想及思想史定位则较为少见，李存山在《罗、王、吴心性思想合说》一文中指出王廷相的道德学说对否定道德先验论有积极意义，"真正的善恶标准、'仁义礼智'道德准则是在'圣人'立教以后才形成的。王廷相说：'仁义礼智，性所成之名而已矣。'（同上）这一思想虽然为'圣人'保留

---

① 侯外庐：《王廷相的唯物主义哲学思想》，《哲学研究》1959 年第 7 期。

② 周桂钿：《王廷相宇宙论述评》，《哲学研究》1984 年第 8 期。

③ 葛荣晋：《王廷相在中国哲学史上的地位》，《中州学刊》1991 年第 5 期。

④ 李存山：《王廷相思想中的实证科学因素》，《人文杂志》1993 年第 6 期。

⑤ 力涛：《王廷相认识论范畴体系》，《社会科学》1989 年第 5 期。

⑥ 高令印、乐爱国：《王廷相评传》，南京：南京大学出版社，1998 年。

了特殊的地位，但对道德先验论无疑是一个有积极意义的否定"，并进一步指出研究中国哲学的新视角："如果从王廷相区分'物理'与'人理'的角度探讨中国传统哲学的转型问题，是否可以为道德与科学确立更合适的位置？而将道德本体还原为社会之理，是否更易于吸纳新的道德观念和民主观念？我想这是值得学术界深入思考的一个问题。"①

鉴于此，本文在梳理王廷相未发已发思想的同时，尝试进一步探索其道德学说并予以思想史定位。

一、"未发之中在圣人则然"

王廷相认为"未发之中乃圣人独有"，因为圣人禀清明淳粹之气。为什么圣人禀清明淳粹之气？愚人禀气驳杂？这与王廷相的气论思想紧密相关。在王廷相看来，气有普遍义，天地、万物、鬼神都由气构成，万物统一于气，"人与天地、鬼神、万物一气也，气一则理一，其大小、幽明、通塞之不齐者，分之殊耳"②。气有运动义，气无时无刻不在运动、聚散、屈伸，气运动变化展现的结果是"理"，"子在川上，见水之逝，昼夜不息，乃发为叹，意岂独在水哉？天道、人事、物理，往而不返，流而不息，皆在其中，不过因水以发端耳"③。王廷相认为孔子对川流不息的感慨，同样寄托着对天道、人事和物理变动不居的感怀，实际上王廷相认为天道、人事和物理的变化是气运动导致的。气有永恒义，天地万物有生有灭，气聚则生，气散则灭，而气本身并没有生灭，恒存于宇宙之中，"造

---

① 李存山：《罗、王、吴心性思想合说》，《哲学研究》1993年第3期。
② ［明］王廷相著，王孝鱼点校：《王廷相集·慎言卷之三 作圣篇》，北京：中华书局，1989年，第764页。
③ ［明］王廷相著，王孝鱼点校：《王廷相集·雅述上篇》，北京：中华书局，1989年，第852页。

化自有入无，自无为有，此气常在，未尝渐灭"。^①在道家那里，气也有普遍义和运动义。如普遍义，万物皆由气构成，"通天下一气"（《庄子·田子方》）；如运动义，气有聚散，"人之生，气之聚也。聚则为生，散则为死"（《庄子·知北游》），但道家认为物质世界具有从无到有，从有到无的过程，所以人的生死也不过是气化流行的一部分，应该齐万物、一生死。道家突出的是气的运动，那么王廷相又是如何摆脱道家的气论，走向儒家的呢？答：气有生生义。王廷相借助气的生生义摆脱道家的虚无说：

> 虚者、气之本，故虚空即气。质者、气之成，故天地万物有生。生者、精气为物，聚也。死者、游魂为变，归也。归者、返其本之谓也。返本复入虚空矣。佛氏老庄之徒见其然，乃以虚空、返本、无为为义，而欲弃人事之实，谬矣。嗟乎！有生则生之事作，彼佛氏、老庄，父子、君臣、夫妇、朋友之交际能离之乎！饮食、衣服、居室之养能离之乎！不然，是生也为死之道者也，夫岂不谬！古之圣人非不知其然也，以生之事当尽，而万物之故当治，故仁、义、礼、乐兴焉，其虚空返本之义，圣人则禁之，恐惑乱乎世矣。^②

道家对气的解释具有强大的说服力，既然天地万物都摆脱不了生灭，终将如春夏秋冬循环往复，从无到有，从有到无，那么人事的存在就没有意义，所以"欲弃人事之实"；王廷相指出有气则有生，有生则有性，有性则有道，即有生则有生之理，所以人伦道德不可废弃，否则"惑乱乎世矣"。气的普遍义、永恒义和运动义都指向气的客观实在性，此时的气只是自在之物，与主体尚未产生联系。在此基础上，王廷相进一步指出气的经验义。气可以通过经验被感知，人的呼吸、摇扇起风都是气的作用，

---

① ［明］王廷相著，王孝鱼点校：《王廷相集·王氏家藏集卷三十三　杂著　辩十二首·太极辩》，北京：中华书局，1989年，第596页。

② ［明］王廷相著，王孝鱼点校：《王廷相集·慎言卷之十　五行篇》，北京：中华书局，1989年，第808—809页。

"气虽无形可见，却是实有之物，口可以吸而入，手可以摇而得，非虚寂空冥无所索取者。世儒类以气体为无，厥睹误矣"①。气不是无，严格来说气无质。气存在于宇宙之中，人被其包围、沉浸。这种观点在汉儒那里就已经存在，董仲舒以鱼、水关系比喻人、气关系："天地之间，有阴阳之气，常渐人者，若水常渐鱼也，所以异于水者，可见与不可见耳，其澹澹也。"(《春秋繁露·天地阴阳第八十一》)从经验的角度而言，气有清浊、善恶之分，清气如时雨之类，浊气如毒厉、瘴疫之类，"天之气有善有恶，观四时风雨、霾雾、霜雹之会，与夫寒暑、毒厉、瘴疫之偏，可睹矣。况人之生，本于父母精血之萎，与天地之气又隔一层。世儒曰：'人禀天气，故有善而无恶'，近于不知本始"②。就人的角度而言，禀气亦有清浊之分，所以有善恶贤愚之别，这属于先天气禀说。

再来看元气，元气是指创生天地万物的物质。元气有生生义，元气自身就具有创生的能力，不存在超越于气之上的"理"作为创生的实体："元气者，天地万物之宗统。有元气则有生，有生则道显。故气也者，道之体也；道也者，气之具也。以道能生气者，虚实颠越，老、庄之谬谈也。儒者袭其故智而不察，非昏罔则固蔽，乌足以识道。"③元气生生的能力又可称之为"元神"。元气有定种义。既然元气有创生的能力，那么它如何创生天地万物？王廷相认为这是因为元气包含着万物的种子，他称之为"气种"，"愚尝谓天地、水火、万物皆从元气而化，盖由元气本体具有此种，故能化出天地、水火、万物"④。由于王廷相持物种不变的观点，这就不

---

① [明]王廷相著，王孝鱼点校：《王廷相集·内台集卷之四　杂著·答何柏斋造化论十四首》，北京：中华书局，1989年，第973页。
② [明]王廷相著，王孝鱼点校：《王廷相集·雅述上篇》，北京：中华书局，1989年，第840页。
③ [明]王廷相著，王孝鱼点校：《王廷相集·慎言卷之十　五行篇》，北京：中华书局，1989年，第809页。
④ [明]王廷相著，王孝鱼点校：《王廷相集·内台集卷之四　杂著·答何柏斋造化论十四首》，北京：中华书局，1989年，第974页。

难理解他的气种说，"万物巨细柔刚各异其才，声色臭味各殊其性，阅千古而不变者，气种之有定也"①。我们知道，人的外貌特征具有遗传性，所以亲子之间往往具有相近的外貌特征，王廷相同样以气种进行解释，具有一定的科学性："人不肖其父，则肖其母；数世之后，必有与祖同其体貌者，气种之复其本也。"②人与物之间的区别在于，人受"二气之冲和"，虽然人受气有清有浊，在人性上表现为有善有恶，但是人、物之间仍表现出根本的不同，即"人受二气之冲和"：

> 气不可为天地之中，人可为天地之中。以人受二气之冲和也，与万物殊矣。性不可为人之中，善可为人之中。气有偏驳，而善则性之中和者也。是故目之於色，耳之于声，鼻之於臭，口之於味，四肢之於安逸，孟子不谓之性，以其气故也。刚善柔善，周子必欲中焉而止，以其过故也。③

其结果是人具备"神识"，"夫人也，气成形体而具神识者也"。"神识"即智识，这是一种知觉能力，"通照远观，其惟神识之士乎"。

上述分析可见王廷相所持"未发之中乃圣人独有"观点，与其气论思想紧密相关。人之禀气有清浊之分，所以有善恶贤愚之别，圣人禀气清明纯粹，所以王廷相说"在圣人则然"。而且，气之上不存在超越之理，一切都由气机决定。

---

① ［明］王廷相著，王孝鱼点校：《王廷相集·慎言卷之一　道体篇》，北京：中华书局，1989年，第754页。

② ［明］王廷相著，王孝鱼点校：《王廷相集·慎言卷之一　道体篇》，北京：中华书局，1989年，第754页。

③ ［明］王廷相著，王孝鱼点校：《王廷相集·慎言卷之四　问成性篇》，北京：中华书局，1989年，第768页。

二、"愚人未发必不能中"

在王廷相看来，气决定性，有气才有生，有生才有性，在这点上，人与物具有一致性，"性生于气，万物皆然"①。气有清浊，所以人性不一，或正或偏，或善或恶，"气有清浊粹驳，则性安得无善恶之杂"②。表现出来，即圣人"纯粹灵明"，愚人"驳浊昏暗"，这是先天决定的，后天的努力无法改变。对于愚人而言，后天的努力也无法彻底改变气质的昏浊，所以王廷相说"人有至死不能尽虚尽明者"；对于圣人而言，圣人不需要"复性"，也就不需要修养工夫，"是故圣人之于物，无喜、无怒、无好、无怨、无得、无丧、无智、无功"③，"是故圣人厥心淡然，厥容寂然，忽而来，倏而往，如风霆震撼，突变万状，一雨而止，灭迹不留矣。通乎天下之情，而人不知其恳恻；沛乎润世之泽，而人不见其慈爱"④。王廷相也承认性有动静之分，但他反对"主静"。王廷相所说的"动静"是指经验世界的物质运动和静止，如说话、做事、动身，指向人的运动；沉默、静坐，指向人的静止。在沉默、静坐时，人未必合乎道德，因为意识的善恶并不外显；同样，人在说话、做事、动身时，尽管无心为恶但仍可能有恶的结果。因此，动、静的意义是一样的，需要借助心灵的涵养以获得意义，否则动、静或滑入欲望之动、或滑入寂灭之静。就人能展现运动和静止的活动而言，动、静可称之人性的一部分。因此，在王廷相看来，静并没有任何本体的意义，人性的本然义也并非静。另外，不能离气言性，"故离气言性，则性无处所，与虚同归；离性论气，则气非生动，与死同

---

① ［明］王廷相著，王孝鱼点校：《王廷相集·雅述上篇》，北京：中华书局，1989年，第837页。

② ［明］王廷相著，王孝鱼点校：《王廷相集·王氏家藏集卷二十八　杂文　书九首·答薛君采论性书》，北京：中华书局，1989年，第518页。

③ ［明］王廷相著，王孝鱼点校：《慎言·作圣篇》，《王廷相集》，北京：中华书局，1989年，第764页。

④ ［明］王廷相著，王孝鱼点校：《王廷相集·王氏家藏集卷二十一　杂文　序一十首·送王大夫提刑江西序》，北京：中华书局，1989年，第405—406页。

途，是性之与气可以相有而不可相离之道也。是故天下之性莫不于气焉载之"①。从气性不离的角度而言，人性是养成的，如果不去教育、培养，那么人就不会有礼义廉耻之心，"赤子生而幽闭之，不接习于人间，壮而出之，不辨牛马矣，而况君臣、父子、夫妇、长幼、朋友之节度乎"②。再来看道德是如何建立的。王廷相认为人性有善有恶，为了防止恶者乱世，圣人制定了人伦道德。但这是在那些善者的人性基础上建立的，他们有恻隐、是非、辞让和羞恶之心，以他们为基准制定道德，社会能长治久安。

人为什么要服从道德？王廷相认为道德是圣人为了防止人类社会出现强凌弱、智欺愚、众暴寡的发生而创立的，因此道德是一种社会规定，并不存在先天的道德律令。但是强凌弱、智欺愚、众暴寡通过道德的约束有效吗？王廷相承认道德"寡近功而有远效"："仁、义、礼、乐，圣王固世之道也，虽寡近功而有远效，世非有桀纣之恶，犹存也。秦人弃礼义而尚功利，虽速得之，必速失之。"

王廷相有时也认为心灵具有虚明的本然义，这是他学说的不彻底性所在。他认为心灵在不著一物之时，是虚明静定的：

> 人心中不着一物，则虚明，则静定；有物，则逐于物而心扰矣。大学所谓人有所忿懥、恐惧、好乐、忧患，则不得其正是也。释氏之虚静亦是盗得此意思，但吾儒虚静其心，为应事作主，非释氏专为己身而然。程子曰："无内外，无将迎，动亦定，静亦定，廓然而大公，物来而顺应。"岂禅伯虚静而不欲交物者乎？③

前文我们提到，王廷相认为所谓"虚明"是针对"上智人"而言的：

---

① ［明］王廷相著，王孝鱼点校：《王廷相集·王氏家藏集卷三十三 杂著 辩十二首·性辩》，北京：中华书局，1989年，第609页。

② ［明］王廷相著，王孝鱼点校：《王廷相集·王氏家藏集卷三十三 杂著 辩十二首·石龙书院学辩》，北京：中华书局，1989年，第604页。

③ ［明］王廷相著，王孝鱼点校：《王廷相集·雅述下篇》，北京：中华书局，1989年，第888页。

"儒者动以心为至虚至明之物,此亦自其上智之人论之可也。心拘于气,人有至死不能尽虚尽明者,不可一概论也。"①但是这里,王廷相承认心灵的虚明义是普遍的,只不过他认为儒家所说的虚静是为了"应事",换而言之即为公,而佛释的虚静是为了"己身",即为私。就此观点的思想倾向而言,未发之中可以说人人皆有可能,即具备普遍义。这与上文提到的"未发之中在圣人则然""愚人未发必不能中"观点有矛盾。

总之,王廷相对未发已发问题的思考,集中在以下几点:第一,未发之中乃圣人独有,"中庸曰:'喜怒哀乐未发谓之中。'余以为在圣人则然,在愚人则不能然";第二,圣人之所以有未发之中,因为"其气之所禀清明淳粹,与众人异";第三,愚人没有未发之中,"愚人未发必不能中",因为他们为气禀所拘,"心拘于气,人有至死不能尽虚尽明者,不可一概论也"②。第四,人性有善有恶,所以未发之中并非指普遍意义上的性。

第三节 船山的生成解:"中"为"在中"

船山是明清之际的一代大儒,他学问博赡,著作等身,谭嗣同称赞他为"五百年来学者真通天人之故者,船山一人而已"③,梁启超更是认为船山的哲学思想领先于西方康德(Immanuel Kant),开启认识论转向:"夫之所注重的问题是,'我们为什么能知有宇宙?''知识的来源在哪里?''知识怎样才算正确?'他以为这些问题不解决,别的话都是空的。这种讲哲学法,欧洲是康德以后才有的。夫之生在康德前一百年,却在东方倡此论

---

① [明]王廷相著,王孝鱼点校:《雅述上篇》,《王廷相集》,北京:中华书局,1989年,第855页。

② [明]王廷相著,王孝鱼点校:《雅述上篇》,《王廷相集》,北京:中华书局,1989年,第855页。

③ 梁启超:《清代学术概论》,《饮冰室合集》第8册,北京:中华书局,2015年,第15页。

了。"① 因此，研究《中庸》未发已发问题，船山是绕不开的思想家。

目前学界研究船山哲学思想的成果可谓繁夥。就未发已发问题而言，许多研究专著或多或少都已涉及，如侯外庐《船山学案》②，陆复初《王船山学案》③、唐君毅《中国哲学原论·原道篇》④、罗光《王船山形上学思想》⑤，曾昭旭《王船山哲学》⑥，林安梧《王船山人性史哲学之研究》⑦，萧萐父、许苏民《王夫之评传》⑧，胡发贵《王夫之与中国文化》⑨，谭明冉《王夫之庄学研究》⑩，季蒙《主思的理学——王夫之的四书学思想》⑪，陈赟《回归真实的存在——王船山哲学的阐释》⑫ 等，但因这些专著重心在梳理船山的思想体系，未对未发已发这一问题展开专题性论述。另外，其他专著如方克《王船山辩证法思想研究》⑬、王泽应《船山伦理与西方近代伦理比较》⑭ 等虽亦涉及未发已发问题，但重心本不在此，兹不赘举。

就论文而言，近年来有陈来《王船山的〈中庸〉首章诠释及其思想》⑮、

---

① 梁启超：《明清之交中国思想界及其代表人物》，《饮冰室合集》第14册，北京：中华书局，2015年1月，第1版，第32页。

② 侯外庐：《船山学案》，长沙：岳麓书院，1982年。

③ 路复初：《王船山学案》，武汉：湖北人民出版社，1987年。

④ 唐君毅：《中国哲学原论·原道篇》《中国哲学原论·原道篇》，北京：九州出版社，2016年。

⑤ 罗光：《王船山形上学思想》，新北：辅仁大学出版社，1993年。

⑥ 曾昭旭：《王船山哲学》，台北：远景出版事业公司，1983年。

⑦ 林安梧：《王船山人性史哲学之研究》，台北：东大图书公司，1987年。

⑧ 萧萐父、许苏民：《王夫之评传》，南京：南京大学出版社，2007年。

⑨ 胡发贵：《王夫之与中国文化》，贵州：贵州人民出版社，2000年。

⑩ 谭明冉：《王夫之庄学研究》，济南：山东人民出版社，2017年。

⑪ 季蒙：《主思的理学——王夫之的四书学思想》，广州：广东高等教育出版社，2005年。

⑫ 陈赟：《回归真实的存在——王船山哲学的阐释》，上海：复旦大学出版社，2007年。

⑬ 方克：《王船山辩证法思想研究》，长沙：湖南人民出版社，1984年。

⑭ 王泽应：《船山伦理与西方近代伦理比较》，北京：国际展望出版社，1991年。

⑮ 陈来：《王船山的〈中庸〉首章诠释及其思想》，《武汉大学学报》2002年第6期。

陈科华《未发之中：儒者第一难透底关——王夫之"透关"三辨》①、周兵《王夫之对"未发之中"的辨析——兼与陈科华先生商榷》② 这三篇论文，以专题性质探讨船山未发已发思想。陈来指出船山认为"未发是性"，陈科华认为是"指一种'有情'而'方其未发'的客观情态，而这一客观情态之所以可能，就在于有'性'的存在，而'性'的功能是'中'的"，周兵反驳陈科华，并认为"'未发之中'其实就是指'性'，或'性善'"。

本文则认为船山的未发已发论包含着道心之挺立、意志之起用、人性之生成、人情之表露，是一个动态生成的过程，通过以下六个方面进一步展开论述。

一、反对以不起思虑为未发之中、性体随时呈见

在《读四书大全说》一书中，船山指出了几种关于未发已发问题的错误观点：

> 中庸每恁浑沦说，极令学者误堕一边。唯朱子为能双取之，方足显君子合圣，圣合天，事必称理，道凝于德之妙。下此如谭、顾诸儒，则株守破裂，文且不达，而于理何当哉？至于史伯璇、许东阳之以自成为自然而成，饶双峰之以合外内而仁知者为诚，云峰之以性之德为未发之中，则如卜人之射覆，恍惚亿测，归于妄而已。③

"谭、顾诸儒"即"竟陵派"谭元春等人，主张性灵，以真情发露为贵，船山斥责他们文理不通，"株守破裂，文且不达，而于理何当哉"；史

---

① 陈科华：《未发之中：儒者第一难透底关——王夫之"透关"三辨》，《广西社会科学》2001 年第 5 期。

② 周兵：《王夫之对"未发之中"的辨析——兼与陈科华先生商榷》，《船山学刊》2013 年第 1 期。

③ ［明］王夫之著，杨坚总修订：《读四书大全说·卷三 中庸·第二十五章·二》，长沙：岳麓书社，2011 年，第 2 版，第 559 页。

伯璇、许东阳皆持未发之中出于本性之自然，这与船山人性在"践形"中生成的观点相悖，所以船山持反对态度，"许东阳'皆出于自然'之说，恶足以知此"①；饶鲁认为"合外内而仁知者为诚"，船山批评"双峰说慎独处大错"；胡炳文认为"性之德为未发之中"，更是招致船山的批判。以上几种观点都与心学紧密相关，结合船山批评心学内容，可以概括为两种：

第一，船山反对以不起思虑为未发之中。从字面上看，"喜怒哀乐之未发，谓之中"似乎是指喜怒哀乐未发生时是"中"。但是，喜怒哀乐没有发生时，为什么是"中"？为此，船山区分了"空"和"中"。喜怒哀乐未发，可以称之为"空"，但"空"未必是"中"，追求"空"，势必堕入禅宗："岂所云未发者，必一物不视，一声不闻，柳生左肘色，雀乳头上貌，以求养于洞洞墨墨之中乎？此毫厘之差，南轩且入于禅而不知已！"②南轩即张栻，张栻将知觉运动视为已发，所以主张不起思虑是未发之中："喜怒哀乐之未发，无所偏倚，中之所以得名。中者，所以状性之体段。若曰目视、耳听、手举、足履，则是已发矣。其无不当者，乃是中节，所谓时中也。"③船山批评张栻堕入禅宗而不自知，因为张栻将未发已发之发认定为一种知觉运动。其实从逻辑上分析，"喜怒哀乐之为发，谓之中"不应该被理解为"喜怒哀乐没有发生时是中"，因为喜怒哀乐未发，并不等于"不偏不倚"：

　　夫中者，以不偏不倚而言也。今曰但不为恶而已固无偏倚，则虽不可名之为偏倚，而亦何所据以为不偏不倚哉？如一室之中，空虚无物，以无物故，则亦无有偏倚者；乃既无物矣，抑将何者不偏，何者

---

① ［明］王夫之著，杨坚总修订：《读四书大全说·卷二　中庸·第十一章·二》，长沙：岳麓书社，2011年，第2版，第494页。

② ［明］王夫之著，杨坚总修订：《读四书大全说·卷七　论语·季氏篇·一三》，长沙：岳麓书社，2011年，第2版，第858页。

③ ［宋］张栻著，杨世文点校：《新刊南轩先生文集·卷三十一　答问·答彭子寿》，北京：中华书局，2015年，第1版，第1242页。

不倚耶？必置一物于中庭，而后可谓之不偏于东西，不倚于楹壁。①

"中"是指"不偏不倚"，"不偏不倚"是对存在者的描述，如某个物体在中庭，然后能说"不偏于东西，不倚于楹壁"，实际上船山认为"不偏不倚"是指性体、道心，性体、道心的承体起用，才有喜怒哀乐之中节。

第二，船山反对阳明后学认为不偏不倚的性体无处不在、随时呈见。在第四章中，我们论述了王艮思想，他认为中体或曰良知能自知、自觉、自发，去掉人欲之私，作为至善之本性的中体、良知就会完全呈露出来。船山认为这是不切实际的幻想：

> 若说吾性所固有于喜怒哀乐之未发者，原具此天则，则语既迂远；而此天则者，行乎丰俭戚易之中而无所不在，自非德之既修而善凝其道者，反借口以开无忌惮之端矣。②

船山虽然没有明文指出是阳明后学，但他的观点已昭然若揭，不偏不倚的"天则"不可能"行乎丰俭戚易之中而无所不在"，不去修道立德，而妄谈"天则"之呈见，是"开无忌惮之端"。船山认为："子思之旨，本以言道之易修，而要非谓夫人之现前而已具足。"③未发之中是人人具备的道德潜能，但这并不意味着它是现成的，这种现成的普遍性反而取消了道德修养。

---

① ［明］王夫之著，杨坚总修订：《读四书大全说·卷二　中庸·第一章·一五》，长沙：岳麓书社，2011年，第2版，第472页。

② ［明］王夫之著，杨坚总修订：《读四书大全说·卷四　论语·八佾篇·一》，长沙：岳麓书社，2011年，第2版，第615页。

③ ［明］王夫之：《读四书大全说·卷二　中庸·第一章·一五》，长沙：岳麓书社，2011年，第2版，第474页。

二、反对"未发之中在圣人则然"

船山反对未发之中为圣人独有这一观点，他认为未发之中不是一种境界，而是性体的承体起用，是人人具备的道德潜能。在本章第二节中，我们分析了王廷相的观点，即"未发之中在圣人则然"，因圣人"其气之所禀清明淳粹，与众人异"，愚人没有未发之中，"愚人未发必不能中"，因其为气禀所拘，"心拘于气，人有至死不能尽虚尽明者，不可一概论也"[①]。船山则认为气纯善无恶，人之所以有善有恶在于情才使用不当，如商臣、瞽瞍和象之恶皆因于此。情才的使用不当与气本身没有关系，换而言之，气授予人以才质（情非气所受，下文详述），才质使用之不当归咎于人而非气，"在天之变合，不知天者疑其不善，其实则无不善。惟在人之情才动而之于不善，斯不善矣。然情才之不善，亦何与于气之本体哉"[②]。所以在船山看来，未发之中是普遍的，因为人人具备良知良能或曰性，皆有可能达到未发之中。

良知良能是一种先天的能力，这种能力奠基于客观物质之上，且源自阴阳二气的交感，出于"理势之自然"，所以人人具备良知良能。那么良知良能通过何种主体结构呈现出"未发之中""已发之和"？对此，船山的回答是：第一，道德能力是先天的，即性是先天的；第二，道德能力是普遍的；第三，道德能力是永恒的。

第一，性有先天义。道德能力是先天的，这意味着道德能力并非来自经验习得："仁者，生理之函于心者也；感于物而发，而不待感而始有，性之藏也。人能心依于仁，则不为物欲所迁以致养于性，静存不失。"[③]道

---

① 王廷相：《雅述·上篇》，《王廷相集》，北京：中华书局，1989年，第855页。

② ［明］王夫之著，杨坚总修订：《读四书大全说·卷十　孟子·告子上篇·六》，长沙：岳麓书社，2011年，第2版，第1061页。

③ ［明］王夫之著，杨坚总修订：《张子正蒙注·卷五·至当篇》，长沙：岳麓书社，2011年，第2版，第203页。

德能力是通过道德行为展现出来的，但道德行为的未显现不代表道德能力的缺失。第二，性有普遍义。道德能力既是先天的，又是普遍的，人人皆有，不论上智下愚："气之偏者，才与不才之分而已；无有人生而下愚，以终不知有君臣父子之伦及穿窬之可羞者。世教衰，风俗坏，才不逮者染于习尤易，遂日远于性而后不可变，象可格而商臣终于大恶，习远甚而成乎不移，非性之有不移也。"[①] 道德能力之所以具有普遍义，在于人皆禀赋健顺五常之气，健顺五常之气是道德能力的物质基础，它是普遍的，所以性也是普遍的。第三，性有永恒义。所谓性有永恒义即道德能力是永恒的，但这并不意味着人的生命机体死亡后道德能力一直存在。在生命机体死亡后，生理功能当然也会丧失殆尽，更何况道德能力依托于生理基础。船山自然知道这点，他所说的性的永恒义，是指健顺五常之气凝聚为人是不变的，既然如此，那么即使万世之后，人性也是不变的，这就是人性的永恒义。船山以昼夜更替为喻：

> 阴阳二气充满太虚，此外更无他物，亦无间隙，天之象，地之形，皆其所范围也。散入无形而适得气之体，聚为有形而不失气之常，通乎死生犹昼夜也。昼夜者，岂阴阳之或有或无哉。日出而人能见物，则谓之昼，日入而人不见物，则谓之夜；阴阳之运行，则通一无二也。在天而天以为象，在地而地以为形，在人而人以为性，性在气中，屈伸通于一，而裁成变化存焉，此不可逾之中道也。[②]

世界的基本组成物质是气，气的运动是绝对的，因此健顺五常之气的运动也是绝对的。健顺五常之气有聚有散，但不会散而不聚，也不会聚而不散，这是它的运动规律。譬如昼夜交替一般，不存在昼而无夜或夜而无

---

① ［明］王夫之著，杨坚总修订：《张子正蒙注·卷三·诚明篇》，长沙：岳麓书社，2011年，第2版，第134—135页。

② ［明］王夫之著，杨坚总修订：《张子正蒙注·卷一·太和篇》，《船山全书》第12册，长沙：岳麓书社，2011年，第2版，第26页。

昼的现象，二者的交替是不变的，所以阴阳二气化之生化人性也是不变的。在对张载《正蒙·诚明篇》的注解中，船山则明确指出性同气一样无所谓生灭："性者，天理流行，气聚则凝于人，气散则合于太虚，昼夜异而天之运行不息，无所谓生灭也。"①

船山所说的性通常是指良知良能，但他同时也承认声色臭味之欲也是人性的一部分。那么这两者是否存在矛盾呢？船山通过将良知良能归于形而上，声色臭味之欲归于形而后，试图解决这个问题。上文已经指出，船山认为良知良能是先天的道德能力，它来自健顺五常之气，但人是具有身体的存在，而身体依赖于父母的生育，所以将人获得形质之后，不可避免会带有形质的特性：

> 盖性者，生之理也。均是人也，则此与生俱有之理，未尝或异；故仁义礼知之理，下愚所不能灭，而声色臭味之欲，上智所不能废，俱可谓之为性。而或受于形而上，或受于形而下，在天以其至仁滋人之生，成人之善，初无二理。但形而上者为形之所自生，则动以清而事近乎天；形而后者资形起用，则静以浊而事近乎地。形而上者，亘生死、通昼夜而常伸，事近乎神；形而后有者，困于形而固将竭，事近乎鬼；则一屈一伸之际，理与欲皆自然而非由人为。故告子谓食色为性，亦不可谓为非性，而特不知有天命之良能尔。若夫才之不齐，则均是人而差等万殊，非合两而为天下所大总之性，性则统乎人而无异之谓。②

第一，作为生之理，性包含了良知良能和声色臭味之欲；第二，不论上智下愚，良知良能和声色臭味之欲都是普遍的；第三，良知良能是先天

---

① ［明］王夫之著，杨坚总修订：《张子正蒙注·卷三·诚明篇》，长沙：岳麓书社，2011年，第2版，第126页。

② ［明］王夫之著，杨坚总修订：《张子正蒙注·卷三·诚明篇》，长沙：岳麓书社，2011年，第2版，第128页。

的，源自健顺五常之气，健顺五常之气且仅包含道德之理，没有声色臭味之欲；第四，声色臭味之欲来自后天的形色生质，即生于父母，因为"形受于父母者"①。形色生质本身具有的声色臭味之欲是"形而后有者"。第五，船山赞同告子"生之谓性"一说，但他同时也认为良知良能也是性的一部分，它是形而上之性。第六，良知良能和声色臭味之欲是普遍的，但是才则是差等万殊（后文详述）。

良知良能既然是先天的、普遍的，那么在现实生活中，为什么没有普遍的道德行为？对此，船山认为性善需要心的凝聚才能显现出来，"心便是统性情底，人之性善，全在此心凝之"②。这样的话，为什么不是心善而是性善？船山认为心是性的结果，仁义之心来自性，"知事物者，心也；心者，性之灵、天之则也"③。性是恒在，那么作为性之灵的心也应该是恒在的，为什么船山又说"仁义之心虽吾性之固有，而不能必其恒在也"：

> 孔子曰"操则存"，言操此仁义之心而仁义存也；"舍则亡"，言舍此仁义之心而仁义亡也；"出入无时"，言仁义之心虽吾性之固有，而不能必其恒在也；"莫知其乡"，言仁义之心不倚于事，不可执一定体以为之方所也；"其心之谓与"，即言此仁义之心也。④

这是因为心作为形而后的物质实体，不可避免"困于形"，所以未必时时刻刻都能呈现出来。

---

① [明]王夫之著，杨坚总修订：《读四书大全说·卷八 孟子·滕文公上篇·一三》，长沙：岳麓书社，2011年，第2版，第976页。

② [明]王夫之著，杨坚总修订：《读四书大全说·卷九 孟子·离娄下篇·一二》，长沙：岳麓书社，2011年，第2版，第1024页。

③ [明]王夫之著，杨坚总修订：《读通鉴论附叙论·卷七·后汉和帝·九 有司因日食奏遣诸王就国》，长沙：岳麓书社，2011年，第2版，第280页。

④ [明]王夫之著，杨坚总修订：《读四书大全说·卷十 孟子·告子上篇·一九》，长沙：岳麓书社，2011年，第2版，第1079—1080页。

就道德实践依赖心的凝聚而言，心的作用似乎更大，心似乎是性之主。对此问题，船山持反对意见，他认为性是心之主：

> "心统性情"，"统"字只作"兼"字看。其不言兼而言统者，性情有先后之序而非并立者也。实则所云"统"者，自其函受而言。若说个"主"字，则是性情显而心藏矣，此又不成义理。性自是心之主，心但为情之主，心不能主性也。[①]

船山重新解释了朱子"心统性情"之说，朱子本意是指实然的心凝聚众理才有道德实践，船山则认为心之所以能"操此仁义之心而仁义存也"，来源于性，没有性就没有心的操存，所以他说"性自是心之主"。

三、"喜怒哀乐"是七情而非四端

船山认为《中庸》首章中的"喜怒哀乐"是指情。他对情作了全新的定义：情由心灵之动与外物之感相互作用而成，"发而始有、未发则无者谓之情，乃心之动几与物相往来者，虽统于心而与性无与"[②]。这个过程，船山以"烁"为譬喻，"烁"是金石受热融化的状态，"情"则是由内心之动与外物之感相互作用的结果。基于此，情无质、无恒且无节。所谓无质，是相对于性而言，性由气生，情则是由心灵之动和外物之感相和而成，情如"烁"，烁是指金石受热融化，但不能说"烁"由金石而构成，也不能说由热火而来，它由两者相互反应而成；所谓无恒，是指情可以为善，也可以为不善，不像性那般，总是善体，"情之本体，则如杞柳，如湍水，

---

① ［明］王夫之著，杨坚总修订：《读四书大全说·卷八　孟子·公孙丑上篇·二三》，长沙：岳麓书社，2011 年，第 2 版，第 947—948 页。

② 王夫之：《读四书大全说》，《船山全集》第 6 册，长沙：岳麓书社，2011 年，第 2 版，第 964 页。

居于为功为罪之间，而无固善固恶，以待人之修为而决导之"①。情的无恒来自气的攻取无恒："攻取之气，逐物而往，恒不知反。善反者，应物之感，不为物引以去，而敛之以体其湛一，则天理著矣。此操存舍亡之几也。"② 所谓无节，由于情"无质""无恒"，所以容易逐物忘返，引诱人沉湎于感官之乐，"随物意移，或过或不及，而不能如其量"③。船山对情的论述旨在纠正朱子之偏，朱子认为四端、七情都是情，"喜、怒、哀、乐，情也"，"恻隐、羞恶、辞让、是非，情也"④。这种不做区分的后果是将道心（性）、人心（情）混为一谈，进而误解"未发之中"，否认《中庸》的喜怒哀乐之中节是"性行于情"，其过程伴随着道心之挺立、指引。

从发生过程来看，自然情感是心和物相互作用的结果。自然情感不能凭空产生，必由心与外物相感而成，"盖吾心之动几，与物相取，物欲之足相引者，与吾之动几交，而情以生。然则情者，不纯在外，不纯在内，或往或来，一来一往，吾之动几与天地之动几相合而成者也。释氏之所谓心者，正指此也"⑤。"心之动几"就是指上文提到的后天的知觉运动，来自气的变合。自然情感受外界作用影响，所以"无定""无恒"，有忽然而喜、忽然而怒的情况存在："忽然而见可欣，忽然而见可拒，何为欣为拒相应之速也？"⑥

从起源上看，自然情感之所以产生，在于气有变合，气的变合有"同、

---

① 王夫之：《读四书大全说》，《船山全集》第6册，长沙：岳麓书社，2011年，第2版，第1070页。

② ［明］王夫之著，杨坚总修订：《张子正蒙注·卷三·诚明篇》，长沙：岳麓书社，2011年，第2版，第126页。

③ 王夫之：《读四书大全说》，《船山全集》第6册，长沙：岳麓书社，2011年，第2版，第473页。

④ 朱熹：《四书章句集注》，北京：中华书局，1983年，第238页。

⑤ ［明］王夫之著，杨坚总修订：《读四书大全说·卷十 孟子·告子上篇·一一》，长沙：岳麓书社，2011年，第2版，第1069页。

⑥ ［明］王夫之著，杨坚总修订：《船山经义·经义·喜怒哀乐之未发谓之中，发而皆中节谓之和》，长沙：岳麓书社，2011年，第2版，第663页。

异、攻、取"特性，但这种特性又必须是在人的形质形成后才能发挥效用。这也就说自然情感是由气的"同、异、攻、取"特性和人的形质相合而成的。

四、未发之中需要"立本""扩充"

中节的"喜怒哀乐"是由道心作为道德创生的本体而发见、呈露的结果。其虽是情，却是以仁义礼智为本体的道心之发用，"仁、义、礼、知，亦必于喜、怒、哀、乐显之。性中有此仁、义、礼、知以为之本，故遇其攸当，而四情以生"①。因此，"未发之中"包含了心的作用，是一个动态的立本、扩充的过程。所谓立本、扩充，即是以道心为本体，以恻隐、是非、辞让、羞恶四端之心为本心，当其发用，见端于事物，然后有喜怒哀乐之中节。那么如何让道心挺立？使之成为道德创生之本体？船山认为其关键在"思"。"思"，不是指现代意义上抽象思维，而是作为性体之大用之思，是继善、成性之思。船山认为思是上天赋予的，"'天之所与我'，与我以仁义，即便与我以思也"②。只要用心去思，所得必是仁义之理，"乃心唯有其思，则仁义于此而得，而所得亦必仁义"③。得理之心便是道心，失理之心便是人心，"性在则谓之'道心'，性离则谓之'人心'"④。

仁义之心即性，恻隐、辞让、是非、好恶是"心含性而效动"，此时知觉运动功能是被性所涵摄的，船山将这种知觉运动理解为先天之知，它

---

① 王夫之：《读四书大全说》，《船山全集》第6册，长沙：岳麓书社，2011年，第2版，第473页。

② 王夫之：《读四书大全说》，《船山全集》第6册，长沙，岳麓书社，2011年，第2版，第1091页。

③ 王夫之：《读四书大全说》，《船山全集》第6册，长沙，岳麓书社，2011年，第2版，第1091页。

④ 王夫之：《读四书大全说》，《船山全集》第6册，长沙，岳麓书社，2011年，第2版，第1086页。

是由性产生的，"由性生知"。这样一来，其实我们可以将知觉运动分为两种：其一，先天的知觉运动。先天的知觉运动是继善成性之思，它不因乎经验而有，可以脱离经验的束缚，"若夫仁义之本体存乎中，而与心官互相发生者，思则得之"。先天的知觉运动来自健顺五常之气的变合：

> 盖仁义者，在阴阳为其必效之良能，在变合为其至善之条理，元有纹理机芽在。纹理是条理，机芽是良能。故即此而发生乎思，如甲必坼，若勾必萌；非块然一气，混杂椎钝，不能有所开牖也。故曰"天之所与我"，与我以仁义，即便与我以思也。此从乎生初而言也。①

上文提到知觉运动是"心之几"，源自阴阳变合，那么"仁义之思"，即思之必得仁义之体的思，是出自健顺五常之气的变合，因为其变合是"至善之条理"，所以其思能得仁义之体。所以对于"思"是普遍的"能"，人人都可以通过的立本、扩充的工夫，使道心挺立。

五、"未发之中"以性体为根源

因有恒性才有恒心，才有道心之挺立，故"未发之中"以性为终极根源。换而言之，道心之挺立需以性为法则，追求性的恒在，性在则是道心，性离则是人心。在船山看来，性有质、有恒和有节，故其能为心的超越法则，心得以据之而立，立之而安。所谓有质，性是指人的道德能力的基质，它由气构成，能展现出恻隐、羞恶、恭敬、是非的道德情感，在性的背后，由生生不息、运载万理的气依托着；所谓有恒，是指"气是善体"，故性亦是善体，由生生不息之善体展现事物当然之理；所谓有节，是指性的承体起用，可以中节达道，"有恒性以恒其心，而后吾之神明皆致

---

① ［明］王夫之著，杨坚总修订：《读四书大全说·卷十　孟子·告子上篇·二六》，长沙：岳麓书社，2011年，第2版，第1093页。

之于所知之性，乃以极夫全体大用，具众理而应万事之才无不致矣"①。

　　船山之所以认为人性有恒、有节、有质，在于人性的构成具有坚固的物质基础——气。船山认为人禀赋健顺五常之气，健顺五常之气按照一定的规律进行凝聚，这规律即"理"，在人谓之"性"，"性"表现出来就是道德实践。健顺五常之气遵循的"理"是因其自身而有，不存在超越气的主宰者。那么，健顺五常之气是人所独有的吗？船山的回答是肯定的。在船山看来，人、物的区分就在于人禀赋健顺五常之气，这是人具有道德实践能力的物质基础，而禽兽之所以为禽兽，在于禀赋"知觉运动之气"，草木禀赋"生长收藏之气"：

　　　　天与人以气，必无无理之气。阳则健，阴则顺也。一阴一阳则道也，错综则变化也。天无无理之气，而人以其才质之善，异于禽兽之但能承其知觉运动之气，尤异于草木之但能承其生长收藏之气。是以即在牿亡之余，能牿亡其已有之良心，而不能牿亡其方受之理气也。②

　　"健顺五常之气""知觉运动之气""生长收藏之气"都属于有理之气，但却有本质的区别。船山以笛和枯枝草茎为譬喻，"健顺五常之气"凝聚于人身如笛子，"知觉运动之气"凝聚于物如枯枝草茎，笛子能吹出符合音律的乐调，但枯枝草茎无论如何演奏，都不能演奏出音律来。当然，笛子也能吹出不符合音律的声音，但不能因为无法吹出符合音律的乐调就否认笛子的具有吹出符合音律的乐调这一事实，它的不可否认因其有物质的构造基础。船山借助笛和枯枝草茎之喻，形象地说明了构成人、物之间的物质基础差别：

---

① 王夫之：《读四书大全说》，《船山全集》第 6 册，长沙，岳麓书社，2011 年，第 2 版，第 1106 页。

② ［明］王夫之著，杨坚总修订：《读四书大全说·卷十　孟子·告子上篇·一八》，长沙：岳麓书社，2011 年，第 2 版，第 1078 页。

程子全以不善归之于才，愚于论语说中有笛身之喻，亦大略相似。然笛之为身，纵不好，亦自与箫管殊，而与枯枝草茎尤有天渊之隔。故孔子言其"相近"，孟子亦言"非才之罪"，此处须活看。既是人之才，饶煞差异，亦未定可使为恶。春秋传记商臣蠭目豺声，王充便据以为口实，不知使商臣而得慈仁之父、方正之傅，亦岂遂成其恶哉！舜之格瞽瞍及免象于恶，其究能不格奸者，亦瞍、象之才为之也，又岂舜之于瞍、象能革其耳目，易其口体，而使别成一底豫之才哉！ [①]

在这段文字中，我们可以进一步对船山的思想进行概括：第一，人性譬如笛身，笛虽有千差万别，或优或劣，但笛之所以为笛，有其物质基础在，这是其区别于箫管、枯枝草茎的根本所在；第二，人性具备普遍的物质基础，孔子所说的"性相近"是指习染的不同；第三，王充认为商臣蠭目豺声，生来性恶，船山认为商臣之恶不是先天的，乃后天习染所致。倘若有慈仁之父、方正之傅，必不能成其恶。第四，瞽瞍、象之所以不能被虞舜善化，这是因为瞽瞍、象的才质导致的，"亦瞍、象之才为之也"，并非因为他们生来性恶。所谓"才为之也"，实际上是指瞽瞍、象的嗜欲之情奴役着才，"才本形而下之器，蠢不敌灵，静不胜动，且听命于情以为作为辍，为攻为取，而大爽乎其受型于性之良能" [②]。

为了更进一步说明人、物之辨，船山指出人、物虽然都存在相似的道德活动，但性质完全不同，其根本上在于气禀之不同：

若论异，则甘食、悦色处亦全不同；若论其异仅几希，则仁义之异亦复无几。虎狼之父子亦似仁，蜂蚁之君臣亦近义也。随处须立个界限，壁立万仞，方是"君子存之"。若庶民，便爱亲敬君，也只似虎

① ［明］王夫之著，杨坚总修订：《读四书大全说·卷十 孟子·告子上篇·一五》，长沙：岳麓书社，2011年，第2版，第1073—1074页。
② ［明］王夫之著，杨坚总修订：《读四书大全说·卷十 孟子·告子上篇·一一》，长沙：岳麓书社，2011年，第2版，第1069页。

狼蜂蚁来，趁一点灵光做去也。苟知其所以异，则甘食、悦色之中井井分别处，即至仁大义之所在，不可概谓甘食、悦色便与禽兽同也。

圣贤吃紧在美中求恶，恶中求美，人欲中择天理，天理中辨人欲，细细密密，丝分缕悉，与禽兽立个彻始终、尽内外底界址。若概爱敬以为人，断甘食、悦色以为禽兽，潦草疏阔，便自矜崖岸，则从古无此苟简径截之君子。而充其类，抑必不婚不宦，日中一食，树下一宿而后可矣。

朱子说人能推，禽兽不能推，亦但就才上见得末流异处，而未及于性。禽兽之似仁似义者，当下已差了。虎狼之父子，只是姑息之爱；蜂蚁之君臣，则以威相制而利相从耳。推得来又成甚伦理？

按照现代科学知识，人和禽兽都有基本的生理本能，船山认为这基本的生理本能也完全不同，因为生理构造不同。虎狼也有爱子的行为，蜂蚁也遵循君臣之道，看似是一种道德行为，实则与人类的道德行为截然不同，船山将其归结为"以威相制"。人类具备先天的道德能力，可以抗拒生理本能，如人乞食，倘若"呼蹴之食"，乞人的羞耻心也会发生作用，必然"不屑"，这就是先天的道德心在起作用："人之甘食悦色，非自陷于禽兽者，则必不下齐于禽兽。乃呼蹴之食，乞人不屑，不屑则亦不甘矣，是即自陷于禽兽者，其气之相取也亦异。"[①] 当然，也存在对嗟来之食甘之如饴者，但人产生"不屑"的道德心理活动是可能的，对禽兽而言，这种实践活动的可能性都不存在。通过人禽之辨，船山进一步肯定了人具备的先天道德能力基于物质基础，为道德实践奠定了坚实的物质基础。

---

① ［明］王夫之著，杨坚总修订：《读四书大全说·卷十 孟子·告子上篇·五》，长沙：岳麓书社，2011 年，第 2 版，第 1060 页。

六、未发在敬 已发在诚

就工夫论而言，船山认为未发工夫在敬，已发在诚，他批评朱子在《中庸章句》和《语录》中，以敬涵括未发已发的工夫：

> 且《中庸章句》《语录》，括已发未发而一之于敬。愚谓未发功在敬，不显之笃恭是也；发则功在诚，《大学》之慎独以诚意，《中庸》之"行之者一"是也。致中者敬之至，致和者诚之功。存养、省察，为学之体；敬以具节而礼明，和以达节而乐备，为学之用。故程、范之说，小异于有子而可相通，而小注朱子所云，则皆成矛盾。[①]

未发在敬，是指虽然没有容貌、颜色和辞气的发露，但有退藏于密、不显之笃恭的工夫在。此工夫即是敬，敬的目的是挺立道心，使恻隐、羞恶、是非、辞让之心充实其中。其关键是思，形而上之思。形而上之思区别于耳目之思。耳目之思是由感官知觉运动引起的思，夹杂着感性经验，摆脱不了感官的束缚，"若思食色等，则虽未尝见未尝闻，却目中若现其色，耳中若闻其声，此虽不蔽于现前之物，而亦蔽于所欲得之物，不与现前之物交，而亦与天下之物交也"[②]。形而上之思是形色之性、仁义之理、形而上之道之思。仁义之理在于人为性，船山认为形而上之思是天赋的能力，思之便能得仁义之理，"故曰'天之所与我'，与我以仁义，即便与我以思也"。心得其理则是道心，反之为人心。所以形而上之思是性体之大用，继善、成性由此而出。

已发在诚，是指以道心治意，使意从心，然后仁义之理随发用处一直充满，无欠缺于意之初、终。诚的目的是"行德"，敬的目的是"居德"。

---

① ［明］王夫之：《读四书大全说》，《船山全集》第6册，长沙，岳麓书社，2011年，第2版，第594页。

② ［明］王夫之：《读四书大全说》，《船山全集》第6册，长沙，岳麓书社，2011年，第2版，第1092页。

在船山看来，已发的标志是意的产生，意是颜色、容貌、辞气等表征的发动者。意念易流于妄，所以需要心的驾驭，这工夫就是诚。诚的目的是使意随心动，心之所恶，则意之所向无不同此心之所恶，"终始一谨严之恶而不容姑忍"；心之所好，则意之所向无不同此心之所好，"终始一秉彝之好而不容姑舍"。道心挺立，然后才能以仁义之理为超越的标准，审察意念的发生是否合乎此标准，意念始终受此道心之制。其结果是道心成为意念的统领，意念之起用无不在其范围之内。当意念的借助事物表露出来时，结果就是喜、怒、哀、乐之各有攸当，发而中节。

最后，就体用关系而言，船山反对朱子"未发是体，已发是用"一说。船山认为"未发之中"虽是体，但也有"不显笃恭之用"；已发之和虽是用，但也有"察上察下之体"。他以"四体"和"一体"来说明这种关系：就人的运动而言，运动是身体之用，身体是运动之体。当人未动时，身体固是运动之体；当人运动时，手足并用，四体也是运动之体。未发和已发的关系亦复如是。未发虽未见端于情，但自有其道德的本体活动，已发见端于喜怒哀乐，亦有其道德的本体存在。换而言之，"未发之中"是以良心、本心或道心作为道德创生的本体，其"不显笃恭之用"即是隐藏在内的良心、本心或道心的挺立、扩充。已发之和是喜怒哀乐之中节合道，倘若没有"未发之中"的"立本"，如何有喜怒哀乐的中节？由此可见，船山对体用关系进行了重新界定，他以动态性、生成性取代了静态的体用关系。

总之，在总结前人的基础上，船山就"未发之中"展开了全新的反思和论述。就心、性、情关系而言，船山认为"未发之中"伴随着道心之挺立、意志之起用、人性之生成、人情之表露，是一个动态生成的过程。他认为朱子对性的理解"托于虚而未有质"[1]，对情的论述是混乱的，视四

---

[1]　王夫之：《读四书大全说》，《船山全书》第 6 册，长沙：岳麓书社，2011 年，第 2 版，第961 页。

端和七情为一物。就工夫论而言，船山认为未发在敬，已发在诚，他不赞同朱子"括已发未发而一之于敬"①。

小 结

此章探讨了张载、王廷相与王船山的未发已发思想。张载没有明文论及未发已发问题，但从他对心、性、情等概念的论述中，可以看到使自然情感发而中节来自心以性为体之用，心不能单独承体起用，因为"心因性成"，性也不能单独承担起使自然情感发而中节的功用，因为天地之性"不知检其心"。王廷相学说将道德本体还原为社会规则，破坏了先验道德论，他对未发已发问题的论述，主要是持"未发之中在圣人则然""愚人未发必不能中"两种观点，禀气清浊决定了人性善恶，与汉代学者王充思想非常相近。船山是气学的集大成者，他的未发已发论包含了道心之挺立、意志之起用、人性之生成、人情之表露，是一个动态生成的过程。

---

① 王夫之：《读四书大全说》，《船山全集》第 6 册，长沙：岳麓书社，2011 年，第 2 版，第 203 页。

结　语

　　明清之际大儒王船山曾说：" '喜怒哀乐之未发谓之中'，是儒者第一难透底关。此不可以私智索，而亦不可执前人之一言，遂谓其然，而偷以为安。"[①] 未发已发问题是《中庸》学或曰儒学甚至中国思想史中最为复杂且难解的谜题之一。诚如船山所言，研究这一问题，既不能凭空结撰，"不可以私智索"，又不能视一家之说为定论，"不可执前人之一言"，应该纳入思想史进行考察。

　　未发已发问题源自《中庸》首章，涉及天、道、心、性、情、中、和等传统哲学核心概念和范畴，是一个复合型问题。探究未发已发，实质上就是探究这些核心概念和范畴相互之间是何种关系，以何种方式关联起来而具有何种意义。通过梳理玄学、理学、心学、气学、性学和新儒家牟宗三学说，可以发现学者对未发已发问题的诠释，与其所属的学派理论紧密相关。如理学一系持"性即理"论，心学一系持"心即理"论，这使得他们的诠释内容、方法皆有不同。

　　探究未发已发问题有助于推进学术研究进程，更重要的是探索继承中国哲学精神的历史经验。中国传统哲学有自身的概念、范畴、体系，如主客圆融思维，它具有超越主客二分的逻辑结构，牟宗三、徐复观等现代新儒家对心学的推崇，很大程度上在于良知学说代表的圆融精神，其超越于

---

　　① 王夫之：《读四书大全说》，《船山全集》第6册，长沙：岳麓书社，2011年，第2版，第79页。

形式逻辑，是一种"过"而非"不及"。在现代社会中，人与自然、自我与他者的冲突往往频现，很大程度上来自主体和客体的分裂，而中国传统哲学对促进人与人、人与自然的和谐共处，建构圆善的、和谐的文明共同体具有积极意义。

余论　牟宗三的内在超越解:"中"为"中体"

牟宗三先生是现代新儒家的集大成者，他的学术成就为海内外学者所公认，美国学者约翰·白诗郎（John Berthrong）盛赞牟先生不仅是中国的哲学家，更是世界水准的大哲学家[①]。牟先生最为人钦佩的地方是他对中西文化的融摄，集百家之长，成一家之言，其弟子蔡仁厚曾概括牟先生的贡学术献：第一，"表述心性义理——使儒道佛三教的智能系统，焕然复明于世"；第二，"发挥外王新义——解答中国文化中的政道与事功的问题"；第三，"疏导中国哲学——畅通中国哲学史演进发展的关节"；第四，"消纳西方哲学——译注三大批判，融摄康德哲学"；第五，"会通中西哲学——疏导中西哲学会通的道路"[②]。作为近现代最伟大的思想家之一，牟先生确实是一座绕不开的高峰。

早在 20 世纪 30 年代，学术界就已展开对牟先生学说的研究，孙道升《评〈从周易方面研究中国之元学与道德哲学〉》[③]一文是公认的开山之作，其后由牟先生学生编纂的《牟宗三先生的哲学与著作》[④]一书，正式拉开了研究热潮。90 年代学界取得了丰硕的成果：颜炳罡《整合与重铸》

---

① 参见蔡仁厚：《牟宗三先生学思年谱》，台北：台湾学生书局，1996 年，第 58 页。

② 蔡仁厚：《牟宗三文集导言》，引自：牟宗三：《现象与物自身》，长春：吉林出版集团有限责任公司，2010 年。

③ 孙道升：《从周易方面研究中国之元学与道德哲学》，《民国日报·哲学周刊》，1936 年 11 月 20 日。

④ 牟宗三先生七十寿庆论文集编辑组：《牟宗三先生的哲学与著作》，台湾学生书局，1978 年。

（1995年）①、蔡仁厚《牟宗三先生学思年谱》（1996年）②、颜炳罡《牟宗三学术思想评传》（1998年）③、《牟宗三》（2000年）④，这些专著代表了20世纪牟学研究成果，并为21世纪的学术研究奠定了基础。进入新世纪以来，学界研究方式逐渐变得多元，从内在超越、智的知觉、本体论、圆善论等各个方面展开了研究。就内在超越而言，如李明辉《儒家思想中的内在性与超越性》⑤、林安梧《关于"天理、良知"的"超越性"与"内在性"问题的一个反省——以牟宗三先生的新儒学系统为核心的展开》⑥、刘述先《论宗教的超越与内在》⑦、冯耀明《"超越内在"的迷思——从分析哲学观点看当代新儒学》⑧、郑家栋《断裂中的传统信念与理性之间》⑨、杨泽波《超越存有的困惑——牟宗三超越存有论的理论意义与内在缺陷》⑩等；再如"智的直觉"，倪梁康《康德"智性直观"的基本含义》⑪《"智性直观"在东西方思想中的不同命运》⑫（1、2）、廖晓

① 颜炳罡：《整合与重铸》，台北：台湾学生书局，1995年。

② 蔡仁厚：《牟宗三先生学思年谱》，台北：台湾学生书局，1996年。

③ 颜炳罡：《牟宗三学术思想评传》，北京图书馆出版社，1998年。

④ 郑家栋：《牟宗三》，台北：东大图书股份有限公司，2000年。

⑤ 李明辉：《儒家思想中的内在性与超越性》，收入《当代儒学的自我转化》，北京：中国社会科学出版社，2001年，第136页。

⑥ 林安梧：《关于"天理、良知"的"超越性"与"内在性"问题的一个反省——以牟宗三先生的新儒学系统为核心的展开》，收入香港浸会大学宗教及哲学系编《当代儒学与精神性》，桂林：广西师范大学出版社，2009年。

⑦ 刘述先：《论宗教的超越与内在》，收入《儒家思想开拓的尝试》，北京：中国社会科学出版社，2001年。

⑧ 冯耀明：《"超越内在"的迷思——从分析哲学观点看当代新儒学》，香港：香港中文大学出版社，2003年。

⑨ 郑家栋：《断裂中的传统信念与理性之间》，北京：中国社会科学出版社，2001年。

⑩ 杨泽波：《超越存有的困惑——牟宗三超越存有论的理论意义与内在缺陷》，《复旦学报》2005年第5期。

⑪ 倪梁康：《康德"智性直观"的基本含义》，《哲学研究》2001年第10期。

⑫ 倪梁康：《"智性直观"在东西方思想中的不同命运》（1、2），《社会科学战线》2002年第1期、第2期。

炜《以道德摄存在——牟宗三的道德形而上学之证立》①、彭文本《论牟宗三与费希特的"智的直觉"之理论》②等揭示了其基本结构与内涵；就圆善论的研究而言，有尤西林《心体与时间：二十世纪中国美学与现代性》、杨泽波《牟宗三圆善思想的意义与缺陷》③、杨泽波《四无与圆善——评牟宗三立四无为圆教以解决圆善问题》④、罗义俊《圆教与圆善：康德与牟宗三》⑤等等。总之，21世纪以来，牟学研究较上世纪更多元、更深入、更全面，学术成果不断涌现。

　　未发已发问题是千古悬案，历代学者众说纷纭，莫衷一是。在牟先生的学说中，它涉及本体论、圆善论、境界论等思想，是一个牵一发而动全身的问题。目前学界以专题形式论述牟先生未发已发思想，仅见伍晓明《"喜怒哀乐之未发谓之中"："实然之心"或超越实体？》⑥一文。虽然专题论文并不多，但前人的研究成果其实已或多或少涉及此问题。本章拟在前人的基础上，进一步探索牟先生未发已发思想。

　　牟先生对"未发之中"问题的论述，首先表现在批判朱子中和新旧二说之上。与船山相比，他跳出传统儒学的视域，融汇了中西方哲学。牟先生对"未发之中"问题的论述，既有批判又有重建。他批评朱子旧说的"未发之中"心、性、情关系模糊未辨，是"心、理合一、是一之模型"，"骨

---

① 廖晓炜：《以道德摄存在——牟宗三的道德形而上学之证立》，《江苏社会科学》2009年第3期。

② 彭文本：《论牟宗三与费希特的"智的直觉"之理论》，载李明辉、陈玮芬主编：《当代儒学与西方文化·哲学篇》，台北：中央研究院中国文哲研究所，2004年，第131—172页。

③ 杨泽波：《牟宗三圆善思想的意义与缺陷》，《云南大学学报》2011年第2期。

④ 杨泽波：《四无与圆善——评牟宗三立四无为圆教以解决圆善问题》，《复旦学报》2010年第2期。

⑤ 罗义俊：《圆教与圆善：康德与牟宗三》，《社会科学》2004年第3期。

⑥ 伍晓明：《"喜怒哀乐之未发谓之中"："实然之心"或超越实体？》，第八届世界儒学大会学术论文集。

肉皮毛一口吞"[①]；新说强调心的收敛凝聚，以具众理，以求发而中节，但这只能培养良好的道德习惯而非道德自觉。旧说代表孟子的解释路径，新说代表伊川的解释路径，两者皆未能发展出道德自律。船山力矫程朱理学之偏，以"性日生日成"说为根基阐释"未发之中"，但是他并没有跳出儒学传统，仍是在理/气、性/心/情等范畴内立论，仍是渴望"圣人崛起，以至仁大义立千年之人极"[②]，而非普遍意义上的个体道德自觉。牟先生以中体为核心解释"未发之中"，强调中体在逆觉工夫下的自我超越，重建了道德形而上学，他既立足于传统儒家，又融汇了西方哲学。

首先，牟先生认为《中庸》首章的"喜怒哀乐"是指自然情感。自然情感区别于道德情感，道德理性尚未参与其中，所以又称之为"感性之情"；就其作用于经验层面而言，又属于经验范畴，故牟先生称之为"经验之事"。由于喜怒哀乐是自然情感，则其"发"是"激发"之意，是指情感在感性层面的显露。就其发动者而言，来自自然的、非超越性的、非异质性实体，即从生理学、心理学意义上的人心。《中庸》所说的"喜怒哀乐"有"中节""不中节"之分，所以是一种自然情感，需要调节合宜。

朱子认为"未发是性""已发是情"，在牟先生看来站不住脚。在《孟子》"形色天性也"一章中，牟先生指出道德理性并非超越的理，来源于主体自我：

> "践形"就是有耳当该善用其耳，有目当该善用其目，有四肢、百体当该善用其四肢、百体。善用之，则天理尽在此中表现，而四肢、百体亦尽为载道之器矣。[③]

善用四肢百体之能，使其达到应有的目的，这个目的就是天理，亦可

---

① 牟宗三：《心体与性体》，《牟宗三全集》第7册，台北：联经出版事业公司，2003年，第101页。

② 王夫之：《读通鉴论》，《船山全书》第10册，长沙，岳麓书社，2011年，第2版，第728页。

③ 牟宗三：《历史哲学》，《牟宗三全集》第9册，台北：联经出版事业公司，2003年，第193页。

称之道德实践原理或道德法则。此天理、道德实践原理或道德法则不是超越于生命本身的存在，而是出于生命本身的自我追求，又返回生命本身的自我"调护"，是一种"灵光爆破的自觉性"①。牟先生不认同朱子对理、性"只存有不活动"的理解，朱子将理与气判而为二，如此则性自性而形自形，使儒家道德的自律性转为他律性：

> 但依朱子天理实体只存有而不活动，成为只是理；性归并于理，"性"义灭杀；枯槁有性，实只有其所以为枯槁之理，即枯槁存在之理；其存在之理即是其性，"性"义减杀，丧失其"道德创造之能"之义。②

当践形成了道德他律，人也就丧失了"道德创造之能"。究其原因，牟先生认为在于朱子将理、性理解为先天、悬空之物，与主体割裂开来。

其次，这种调节合宜使之发而中节需要从感性层跳跃至超越层，需要中体的逆觉。中体是创生道德行为的存在，是道德的实体，可名之曰仁体、仁心、本心等。中体凭借逆觉的工夫实现自我超越，跃出习气、私欲、利欲的交熏，从而摆脱感性层面的束缚，成为情感的主宰，使之顺畅条贯，中节合宜。在此基础上，牟先生认为道德实践就是人摆脱自私、主观的一面，展现出人的无限智心③的过程。他认为人会滥用感官形体之能，因为"人会随着感性躯壳起念"，从而"落在感性的经验层面"④，

---

① 牟宗三：《道德的理想主义》，《牟宗三全集》第9册，台北：联经出版事业公司，2003年，第17—23页。

② 牟宗三：《心体与性体》第2册，《牟宗三全集》第6册，台北：联经出版事业公司，2003年，第69—70页。

③ 牟先生将从道德意识所呈露的道德实体称为无限智心、仁体、心体等："依孔子所言的仁而言，可曰仁体；依孟子所言的心而言，可曰心体；而此本心即性，因而亦可曰性体；依《中庸》所言的诚而言，可曰诚体；依其与自客观方面言的天道合一而为一形而上的实体言，亦可曰道体、神体、寂感真几；依王阳明哲学而言，则曰知体名觉；依刘蕺山哲学而言，则曰独体。"（颜炳罡：《整合与重铸——牟宗三哲学思想研究》，北京：北京大学出版社，2012年，第212页。）

④ 牟宗三：《现象与物自身》，台北：台湾学生书局，1990年，437页。

开启是非善恶的争端，所以践形的关键不在尽其才，而是善用其才。这就要求人必须认识自我，将无限智心展露出来，此无限智心是绝对的、普遍的理性之心，它是呈现的，并非逻辑推理而出，凡是理性存在者人人皆存，唯仁人能谨守而不失。无限智心是道德的基础："只此一无限的智心之大本之确立即足以保住'德之纯亦不已'之纯净性与夫'天地万物之存在以及其存在之和谐于德'之必然性。"① 由无限智心引生出来的行为就是道德的行为。

唯有如此，才可称之为"中也者，天下之大本也"。因此，牟宗三认为"喜怒哀乐之未发谓之中"的"中"，从宇宙论的角度而言，是活动即存有的实体，是天命流行之体；从人本身而言，又可称之为"心体""诚体""神体""寂感真几"②，两者都是由喜怒哀乐之情异质地跃至超越之性体而言的。所谓"和"，即由此"心体""诚体""神体""寂感真几"主宰人的情感使之中节合度，顺适条畅，各当其理。无限智心如何引生出道德行为？牟先生认为"道德即依无条件的定然命令而行之谓"③，这就是康德所谓"道德法则无非表达了纯粹实践理性的自律，亦即自由的自律"，但在康德看来自由意志仅仅是一种假设，为的是保证道德必然性，而在牟先生看来，发出"无条件的定然命令"的本心、仁体、良知或曰性体，却是无条件、绝对的和普遍的，它贯通自然和自由领域，是一切存在之源。本心、良知、仁体或性体有智的直觉作用，"那唯一的本体无限心之自诚起明"，"本心仁体底诚明之自照照他（自觉觉他）之活动"，在此活动中，万物不再被划分为现象/物自体，不再以主客对立的方式出现，"它超越了主客关系之模式而消化了主客相对之主体相与客体相，它是朗现无对的心

---

① 牟宗三：《圆善论》，台北：台湾学生书局，1985年，第263页。

② 牟宗三：《心体与性体》，《牟宗三全集》第7册，台北：联经出版事业公司，2003年，第71页。

③ 牟宗三：《智的直觉与中国哲学》，《牟宗三全集》第20册，台北：联经出版事业公司，2003年，第245页。

体大主之圆照与遍润"①。牟先生用虞舜的例子来说明本心、良知、仁体或性体不必借助理论假设出来，是随时呈现的：

> 孟子说："舜之居深山之中，与木石居，与鹿豕游，其所以异于深山之野人者几希？及其闻一善言，见一善行，若决江河，沛然莫之能御也"。"闻一善言，见一善行"，这是特殊的机缘。在此特殊的机缘上，大舜一觉全觉，其心眼全部开朗，即表示其本心仁体全部呈现，无一毫隐蔽处，无一毫不纯处。故其发为德行，能"若决江河，沛然莫之能御"，此即孟子所谓"尧舜性之也"。言其德行纯是由性体自然流露。②

大舜的行为，全由其本心仁体引导而生，"闻一善言，见一善行，若决江河，沛然莫之能御也"，这就是本心、良心的呈露、发见，"如孟子之所说，见父自然知孝，见兄自然知弟（这不是从生物本能说，乃是从本心说），当恻隐则恻隐，当羞恶则羞恶"③，道德就是出于本心仁体、不需假借的自我呈现。

此外，牟先生也赞同圣人有未发之中已发之和，但这并非从境界论而言。牟先生认为圣人之心与理贯通，其本心仁体流露即是理的呈现，其活动变成了一种心觉，即本心明觉的活动，当它呈现出来时，就是纯粹的道德实践。

> 而内圣之学之道德实践是以成圣为终极，而圣之内容与境界则是"大而化之之谓圣"，是"与天地合其德，与日月合其明，与四时合其序，与鬼神合其吉凶，先天而天弗违，后天而奉天时"，是于吾人有限

---

① 牟宗三：《智的直觉与中国哲学》，《牟宗三全集》第20册，台北：联经出版事业公司，2003年，第241页。

② 牟宗三：《智的直觉与中国哲学》，《牟宗三全集》第20册，台北：联经出版事业公司，2003年，第253—254页。

③ 牟宗三：《智的直觉与中国哲学》，《牟宗三全集》第20册，台北：联经出版事业公司，2003年，第249页。

之个体生命中直下能取得一永恒而无限之意义，故其所体悟之超越实体、道体、仁体、心体、性体、于穆不已之体，不能不"体物而不可遗"，"妙万物而为言"，盖圣心无外故也。圣心之所以无外，不是他个人独有之秘密，乃是因他体现了这超越的实体而然，而这实体是人人俱有的，唯圣人独能"先得我心之所同然"，"唯贤者能无丧耳"。[①]

虽然践形是一种理想的境地，如孟子所言惟圣人然后可以践形，但并非人所不能至，只要人的本心明觉发挥作用，认知心不被现象困住，陷于感性之中，不为外物所影响而束缚住，也能达到圣人践形的境界。

再次，就体用、动静与未发已发关系而言，牟宗三认为中体无所谓已发、未发，中体生生不已，自有其妙用；更不能从感性层面上，以情感未激发之时谓之静、已发谓之动，中体是动静一如之动静；且中体自有其体用圆融之体用。中体无所谓未发已发，这是因为未发已发是感性层面的激发之意，中体是超越之体，超越感性层面而即活动即存有的道德实体，故不能以感性的未发已发进行规定；中体是动而不动，静而不静，动静一如之动静，譬如蓍草占卜，蓍草本寂然不动，当其受命如响则感而遂通，其所以能寂然不动、感而遂通者，不能以动静关系进行规定，因它是恒在、自在之体。就工夫论而言，中体的逆觉"不管在静时动时皆可作"，所以动静关系不能含括其特质。体用圆融是指中体必须从具体生活中显现出来，才能是真实而具体的大本，才可称得上"天下之大本"，否则仅仅是停留在现象层面的概念："欲使其成为具体而真实的大本，则必须再归于日常生活而体现之，此即所谓践形，睟面盎背，以道徇身，亦即喜怒哀乐发而中节之和也。"[②]作为普遍者（中体）在具体（喜怒哀乐）中呈现而出，具

---

① 牟宗三：《心体与性体》第2部，《牟宗三全集》第6册，台北：联经出版事业公司，2003年，第267页。

② 牟宗三：《心体与性体》，《牟宗三全集》第7册，台北：联经出版事业公司，2003年，第116页。

体是普遍之具体，受到中体的润泽得以呈露；普遍是具体之普遍，中体通过践形得以获得经验层面的肯证。

　　牟先生的"中体"思想来源于孟子，他明言唯有孟子学说才能开出普遍的道德实践。但孟子并不将食色之性作为建立道德内在性之"性"，他即心所言之性——恻隐之心、羞恶之心、恭敬之心和是非之心才是"较高的本性"①，这才是孟子"尽心知性"的根基：

> 孟子亦谓"口之于味，耳之于声，目之于色，四肢之于安佚，性也，有命焉，君子不谓性也。"初说"性也"，即"形色天性也"之意。自此而言，是告子之"生之谓性"。但孟子要就道德实践而建立其所以可能之先天根据，故以"内在道德性"为性，并不以此"形色"之性为性也。故既云："惟圣人然后可以践形"，又云："有命焉，君子不谓性"也。②

　　为了更好地明确两者的关系，牟先生通过人义（humanity）和人性(human nature) 两个概念，进一步详细说明：

　　"人性"是"生之谓性"的现实的人性。"人义"中含有构成此人性的一切基要性质。每一基要性质有其应有之目的。若每一基要性质皆能扩展至与其应有之极至目的完全相符合之境，这就形成"圆满的人义"之理念。孟子所谓"形色天性也，唯圣人为能践形"即是此意。③

　　"人性"存在非理性、形而下的一面，任由其自我发展，就会产生自私、主观的一面："凡顺躯壳起念而追逐下去的一切念头与行为皆是私利

---

① 牟宗三：《康德的道德哲学》，《牟宗三全集》第15册，台北：联经出版事业公司，2003年，第312页。

② 牟宗三：《心体与性体》第2部，《牟宗三全集》第6册，台北：联经出版事业公司，2003年，第221页。

③ 牟宗三：《纯粹理性批判》下册，《牟宗三全集》第14册，台北：联经出版事业公司，2003年，第861页。

的，主观的。"①因此，孟子并不以此作为建立道德建立的根基，他以"人义"为根基，要求人性的一切基本构成都达到应有的目的。这正是牟先生"中体"思想的核心来源。

所以，从工夫论角度而言，牟宗三认为道德实践的根本是在于中体的呈现，所以"先察识后涵养""先识仁之体"是第一性的。当人认识到了中体之时，从喜怒哀乐未发之时的感性层面解脱出来，进入以中体为超越之体，并以此超越之体为主宰，主导情使之发而中节，这就诞生了自觉的道德行为。因此牟先生认为"未发之中"是"于情变未发时见中体"②的省略句，这是一个自我超越的过程。

基于此，牟先生批评朱子的工夫论只是在培养一种道德习惯，而不是道德自觉。前文分析到，新说的"中"既是对心的寂然不动而言，也是指浑然一体、道义具焉的性，它含有双重结构，一是心之不动，二是心之寂然不动而浑然之性在焉。从工夫论角度而言，未发之时的寂然之心和浑然之性不可察识、辨别，所以只能涵养；已发后，则需察视己之行为是否当于理，以格物穷理为工夫。由于朱子所说的寂然之心是实然的，故平时的涵养只能是为了收敛凝聚，不至散乱昏沉，至其发时中节合宜，所以在工夫论意义上只能作为动时察识的补充，以培养一种好的习惯。实然的心可具理，也可不具理，当其收敛凝聚时，可合道中节，静时涵养是为了帮助动时的中节。牟先生反对朱子对未发已发以"寂然不动，感而遂通"为论断，朱子所说的心是实然的心，实然的心没有逆觉的工夫，它所凝聚收敛的理来自超越的天，而非自我超越。

道德实践的根本是道德自律，是中体的自我超越。从教育程序而言，朱子的先涵养后察识并未有差错，但是从本质上而言，如果没有中体的逆

---

① 牟宗三：《道德的理想主义》，《牟宗三全集》第9册，台北：联经出版事业公司，2003年，第23页。

② 牟宗三：《心体与性体》，《牟宗三全集》第7册，台北：联经出版事业公司，2003年，第96页。

觉、静复的工夫，自我超越是不可能的，所以朱子的"先涵养后察识"最后会变成空头的涵养与察识：

> 故其到说工夫时，其所意谓之涵养只是一种庄敬涵养所成之好习惯，只是一种不自觉的养习，只是模拟于小学之教育程序，而于本体则不能有所决定，此其所以为空头也。涵养既空头，则察识亦成空头的。……即此种察识只能决定（静摄地决定）客观的存有之理，而不能决定吾人内部之本心性体。其涵养所决定的，是心气之清明，并无一种超越之体证。[①]

最后，就逻辑层面而言，《中庸》章句结构严明，所以牟先生认为不应该割裂来看，否则难以理解。"喜怒哀乐之未发，谓之中；发而皆中节，谓之和"一句，是接着"慎独"而言，又说是"天下之大本"，所以"中"必然是指涉"天命之性体"，而不是就喜怒哀乐未发时，内心潜隐未分的浑融状态而言。当然，孤立地看"喜怒哀乐之未发，谓之中"一句，将其解释为喜怒哀乐之情尚未激发出来，也是可以的，但是这样的理解根本无法与"天下之大本"相联系，所以根本不成立。

牟宗三对未发已发问题的思考，主要集中在《心体与性体》一书中，围绕着对周敦颐、张载、二程、朱子、胡宏等人思想的论述而展开。牟先生反对以朱子为代表的理学一系，他认为理学只能产生他律的道德，唯有心学才能开出普遍的道德实践。牟先生对心学极为重视，他与熊十力、贺麟通常被称为新儒家新心学，与之相应的是以冯友兰、金岳霖为代表的新理学。就未发已发问题而言，牟先生认为"喜怒哀乐之未发，谓之中"是指中体，中体属于超越的道德创生之源，道德实践的根本在于中体的呈露，所以"先察识后涵养""先识仁之体"是第一性的。总体上看，牟先

---

① 牟宗三：《心体与性体》，《牟宗三全集》第 7 册，台北：联经出版事业公司，2003 年，第234 页。

生的未发已发论，是在批判前人基础的创新结果，既有破又有立，是当代学术界中最具影响力、最富有原创性的学说之一。

参考文献

古代典籍

［魏］王弼：《王弼集校释》，北京：中华书局，1980 年。

［晋］郭象注，［唐］成玄英疏：《南华真经注疏》，北京：中华书局，1998 年。

［汉］郑玄注，孔颖达疏：《礼记正义》，北京：北京大学出版社，2000 年。

［宋］胡宏：《胡宏集》，北京：中华书局，1987 年。

［宋］朱熹：《御纂朱子全书》，文渊阁四库全书第 720 册。

［宋］朱熹：《四书章句集注》，北京：中华书局，2003 年。

［宋］朱熹：《近思录》，上海：上海古籍出版社，2000 年。

［宋］朱熹：《朱子语类》，文渊阁四库全书第 701 册。

［宋］朱熹：《朱子大全》，文渊阁四库全书第 721 册。

［宋］朱熹：《四书或问》，文渊阁四库全书第 197 册。

［宋］朱熹：《朱子语类》，文渊阁四库全书第 700 册。

［宋］李幼武：《宋名臣言行录》，台北：中国台湾商务印书馆，1986 年。

［宋］程颢、［宋］程颐：《二程集》，北京：中华书局，2004 年第 2 版。

［宋］黎靖德编：《朱子语类》，北京：中华书局，1985 年。

［宋］陆九渊：《陆九渊集》，中华书局，1980 年。

［宋］张栻：《新刊南轩先生文集》，北京：中华书局，2015 年。

［元］陈皓：《礼记集说》，南京：凤凰出版社，2010 年。

［明］刘宗周：《刘子遗书》，《文渊阁四库全书》第 717 册。

［明］杨应诏：《闽南道学源流》，济南：齐鲁书社，1997 年。

［明］刘宗周：《刘子遗书》，《文渊阁四库全书》第 717 册。

［明］王夫之：《读四书大全说》，《船山全集》第 6 册，长沙：岳麓书社，2011 年。

［明］王守仁：《王阳明全集》，上海：上海古籍出版社，2011 年。

［明］陈献章：《陈献章集》，北京：中华书局，1987 年。

［明］杨时：《杨时集》，福州：福建人民出版社，1993 年。

［明］曹端：《曹端集》，北京：中华书局，2003 年。

［明］黄宗羲：《明儒学案》，北京：中华书局，1985 年。

［明］胡居仁：《居业录》，文渊阁四库全书第 714 册。

［明］薛瑄：《薛瑄全集》，太原：山西人民出版社，1990 年。

［明］湛若水著，钟彩均点校：《泉翁大全集》，台湾中央研究院中国文哲研究所，2004 年。

［明］王艮：《王心斋全集》，南京：江苏教育出版社，2002 年。

［明］王廷相：《王廷相集》，北京：中华书局，1989 年。

［清］张廷玉等：《明史》，北京：中华书局，1974 年。

［清］屈大均：《广东新语》，北京：中华书局，1985 年。

［清］黄宗羲原撰，［清］全祖望补修：《宋元学案》，北京：中华书局，1986 年。

［清］李清馥：《闽中理学渊源考》，南京：凤凰出版社，2011 年。

现当代著作

梁启超：《饮冰室合集》，北京：中华书局，2015 年。

马一浮：《马一浮集》，浙江：浙江古籍出版社，1996 年。

牟宗三：《牟宗三全集》，台北：台湾联经出版公司，2003 年。

冯友兰：《中国哲学史》，重庆：重庆出版社，2009 年。

冯友兰：《中国哲学史新编》，北京：人民出版社，1999 年。

唐君毅：《中国哲学原论》，台北：学生书局，2004 年。

劳思光：《新编中国哲学史》，台北：三民书局，2014 年。

郑宗义、林月惠：《全球与本土之间的哲学探索：刘述先先生八秩寿庆论文集》，台北：学生书局，2014 年。

汤用彤：《魏晋玄学论稿》，上海：上海古籍出版社，2005 年。

汤用彤：《汤用彤学术论文集》，北京：中华书局，1983 年。

蒙培元：《情感与理性》，北京：中国社会科学出版社，2002 年。

蒙培元：《理学的演变——从朱熹到王夫之戴震》，北京：方志出版社，2007 年。

陈来：《宋明理学》，北京：北京大学出版社，2020 年。

陈来：《朱子哲学研究》，上海：华东师范大学出版社，2000 年。

陈来：《有无之境——阳明哲学的精神》，北京：北京大学出版社，2006 年。

张立文编：《心》，北京：中国人民大学出版社，1993 年。

张立文编：《气》，北京：中国人民大学出版社，1990 年。

魏启鹏：《德行校释》，成都：巴蜀书社，1991 年。

丁四新：《郭店楚墓竹简思想研究》，北京：人民出版社，2000 年。

任继愈：《燕园论学集》，北京：北京大学出版社，1984 年。

朱汉民：《玄学与理学的学术思想理路研究》，北京：中国社会科学出版社，2012 年。

吴震：《泰州学派研究》，北京：中国人民大学出版社，2009 年。

杜保瑞：《北宋儒学》，台北：台湾商务，2005 年。

刘乐恒：《伊川理学新论》，长沙：岳麓书社，2014 年。

胡发贵：《罗钦顺评传》，南京：南京大学出版社，2001 年。

张岱年：《中国哲学大纲》，北京：中国社会科学出版社，1982 年。

任继愈主编:《中国哲学史》,北京:人民出版社,2003 年。

侯外庐主编:《宋明理学史》,北京:人民出版社,1987 年。

黄明同:《陈献章评传》,南京:南京大学出版社,1998 年。

向世陵:《理气性心之间——宋明理学的分系与四系》,北京:人民出版社,2008 年。

(日)岛田虔次著;甘万萍译:《中国近代思维的挫折》,南京:江苏人民出版社 2005 年。

(日)冈田武彦著;吴光等译:《王阳明与明末儒学》,上海:上海古籍出版社 2000 年。

姚名达:《刘宗周年谱》,上海:上海商务印书馆,1931 年。

林宏星:《刘宗周评传》,南京:南京大学出版社,1998 年。

衷尔钜:《蕺山学派哲学思想》,济南:山东教育出版社,1993 年。

钟彩钧:《刘蕺山学术思想论集》,台北:中央研究院中国文哲研究所筹备处,1998 年。

李振纲:《证人之境——刘宗周哲学的宗旨》,北京:人民出版社,2000 年。

何俊,尹晓宁:《刘宗周与蕺山学派》,北京:中国人民大学出版社,2009 年。

黄敏浩:《刘宗周及其慎独哲学》,台北:学生书局,2001 年。

胡元玲:《刘宗周慎独之学阐微》,台北:学生书局,2009 年。

杜保瑞:《刘蕺山的功夫理论与形上思想》,台北:花木兰文化出版社,2009 年。

高令印、乐爱国:《王廷相评传》,南京:南京大学出版社,1998 年。

侯外庐:《船山学案》,长沙:岳麓书院,1982 年。

路复初:《王船山学案》,武汉:湖北人民出版社,1987 年。

罗光:《王船山形上学思想》,新北:辅仁大学出版社,1993 年。

曾昭旭:《王船山哲学》,台北:远景出版事业公司,1983 年。

林安梧：《王船山人性史哲学之研究》，台北：东大图书公司，1987 年。

萧萐父、许苏民：《王夫之评传》，南京：南京大学出版社，2007 年。

胡发贵：《王夫之与中国文化》，贵州：贵州人民出版社，2000 年。

谭明冉：《王夫之庄学研究》，济南：山东人民出版社，2017 年。

季蒙：《主思的理学——王夫之的四书学思想》，广州：广东高等教育出版社，2005 年。

陈赟：《回归真实的存在——王船山哲学的阐释》，上海：复旦大学出版社，2007 年。

方克：《王船山辩证法思想研究》，长沙：湖南人民出版社，1984 年。

梁涛：《郭店楚简与思孟学派》，北京：中国人民大学出版社，2008 年。

刘钊：《郭店楚简校释》，福州，福建人民出版社，2005 年。

梁涛编：《出土文献与君子慎独》，桂林：漓江出版社，2012 年。

曾春海：《两汉魏晋哲学史》，台湾五南图书出版有限公司，2008 年。

杜保瑞：《北宋儒学》，台北：台湾商务，2005 年。

刘乐恒：《伊川理学新论》，长沙：岳麓书社，2014 年。

陈荣捷：《朱学论集》，上海：华东师范大学出版社，2007 年。

胡发贵：《罗钦顺评传》，南京：南京大学出版社，2001 年。

黄明同：《陈献章评传》，南京：南京大学出版社，1998 年。

林宏星：《刘宗周评传》，南京：南京大学出版社，1998 年。

衷尔巨：《蕺山学派哲学思想》，济南：山东教育出版社，1993 年。

侯外庐：《船山学案》，长沙：岳麓书院，1982 年。

路复初：《王船山学案》，武汉：湖北人民出版社，1987 年。

罗光：《王船山形上学思想》，新北：辅仁大学出版社，1993 年。

曾昭旭：《王船山哲学》，台北：远景出版事业公司，1983 年。

林安梧：《王船山人性史哲学之研究》，台北：东大图书公司，1987 年。

萧萐父、许苏民：《王夫之评传》，南京：南京大学出版社，2007 年。

胡发贵：《王夫之与中国文化》，贵州：贵州人民出版社，2000 年。

谭明冉:《王夫之庄学研究》,济南:山东人民出版社,2017 年。

季蒙:《主思的理学——王夫之的四书学思想》,广州:广东高等教育出版社,2005 年。

陈赟:《回归真实的存在——王船山哲学的阐释》,上海:复旦大学出版社,2007 年。

王泽应:《船山伦理与西方近代伦理比较》,北京:国际展望出版社,1991 年。

蔡仁厚:《牟宗三先生学思年谱》,台北:学生书局,1996 年。

蔡仁厚:《牟宗三先生学思年谱》,台北:台湾学生书局,1996 年。

牟宗三先生七十寿庆论文集编辑组:《牟宗三先生的哲学与著作》,台湾学生书局,1978 年。

郑家栋:《牟宗三》,台北:东大图书股份有限公司,2000 年。

李明辉、郑家栋:《当代儒学的自我转化》,北京:中国社会科学出版社,2001 年。

冯耀明:《"超越内在"的迷思——从分析哲学观点看当代新儒学》,香港:香港中文大学出版社,2003 年。

郑家栋:《断裂中的传统信念与理性之间》,北京:中国社会科学出版社,2001 年。

颜炳罡:《整合与重铸》,台北:台湾学生书局,1995 年。

颜炳罡:《牟宗三学术思想评传》,北京:北京图书馆出版社,1998 年。

颜炳罡:《心归何处——儒家与基督教在近代中国》,济南:山东人民出版社,2005 年

黄玉顺:《时代与思想——儒学与哲学诸问题》,济南:山东人民出版社,2017 年。

黄玉顺:《爱与思——生活儒学的观念》,成都:四川大学出版社,2006 年。

黄玉顺:《超越知识与价值的紧张——"科学与玄学论战"的哲学问

题》，成都：四川人民出版社，2002 年。

沈顺福：《形而上学导论：一种关于道的哲学理论》，北京：高等教育出版社，2011 年。

沈顺福：《儒家道德哲学研究》，济南：山东大学出版社，2005 年。

沈顺福：《形而上学导论》，北京：高等教育出版社，2011 年。

曾振宇：《思想世界的概念系统》，北京：人民出版社，2012 年。

曾振宇：《中国气论哲学研究》，济南：山东大学出版社，2001 年。

曾振宇：《孝》，北京：中国社科出版社，2006 年。

陈来著，翟奎凤：《陈来儒学思想录——时代的回应和思考》，上海：华东师范大学出版社，2014 年。

翟奎凤：《以易测天：黄道周易学思想研究》，北京：中国社会科学出版社，2012 年。

董根洪：《儒家中和哲学通论》，济南：齐鲁书社，2001 年。

期刊论文

颜炳罡：《郭店楚简〈性自命出〉与荀子的情性哲学》，《中国哲学史》2009 年第 1 期。

颜炳罡：《孔子"道"的形上学意义及精神价值》，《贵州社会科学》2010 年第 2 期。

颜炳罡：《孔子"道"的形上学意义及精神价值》，《第一届世界儒学大会学术论文集》2008 年。

沈顺福：《论陆、王心学之异同》，《哲学研究》2017 年第 10 期。

沈顺福：《理解即感应——论传统儒家诠释原理》，《北京大学学报》2020 年第 4 期。

沈顺福：《从观念史的演变看中国古代哲学的诞生》，《管子学刊》2020 第 1 期。

曾振宇:《论张载气学的特点及其人文关怀》,《哲学研究》2017 年第 5 期。

曾振宇:《对朱子理气关系论的重新考察》,《船山学刊》2017 年第 4 期。

曾振宇:《"元善":程伊川"天理"思想特点及哲学旨趣》,《孔庙国子监论丛》2015 年。

黄玉顺:《儒学实践的理性反思》,《学习与实践》2020 年第 9 期。

黄玉顺:《论儒学的现代性》,《社会科学研究》2016 年第 6 期。

黄玉顺:《论"重写儒学史"与"儒学现代化版本"问题》,《现代哲学》2015 年第 2 期。

翟奎凤:《神化体用论视域下的张载哲学》,《社会科学辑刊》2020 年第 5 期。

翟奎凤:《论阳明后学对〈周易〉乾卦义理的发挥》,《哲学研究》2016 年第 12 期。

翟奎凤:《王阳明论〈大学〉"至善"》,《哲学研究》2018 年第 7 期。

李景林:《玄学与理学:一脉相承的一面》,《中华读书报》2013 年 7 月 3 日。

陈来:《"慎独"与帛书〈五行〉思想》,《中国哲学史》2008 年第 1 期。

陈立胜:《刘蕺山"喜怒哀乐"与"春夏秋冬"比配说申辩》,《中国现象学与哲学评论》2015 年第 1 期。

罗彩:《郭象思想研究三十年及前瞻》,《深圳大学学报》2015 年第 1 期。

王建龙:《试论杨时理学思想中的佛学倾向》,《阴山学刊》2002 年第 5 期。

秦晋楠:《重思罗钦顺的"理只是气之理"——学术史与哲学史交织下的新理解》,《哲学动态》2019 年第 1 期。

张新国:《"陆九渊诞辰 880 周年暨心学传承与发展"国际学术会议综述》,《哲学动态》2020 年第 5 期。

陈奇:《陈献章心学简论》,《贵州师范大学学报》1996 年第 3 期。

宋志明：《简论陈献章的"万化我出"说》，《中国人民大学学报》1997 年第 4 期。

方国根：《论陈献章心学思想的理论意蕴和特色》，《孔子研究》2000 年第 2 期。

龚抗云：《论陈献章的思想与明中叶学风的转变》，《湖南大学学报》1990 年第 5 期。

冯达文：《陈献章心学的道家品味》，《孔子研究》1995 年第 1 期。

汪学群：《陈献章学脉对王阳明思想的影响》，《湖南大学学报》2016 年第 3 期。

蔡方鹿：《湛若水哲学的二元论倾向》，《广东社会科学》1987 年第 3 期。

张立文：《湛若水的随处体认天理》，《学术研究》2013 年第 9 期。

刘兴邦：《论湛若水的心学思想》，《五邑大学学报》2006 年第 6 期。

吕金伟、樊小冬：《胡宏研究综述》，《长江师范学院学报》2015 年第 5 期。

申鹏宇：《百年来刘宗周思想研究述评》，《海南师范大学学报》2012 年第 9 期。

林乐昌：《20 世纪张载哲学研究的主要趋向反思》，《哲学研究》2004 年第 12 期。

丁为祥、孙德仁：《张载哲学对宋明理学的主要贡献》，《中国哲学史》2020 年第 6 期。

李存山：《"先识造化"：张载的气本论哲学》，《中国哲学史》2009 年第 2 期。

林乐昌：《张载心学论纲》，《哲学研究》2020 年第 6 期。

丁为祥：《张载对"形而上"的辨析及其天道本体的确立》，《哲学研究》2020 年第 8 期。

李煌明：《"先立乎其大"：张载的虚气本始论及参两模式》，《哲学研究》2015 年第 1 期。

杨立华:《隐显与有无:再论张载哲学中的虚气问题》,《中国哲学史》2020 年第 4 期。

刘学智:《朱熹"中和新说"与关学关系探微》,《哲学研究》2015 年第 12 期。

王新春:《"横渠四句"的生命自觉意识与易学"三才"之道》,《哲学研究》2014 年第 5 期。

林乐昌:《论张载对道家思想资源的借鉴与融通——以天道论为中心》,《哲学研究》2013 年第 2 期。

向世陵:《张载、王夫之的"保合太和"说议》,《中国哲学史》2020 年第 4 期。

周桂钿:《王廷相宇宙论述评》,《哲学研究》1984 年第 8 期。

李存山:《王廷相思想中的实证科学因素》,《人文杂志》1993 年第 6 期。

力涛:《王廷相认识论范畴体系》,《社会科学》1989 年第 5 期。

李存山:《罗、王、吴心性思想合说》,《哲学研究》1993 年第 3 期。

陈来:《王船山的〈中庸〉首章诠释及其思想》,《武汉大学学报》2002 年第 6 期。

陈科华:《未发之中:儒者第一难透底关——王夫之"透关"三辨》,《广西社会科学》2001 年第 5 期。

周兵:《王夫之对"未发之中"的辨析——兼与陈科华先生商榷》,《船山学刊》2013 年第 1 期。

叶达:《〈唐虞之道〉禅让问题再思考》,《原道》2020 年第 1 辑。

陈立胜:《刘蕺山"喜怒哀乐"与"春夏秋冬"比配说申辩》,《中国现象学与哲学评论》2015 年第 1 期。

罗彩:《郭象思想研究三十年及前瞻》,《深圳大学学报》2015 年第 1 期。

王建龙:《试论杨时理学思想中的佛学倾向》,《阴山学刊》2002 年第 5 期。

秦晋楠：《重思罗钦顺的"理只是气之理"——学术史与哲学史交织下的新理解》，《哲学动态》2019 年第 1 期。

张立文：《船山学研究的新视野新方法》，《衡阳师范学院学报》2005 年第 1 期。

林安梧：《关于"天理、良知"的"超越性"与"内在性"问题的一个反省——以牟宗三先生的新儒学系统为核心的展开》，收入香港浸会大学宗教及哲学系编《当代儒学与精神性》，桂林：广西师范大学出版社，2009 年。

刘述先：《论宗教的超越与内在》，收入《儒家思想开拓的尝试》，北京：中国社会科学出版社，2001 年。

杨泽波：《超越存有的困惑——牟宗三超越存有论的理论意义与内在缺陷》，《复旦学报》2005 年第 5 期。

倪梁康：《康德"智性直观"的基本含义》，《哲学研究》2001 年第 10 期。

倪梁康：《"智性直观"在东西方思想中的不同命运》（1、2），《社会科学战线》2002 年第 1 期、第 2 期。

廖晓炜：《以道德摄存在——牟宗三的道德形而上学之证立》，《江苏社会科学》2009 年第 3 期。

彭文本：《论牟宗三与费希特的"智的直觉"之理论》，载李明辉、陈玮芬主编：《当代儒学与西方文化·哲学篇》，台北："中央研究院"中国文哲研究所，2004 年。

杨泽波：《牟宗三圆善思想的意义与缺陷》，《云南大学学报》2011 年第 2 期。杨泽波：《四无与圆善——评牟宗三立四无为圆教以解决圆善问题》，《复旦学报》2010 年第 2 期。

罗义俊：《圆教与圆善：康德与牟宗三》，《社会科学》2004 年第 3 期。

伍晓明：《"喜怒哀乐之未发谓之中"："实然之心"或超越实体？》，第八届世界儒学大会学术论文集。

刘学智：《朱熹"中和新说"与关学关系探微》，《哲学研究》2015年第12期。

王新春：《"横渠四句"的生命自觉意识与易学"三才"之道》，《哲学研究》2014年第5期。

林乐昌：《论张载对道家思想资源的借鉴与融通——以天道论为中心》，《哲学研究》2013年第2期。

向世陵：《张载、王夫之的"保合太和"说议》，《中国哲学史》2020年第4期。

周桂钿：《王廷相宇宙论述评》，《哲学研究》1984年第8期。

葛荣晋：《王廷相在中国哲学史上的地位》，《中州学刊》1991年第5期。

李存山：《王廷相思想中的实证科学因素》，《人文杂志》1993年第6期。

力涛：《王廷相认识论范畴体系》，《社会科学》1989年第5期。

孙道升：《从周易方面研究中国之元学与道德哲学》，《民国日报·哲学周刊》，1936年11月20日。

张琴：《胡宏"知言"哲学体系研究》，浙江大学2010年博士论文。

刘绪晶：《中国古代儒家"和"观念研究》，2016年山东大学博士论文。

宋文慧：《明代后期儒家伦理的世俗化研究——以春州学派为中心》，南京大学2017年博士论文。

郭振香：《先秦儒家情论研究》，山东大学2005年博士学位论文。